나다운 나의 모습에 대한 삶이 될 것이다.

　성공하는 삶을 위한 자기개발능력과 더불어 또 하나 중요한 것이 있다. 바로 문제해결능력이다. 어쩌면 우리가 정말 배워야 하는 것은 새로운 기술이 아닐지도 모른다. 새로운 기술, 새로운 문제, 새로운 변화들이 아무리 생겨나도 그것을 일관되게 해결하고 대응해 나갈 수 있는 지혜를 배워야 할 걸 것이다. 새로운 직업이 생겨나고 사라지는 환경 속에서 살아남기 위해서는 어떤 상황에서도 홀로 설 수 있는 직업적 역량이 필요하며 그것이 단연코 문제해결능력이라고 자신한다.

　직장생활을 하면서 만나게 되는 문제는 학교에서 마주했던 문제와는 질적으로 다르다. 지금까지 정답이 있는 문제를 주로 만났다면 앞으로 마주해야 할 문제는 정답이 없는 문제들일 것이다. 즉, 정답이 아닌 최적의 답, 최선의 답을 찾아야 하는 아주 힘든 난관에 봉착할 것이며 어쩌면 직장생활의 유능과 무능은 이런 문제해결능력의 여부에 의해 판단될 것이다.

　저자 일동은 경쟁을 위한 자기개발이 아닌 자기다움과 내 인생의 주인이 되는 것을 돕기 위해, 또한 성공하는 삶을 위해, 그 삶 속에서 일어나는 다양한 문제들을 보다 현명하게 해결하는 방법을 알기 위해 자기개발 & 문제해결 책을 출판하게 되었다. 이 책의 구성은 2파트로 나뉘어져 있다.

　PART 1. 자기개발능력에서는 자기개발의 이해와 자아인식, 자기관리 프로세스와 내면관리, 경력개발 등을 학습한다.

　PART 2. 문제해결능력에서는 문제의 정의와 문제해결, 창의적, 논리적, 비판적 사고와 개발방법 그리고 문제처리능력과 원인분석, 대안의 선택과 합리적인 의사결정을 토대로 실행에 임하는 방법까지 총체적인 내용을 담았다.

　이 책은 이론적 접근과 더불어 적용을 위한 실천적 영역이 모두 들어있기 때문에 교수자와 학습자가 함께 나누고 성찰하며 실습해보는 방식을 모두 제안한다. 이에 따라 일방적인 강의 내용 전달이 아닌 학습자간의 활발한 토의와 교수자와의 공유를 통해 사고의 폭을 넓히는데 목적을 두었다.

　요즘 인문학 열풍이 불고 있다. 그것은 아마도 변화무쌍한 시대에 맞설 수 있는 불변의 진리가 담겨 있기 때문일 것이다. 이 책에 담겨진 내용 역시 그러하다. 어떤 상황에도 홀로 설 수 있는 직업적 역량. 그 첫 걸음이 되길 희망한다.

2020년 8월
저자 일동

활용

직업기초능력으로서의 자기개발 능력이란 업무를 추진하는데 스스로를 관리하고 개발하는 능력을 의미한다.

이에 따라 직업기초능력으로서의 자기개발 능력은 자아인식능력, 자기관리능력, 경력개발능력으로 구분된다. 업무를 추진하는 과정에서 자신을 관리하고 개발하기 위해서는 자신의 흥미, 적성, 특성을 이해하고, 이를 바탕으로 자신에게 필요한 것을 이해하는 자아인식능력, 업무에 필요한 자질을 지닐 수 있도록 스스로를 관리하는 자기관리능력, 끊임없는 자기 개발을 위해서 동기를 갖고 학습하는 경력개발능력이 필요하다.

본 교재는 모든 (예비)직업인들에게 공통적으로 요구되는 자기개발 능력을 학습자 스스로 배양할 수 있도록 자기주도적이고 체험중심적인 학습을 진행하는 것을 목표로 구성되었다.

구성

본 자기개발 능력 교재는 크게 활용 안내, 사전평가, 학습모듈, 사후평가, 참고자료, 학습평가 정답과 해설로 구성되어 있다.

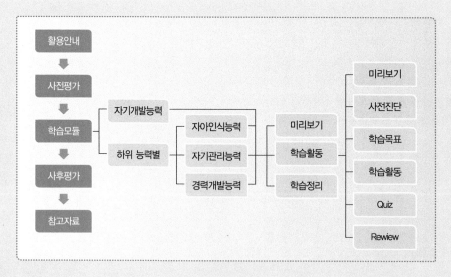

활용 안내는 교재의 전체적인 흐름과 구성을 설명하고, 학습자가 스스로 교재를 효과적으로 활용할 수 있도록 가이드 하는 역할을 한다.

사전평가는 학습 모듈의 학습 전에 문제해결능력에 대한 학습자의 현재 수준을 진단하고, 학습자에게 필요한 학습활동을 안내하는 의미가 있다.

학습모듈은 직업기초능력으로서의 자기개발 능력에 대한 학습모듈과 자기개발능력을 구성하는 각 하위능력에 대한 학습모듈로 구성되어 있다. 학습목표에는 직업기초능력으로서 자기개발능력을 향상시키기 위한 학습내용이 제시되어 있으며 미리보기를 통해 학습내용의 중요성과 필요성을 인식할 수 있는 사례가 제시되어 있어서 앞으로 전개된 본문의 내용을 예상해 볼 수 있다.

각 학습활동은 사례탐구, Level up Mission, 내용, Quiz, 학습내용 Review 등으로 구성되어 있으며 해당 학습활동과 관련된 다양한 사례를 통해 이해도를 높였다. 또한 학습자가 스스로 생각해보고 정리할 수 있는 다양한 미션들이 제시되어 있다.

내용에는 해당 학습활동과 관련이 있는 다양한 이론과 정보가 제시되어 있으며, Quiz를 통해 해당 학습활동의 성취 수준을 파악할 수 있는 문항이 제시되어 있다. 그리고 Review를 통해서는 각 학습모듈의 주요 내용이 한눈에 정리할 수 있도록 도왔다.

사후평가를 통해서는 모든 학습모듈에 대한 학습을 마친 뒤 학습자들이 스스로 자신의 성취수준을 평가하고 부족한 부분을 피드백 받을 수 있도록 하기 위한 체크리스트가 제시되어 있다. 참고자료에는 이 책을 집필하기 위해 정보를 얻은 다양한 인터넷 사이트가 제시되어 있으며 마지막 각 모듈의 Quiz 에 대한 정답과 해설이 정리되어 있다. 이 책의 구성을 따라서 한 단원씩 공부해가다 보면 어느새 문제해결 능력을 폭넓게 이해한 자신을 발견 할 수 있을 것이다.

활용

직업기초능력으로서의 문제해결 능력이란 업무 수행중에 문제 상황이 발생했을 때 창의적이고 논리적인 사고를 통해 문제에 올바르게 접근하고 적절히 해결하는 능력을 의미한다.

이에 따라 직업기초능력으로서의 문제해결 능력은 사고력과 문제처리능력으로 구분된다. 직 장생활에서 발생할 문제를 해결하기 위해서는 창의적, 논리적, 비판적인 사고력이 필요하다. 직장생활을 하면서 발생한 다양한 문제의 특성을 파악하고 대안을 제시하며 적절한 대안을 선택하고 적용하며, 그 결과를 평가 및 피드백하는 것이 바람직한 문제해결 능력이라고 볼 수 있다.

 본 교재는 모든 직업인들에게 공통적으로 요구되는 문제해결 능력을 학습자 스스로 배양할 수 있도록 자기주도적이고 체험중심적인 학습을 진행하는 것을 목표로 구성되었다.

구성

본 문제해결 능력 교재는 크게 활용 안내, 사전평가, 학습모듈, 사후평가, 참고자료, 학습평가 정답과 해설로 구성되어 있다.

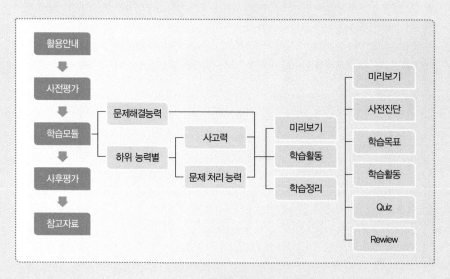

활용 안내는 교재의 전체적인 흐름과 구성을 설명하고, 학습자가 스스로 교재를 효과적으로 활용할 수 있도록 가이드 하는 역할을 한다.

사전평가는 학습 모듈의 학습 전에 문제해결능력에 대한 학습자의 현재 수준을 진단하고, 학습자에게 필요한 학습활동을 안내하는 의미가 있다.

학습모듈은 직업기초능력으로서의 문제해결 능력에 대한 학습모듈과 문제해결능력을 구성하는 각 하위능력에 대한 학습모듈로 구성되어 있다. 학습목표에는 직업기초능력으로서 문제해결능력을 향상시키기 위한 학습내용이 제시되어 있으며 미리보기를 통해 학습내용의 중요성과 필요성을 인식할 수 있는 사례가 제시되어 있어서 앞으로 전개된 본문의 내용을 예상해 볼 수 있다.

각 학습활동은 사례탐구, Level up Mission, 내용, Quiz, 학습내용 Review 등으로 구성되어 있으며 해당 학습활동과 관련된 다양한 사례를 통해 이해도를 높였다. 또한 학습자가 스스로 생각해 보고 정리할 수 있는 다양한 미션들이 제시되어 있다.

내용에는 해당 학습활동과 관련이 있는 다양한 이론과 정보가 제시되어 있으며, Quiz를 통해 해당 학습활동의 성취 수준을 파악할 수 있는 문항이 제시되어 있다. 그리고 Review를 통해서는 각 학습모듈의 주요 내용이 한눈에 정리할 수 있도록 도왔다.

사후평가를 통해서는 모든 학습모듈에 대한 학습을 마친 뒤 학습자들이 스스로 자신의 성취수준을 평가하고 부족한 부분을 피드백 받을 수 있도록 하기 위한 체크리스트가 제시되어 있다. 참고자료에는 이 책을 집필하기 위해 정보를 얻은 다양한 인터넷 사이트가 제시되어 있으며 마지막 각 모듈의 Quiz 에 대한 정답과 해설이 정리되어 있다. 이 책의 구성을 따라서 한 단원씩 공부해 가다 보면 어느새 문제해결 능력을 폭넓게 이해한 자신을 발견 할 수 있을 것이다.

☑ 체크리스트

다음은 모든 직업인에게 공통적으로 요구되는 자기개발능력 수준을 스스로 알아볼 수 있는 체크리스트이다.
본인의 평소 행동을 잘 생각해 보고, 행동과 일치하는 것에 체크해 보시오.

문항	그렇지 않은 편이다.	그저 그렇다.	그런 편이다.
1. 나는 자기개발이 무엇인지 설명할 수 있다.	1	2	3
2. 나는 직업인의 자기개발이 왜 필요한지를 설명할 수 있다.	1	2	3
3. 나는 자기개발이 어떻게 이루어지는가를 이해하고, 자신을 관리하며, 경력을 개발하는 과정을 설명할 수 있다.	1	2	3
4. 나는 자기개발을 방해하는 요인에 대하여 설명할 수 있다.	1	2	3
5. 나는 나에게 적합한 자기개발 계획을 수립할 수 있다.	1	2	3
6. 나는 나를 브랜드화하기 위한 전략을 수립할 수 있다.	1	2	3
7. 나는 자아인식이 왜 중요한지에 대하여 설명할 수 있다.	1	2	3
8. 나는 나를 알아가는 여러 가지 방법들을 설명할 수 있다.	1	2	3
9. 나는 직업인으로서 나의 장단점, 흥미, 적성 등을 설명할 수 있다.	1	2	3
10. 나는 자아인식에서 자기성찰이 왜 중요한지를 설명할 수 있다.	1	2	3
11. 나는 직업인으로서 나의 발전목표를 스스로 수립할 수 있다.	1	2	3
12. 나는 나의 내면(인내심, 긍정적인 마음)을 관리할 수 있다.	1	2	3
13. 나는 여러 가지 방법을 활용하여 나의 업무수행 성과를 높일 수 있다.	1	2	3
14. 나는 합리적인 의사결정과정에 따라 의사결정을 할 수 있다.	1	2	3
15. 나는 경력개발이 무엇인지 설명할 수 있다.	1	2	3
16. 나는 일반적인 경력단계가 어떻게 이루어지는지 설명할 수 있다.	1	2	3
17. 나는 나의 경력개발 단계에 따라 계획을 수립할 수 있다.	1	2	3
18. 나는 경력개발과 관련된 최근의 이슈가 무엇인지 설명할 수 있다.	1	2	3

☑ 평가방법

체크리스트의 문항별로 자신이 체크한 결과를 아래 표를 이용해 해당 개수를 적어보자.

문항	수준	개수	학습모듈	교재 (Chapter)
1~6번	그렇지 않은 편이다.	( ) 개	자기개발능력	1장
	그저 그렇다.	( ) 개		
	그런 편이다.	( ) 개		
7~10번	그렇지 않은 편이다.	( ) 개	자아인식능력	2~3장
	그저 그렇다.	( ) 개		
	그런 편이다.	( ) 개		
11~14번	그렇지 않은 편이다.	( ) 개	자기관리능력	4~5장
	그저 그렇다.	( ) 개		
	그런 편이다.	( ) 개		
15~18번	그렇지 않은 편이다.	( ) 개	경력개발능력	6장
	그저 그렇다.	( ) 개		
	그런 편이다.	( ) 개		

☑ 평가결과

진단방법에 따라 자신의 수준을 진단한 후, 한 문항이라도 '그렇지 않은 편이다'가 나오면 그 부분이 부족한 것이기 때문에, 제시된 학습내용과 교재 Chapter를 참조해 해당하는 학습내용을 학습하시오.

☑ 체크리스트

다음은 모든 직업인에게 일반적으로 요구되는 문제해결능력 수준을 스스로 알아볼 수 있는 체크리스트이다. 본인의 평소 행동을 잘 생각해보고, 행동과 일치하는 것에 체크해보시오.

문항	그렇지 않은 편이다.	보통인 편이다.	그런 편이다.
1. 나는 업무를 수행하는 동안 발생한 문제의 핵심을 파악한다.	1	2	3
2. 나는 업무를 수행하는 동안 발생한 문제의 해결방법을 알고 있다.	1	2	3
3. 나는 향후에 발생할지도 모르는 문제를 미리 예견하여 대비책을 세운다.	1	2	3
4. 나는 현재 당면한 문제를 세부적으로 분석하여 해결방법을 찾는다.	1	2	3
5. 나는 문제가 발생했을 때, 새로운 관점에서 해결책을 찾는다.	1	2	3
6. 나는 문제를 해결하는 데 장애가 되는 요소를 사전에 제거한다.	1	2	3
7. 나는 문제를 해결하기 위한 다양한 아이디어를 많이 생각해낸다.	1	2	3
8. 나눈 문제를 해결하기 위한 독창적인 아이디어를 많이 제시한다.	1	2	3
9. 나는 문제를 해결하기 위해 다듬어지지 않은 아이디어를 종합하고 분석한다.	1	2	3
10. 나는 상대의 논리를 구조화하여 개선점을 찾는다.	1	2	3
11. 나는 상사의 지시를 무조건적으로 수용하지 않고 비판적으로 생각한다.	1	2	3
12. 나는 제시된 아이디어를 평가하는 데 자신의 의견을 적극적으로 표현한다.	1	2	3
13. 나는 문제가 발생했을 때 주변 환경을 잘 분석한다.	1	2	3
14. 나는 문제가 발생했을 때 주변 환경을 잘 분석한다.	1	2	3
15. 나는 발생한 문제 중에서 우선순위를 잘 고려해서 먼저 해결해야 하는 문제를 잘 찾아낸다.	1	2	3
16. 나는 문제해결을 위해 제시된 대안을 논리적으로 검토한다.	1	2	3
17. 나는 문제를 해결하기 위한 대안이 실제로 실행 가능한지를 고려한다.	1	2	3
18. 나는 문제해결을 위한 방법을 실천하고, 그 결과를 평가한다.	1	2	3

☑ 평가방법

체크리스트의 문항별로 자신이 체크한 결과를 아래 표를 이용해 해당 개수를 적어보자.

문항	수준	개수	학습모듈	교재 (Chapter)
1~6번	그렇지 않은 편이다.	( ) 개	문제해결능력	1~2장
	보통인 편이다	( ) 개		
	그런 편이다.	( ) 개		
7~12번	그렇지 않은 편이다.	( ) 개	사고력	3~8장
	보통인 편이다	( ) 개		
	그런 편이다.	( ) 개		
13~18번	그렇지 않은 편이다.	( ) 개	문제처리능력	9~13장
	보통인 편이다	( ) 개		
	그런 편이다.	( ) 개		

☑ 평가결과

진단 방법에 따라 자신의 수준을 진단한 후, 한 문항이라도 '그렇지 않은 편이다'가 나오면 그 부분이 부족한 것이기 때문에, 제시된 학습내용과 교재의 Chapter를 참조해 해당하는 내용을 학습하시오.

CONTENTS

Chapter 03. 자아인식의 방법

Chapter 04. 자기관리 프로세스

CONTENTS

Chapter 05. 내면 관리와 지속적 쇄신

Part ② 문제해결능력

Chapter 07. 문제의 정의와 문제해결

CONTENTS

Chapter 10. 비판적 사고과 개발방법

CONTENTS

Chapter 13. 문제해결안 개발과 해결안 실행

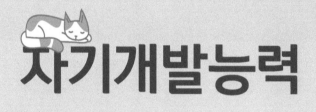

자기개발능력

Contents

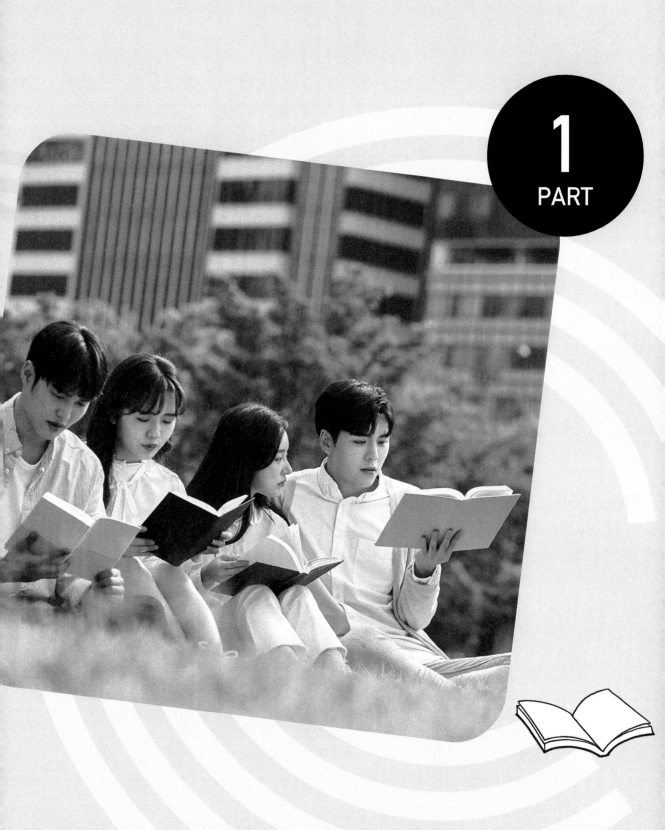

1
PART

자기개발의
이해와 영역

Contents

Learning Objectives

1. 자기개발의 의미를 구분하고 설명할 수 있다.
2. 자기개발의 유익을 인식할 수 있다.
3. 자기개발의 특징을 이해하고 설명할 수 있다.
4. 변화의 속성과 단계를 이해하고 설명할 수 있다.

1
Chapter

하던 대로나 잘하라고?

도전적인 리더의 전형 나디아, 철저한 계획에 근거해 행동하는 전형적인 관리자 스타일 니콜라스, 도전과 모험의 화신 에이요, 과감한 실행자 스타일 매트, 혁신적인 조직의 참여 촉진형 리더 레나 등 저마다 역할과 스타일이 다른 미어캣이 있었다.

미어캣들은 아프리카 남부의 따뜻하고 건조한 칼라하리 사막에 살고 있었다. 미어캣의 번식력은 어마어마해서 12마리로 시작한 무리가 순식간에 150마리로 불어난다. 무리가 커지면서 이를 안정적으로 유지하는게 어려워졌지만, 미어캣 무리들은 이를 잘 극복한다. '규율과 질서'를 중심으로 두 지도자에서 출발한 '네모와 선' 조직을 만들어 낸다.

하지만 평화는 오래가지 않았다. 사막에는 가뭄이 찾아오고, 가뭄은 새로운 포식자 독수리를 불러왔다. 미어캣 무리는 예상치 못한 위기에 흔들리고 무너진다. 처음 겪어보는 상황에 맞춰 변화를 시도해보려 하지만 돌아오는 대답은 이것이었다.

"하던 대로나 잘 하세요(That's not how we do it here)."

창의적인 아이디어를 제안했으나 기존의 방식이 아니라는 이유로 거부당한 두 마리의 미어캣 나디아와 에이요는 무리를 떠난다. 그리고 새로운 무리를 만나게 된다. 이전의 무리와는 전혀 다른 방식으로 작동하는 '원과 선'의 조직을 만나게 되는 것이다.

모두가 평등하게 의견을 제시하고 토론과 협의를 통해 문제를 해결해나가는 새로운 조직은 완벽해 보였지만 이곳에서도 평화가 오래 지속되지 못했다. 무리가 커지면서 아주 작은 위기에도 조직 전체가 심각하게 흔들렸기 때문이다.

결국 미어캣들 조직의 안정성을 잃지 않으면서 갑자기 찾아온 위기에도 유연하게 대응할 수 있는 조직을 원과 네모의 조화를 그리게 된다. 즉 원칙과 규율을 지키되 구성원간의 자유로운 의사교환과 시도를 가능하게 하는 시스템을 만들어낸 것이다.

시행착오가 반복되고 갈등이 커지기도 하지만, 새로운 운영방식은 점점 발전해 가면서 미어캣 무리는 주변의 다른 무리들에게 존경을 받게 되고 이러한 방식은 칼라하리 서식지 전체로 확대되어 가게 되었다.

출처 : 하던 대로나 잘 하라고? 존 커터 저, 유영만 역, 김영사, 2017

변화는 개인과 조직에 영향을 준다. 그러나 위의 사례에서 볼 수 있듯 사람들은 종종 변화를 거부한다. 하지만 변화와 자기개발은 밀접한 관련을 갖는다. 1장에서는 자기개발에 대한 기본 개념과 자기개발이 개인에게 필요한 이유에 대해서 살펴본다. 또한 자기개발의 특징과 변화가 어떤 관련을 가지며 변화를 통한 자기개발이 어떻게 이뤄지는지 학습한다.

1. 자기개발(開發)의 개념에 해당하지 않는 것은?

　　① 지식이나 재능 따위를 발달하게 함
　　② 산업이나 경제 따위를 발전하게 함
　　③ 슬기나 재능 사상 따위를 일깨워 줌
　　④ 토지나 천연자원 따위를 유용하게 만듦

2. 변화의 속성 4가지에 해당하지 않는 것은?

　　① 가시성　　　　　　　　② 적응성
　　③ 저항성　　　　　　　　④ 불변성

3. 자기개발능력의 하위 능력에 해당하지 않는 것은?

　　① 리더십 능력　　　　　② 자아인식능력
　　③ 자기관리능력　　　　　④ 경력개발능력

1. 자기개발의 개념

> "최종분석에서 본질적인 것은 개인의 삶이다. 이것이 역사를 만들며 위대한 변화를 일으킨다. 이 세상의 총제적인 미래와 역사는 궁극적으로 모든 개인 안에 숨겨진 이와 같은 원천의 어마어마한 합산에서 비롯된다."
>
> – 칼 구스타프 융

1) 자기개발의 개념

자기개발은 '자기'와 '개발'의 합성어다. '자기'는 개발행위의 주체가 본인임을 말한다. 즉, 개발이 타인과 환경에 의해 이뤄지는 것이 아닌 본인의 의지와 노력에 따라 일어나는 것을 가르킨다. '개발(開發)'은 '계발(啓發)'과 다르지만 비슷한 맥락에서 사용된다. '개발'은 '지식이나 재능 따위를 발달하게 함'을, '계발'은 '슬기나 재능, 사상 따위를 일깨워 줌'을 나타내는 말이다.

개발(開發)

1. 토지나 천연자원 따위를 유용하게 만듦
2. 지식이나 재능 따위를 발달하게 함
3. 산업이나 경제 따위를 발전하게 함
4. 새로운 물건을 만들거나 새로운 생각을 내어놓음

계발(啓發)

1. 슬기나 재능 사상 따위를 일깨워 줌

'표준국어대사전'은 '개발'과 '계발'을 비슷한 말로 보고 있다. 특히 자신을 성장시킨다는 의미에서 두 개의 단어의 의미를 고려할 때 '자기개발'과 '자기계발'은 같이 표현할 수 있다.

자기개발(self-development)에서 사용되는 개발의 'development'의 동사 'develop'은 성장/발달하다(시키다), 개발하다 등의 의미를 가진다. 그 어원을 살펴보면 '감추어 있던 것 혹은 싸여있던 것이 드러나다 혹은 풀어지다.'의 뜻을 갖고 있다. 이 어원이 시사하는 것은 자기개발은 환경과 외부 자원을 쓸모 있게 만드는 것뿐만 아니라 개인의 재능과 내적 자원을 외부로 발휘할 수 있도록 드러나게 한다는 점이다.

자기개발의 주체는 자기 자신이지만 개발할 내용과 주제는 사람마다 다르다. 개인이 속한 환경과 자원, 그것에 대한 인식이 각기 다르기 때문이다. 그러나 자기개발(自己開發, Self-development)의 한자와 영어가 갖는 어원과 의미에서 공통적으로 알 수 있는 것은 자기개발은 자신의 능력, 적성 및 특성 등에 있어서 자신의 강점과 약점을 찾고 확인하여 이를 강화시키고 관리하여 성장을 위한 기회로 활용한다는 점이다.

그렇다면 내 자신이 가지고 있는 현재의 문제는 최선의 상태와 어떤 차이가 있을까?

🐾 현재 개인의 모습에서 개발하고 싶은 영역은 무엇이 있는가? 자신이 개발하고 싶은 영역과 그 이유에 대해 자신의 생각을 정리하고 이를 팀원들과 공유해보자.

2) 자기개발의 유익

　제4차 산업혁명과 함께 산업 분야에서 놀라운 기술의 진화가 진행되고 있다. 최근 미국의 한 기업은 유인 우주선을 발사하며 우주여행에 대한 기대감을 높이고 있으며, 이미 우주여행 상품을 출시했다. AI, 빅데이터, 사물인터넷과 같은 새로운 기술의 발전은 새로운 분야에서의 일자리를 창출하고 있다.

이야기

우리의 직업은 컴퓨터화에 얼마나 민감한가?

옥스퍼드 마틴스쿨 칼 베네딕트 프레이(Carl Benedikt Frey) 교수와 마이클 오스본(Michael A Osborne) 교수는 2013년 '고용의 미래: 우리의 직업은 컴퓨터화에 얼마나 민감한가'라는 보고서에서 "자동화와 기술 발전으로 20년 이내 현재 직업의 47%가 사라질 가능성이 크다"라고 지적했다.

이들은 702개의 직업군을 대상으로하여 각 직업에서 컴퓨터화가 진행되는 속도 및 현재 각 직업군 노동자의 임금, 취업에 필요한 학력 등을 종합 분석하여 인력이 컴퓨터로 대체될 가능성을 0에서 1사이 숫자로 표시했다. 1에 가까울수록 컴퓨터화 기계화로 인해 사라질 가능성이 큰 직업이고, 0에 가까울수록 타격을 받지 않는다는 것을 의미한다.

그 결과, 가장 크게 타격을 입을 직업은 텔레마케터(0.99)인 것으로 조사됐고 화물, 운송 중개인, 시계 수선공, 보험 손해사정사 역시 같은 점수를 받아 높은 위험군에 속하는 것으로 나타났다.

그러나 내과, 외과 의사(0.0042)는 상위 15위를 기록해 미래에도 거의 타격을 받지 않을 직업으로 분류됐으며 가장 안전한 직업으로는 레크레이션을 활용한 치료 전문가(0.0028)가 1위를 차지했고, 큐레이터(0.0068, 34위), 성직자(0.0081, 42위), 인테리어 디자이너(0.022, 93위) 등 창의성과 감수성을 요구하는 직업이 상위권을 기록했다.

출처 : 조선비즈. 2014.7.19

그러나 문제는 기술의 변화로 인해 새롭게 창출되는 일자리보다 줄어드는 일자리가 더 많아질 것이라는 점이다. 인공지능과 빅데이터는 벌써부터 기존 일자리를 위협하고 있다. 2013년에 작성된 '고용의 미래 보고서'에서는 앞으로 컴퓨터로 대체 될 직업의 확률을 소개했는데 그 결과는 많은 대중들에게 충격을 더해주고 있다. 우리가 평생 직업이라 생각하는 직업의 개념이 무너지고 있으며 직업 세계에서도 커다란 변화가 예상되기 때문이다.

　　세계보건기구(WHO)에 따르면 2015년 대한민국의 평균수명은 남자가 약 78.9세, 여자가 85.5세로 나타났다. 현재의 평균수명을 남녀 약 82세라고 본다면 65세에 은퇴를 해도 최소한 15년 이상을 새로운 일 혹은 기존과는 다른 일을 하며 살아야 한다. 더군다나 지금의 청년들이 살아갈 시대는 100세 시대를 넘어 그 이상까지 평균 수명이 증가할 것이기 때문에 자기관리, 경력관리를 위한 준비가 절실해 지고 있다.

　　이와 같이 기술, 사회, 산업의 급격한 변화, 짧아진 직업 주기와 늘어가는 은퇴 이후 개인의 삶에 대한 인생관리, 경력관리라는 배경 속에서 자기개발이 주는 유익은 다음과 같다.

① 자아실현

　　매슬로우(Maslow)는 인간의 가장 큰 욕구를 자아실현이라고 하였다. 사람들이 평생을 살면서 겪는 경험의 궁극적 목적지는 자아실현이다. 자아실현은 자신이 진정으로 되고 싶은 모습이 되는 것이다. 주변의 기대가 아닌 자신의 가치와 비전, 강점에 따라 자아실현을 한다는 것은 인생의 행복과도 연결된다. 자아인식을 포함한 자기개발의 모든 노력은 진정한 자아실현을 위한 과정이다.

② 미래의 목표 성취

　　예측 불가능한 사회에서는 자신의 사고와 행동만이 예측과 통제가 가능하다. 미래를 예측하는 가장 확실한 길은 미래를 창조하는 것이다. 자기개발은 자신에게 다가올 내일을 준비하고 자신이 바라는 미래를 만드는 것이다. 자기개발은 가장 수익률이 높은 미래에 대한 투자다. 경제적 이득뿐 아니라 비경제적 측면에서도 최고의 가치를 준다.

③ 현재의 풍요

변화를 뛰어넘는 역량과 기술력을 확보한 인재는 생산성이 향상되어 더 많은 경력개발의 기회와 성장의 기회를 갖게 되어 풍성한 현재를 만들 수 있다. 또한 목표를 설정하고 이뤄가는 노력 속에서 자연스럽게 성취감과 자신감을 느낄 수 있다. 원만한 인간관계를 포함하는 자기개발은 이를 통해 삶의 질을 풍성하게 한다.

④ 개인과 조직의 승승

자기개발은 개인의 성장을 바탕으로 소속된 조직에도 이익을 준다. 개인의 역량 향상은 소속된 조직에의 성과와도 연결된다. 회사 및 조직의 올바른 성과는 공공의 유익과 편리함에도 영향을 준다. 자기개발은 개인뿐 아니라 타인과 우리가 함께 번창할 수 있는 사회 발전의 계기를 만든다. 더 많은 사람들의 행복을 위한 공헌과 헌신은 개인의 자기개발과 밀접한 관련을 갖는다.

2. 자기개발과 변화관리

> "모든 사람들이 세상을 변화시키는 것을 생각하지만 누구도 그 자신을 변화시키는 것은 생각하지 않는다."
>
> – 톨스토이

자기개발은 사회의 변화에 대응하는 과정에서 자기를 변화시키는 과정이다. 자기개발과 변화는 긴밀한 연관성을 가진다. 효과적인 자기개발을 위해서는 변화를 이해하고 변화관리를 위한 적용이 필요하기 때문이다.

1) 변화의 속성

변화는 세상에 존재하는 물체의 형상, 성질 등의 특징이 달라지는 것이다. 특징이 강해지거나 약해지는 것 혹은 새롭게 되는 것도 변화라고 한다. 변화는 다음과 같은 속성을 가진다.

① 변화의 가시성

변화는 눈으로 볼 수 있다. 특히 큰 변화는 금방 눈에 띄기 때문에 대응과 준비가 가능하다. 그에 비해 사람들은 작은 변화를 쉽게 놓친다. 그러나 큰 변화뿐 아니라 작은 변화도 개인과 조직에 영향을 준다. 특히 작은 변화를 대하는 우리의 자세가 큰 변화를 효과적으로 대응할 수 있는 지혜를 키워준다. 그러므로 큰 변화뿐 아니라 주변의 작은 변화에도 민감할 필요가 있다.

② 변화의 적응성

의도하지 않은 변화일지라도 변화는 우리의 삶에 영향을 준다. 하지만 우리의 삶은 변화로 인해 변화된 모습에 적응해 가는 속성을 가지고 있다. 신상품의 새로운 기능에 대한 놀라움은 오래가지 못한다. 신제품과 새로운 기능이 익숙해지고 시간이 지나면 과거의 기능과 방식은 익숙함을 넘어 불편함이 된다.

③ 변화의 시기

변화에 따른 결과는 한 순간에 이뤄지지 않는다. 로드아일랜드대학 심리학 교수 프로차스카(James O. Prochaska)는 변화가 고려전 단계를 거쳐 고려, 준비, 실행, 지속 단계 후 점차 시간이 지나 성숙되어 나타난다고 보았다. 변화에 대한 대응은 일회적으로 끝나는 것이 아니다. 실행 이전의 고려하는 단계를 포함해서 실행한 이후에도 지속적인 행동이 있어야 변화가 일어나게 되고 자리를 잡게 된다.

④ 변화에 대한 저항성

외부에서 힘이 가해지지 않는 한 모든 물체는 자기의 상태를 유지하려고 한다. 뉴턴이 말한 '관성의 법칙'이다. 변화도 관성의 법칙이 적용된다. 사람들은 익숙한 것을 선호하고

새로운 변화에 대해 불편해한다. 변화의 필요성을 인식해도 관성의 법칙으로 인해 쉽게 변화가 이뤄지지 않는다. 그러나 새로움과 성장은 변화에 대한 수용에서 출발함을 기억해야 한다.

리처드 베카드(Richard Beckhard)와 루벤 해리스(Reuben T. Harris)는 다음과 같이 변화 방정식을 제시했다.

〈그림 1-1〉 변화 방정식

$$C = D \times V \times F > R$$

Change   Dissatisfaction   Vision   First step   Resistance

Level up Mission

☎ 아래 질문에 대한 자신의 생각을 정리하고, 이를 팀원들과 공유해 보자.
  1. 최근 1년 동안 자신에게 일어난 주요한 주변 환경의 변화에는 무엇이 있는가?
  2. 리처드 베카드(Richard Beckhard)와 루벤 해리스(Reuben T. Harris)의 변화 방정식을 적용하여 지금까지 지내면서 개인의 의지를 통해 만든 변화는 무엇인가?

2) 자기관리를 위한 변화관리 5단계

▶ 1단계 : 변화 인식단계

자기에게 찾아오는 변화를 인식하고 이해하는 단계이다. 변화의 파도를 타기 위해서는 우선적으로 변화를 인식해야 한다. 현재에 대한 불만에서 변화를 인식할 수 있고, 새로운 기회를 찾는 과정에서 변화를 느낄 수도 있다. 주변의 변화를 인식하기 위해서는 통찰력과 관찰이 필요하다. 작은 변화는 자세히 의식하지 않으면 볼 수 없다. 깊은 통찰력이 있을 때에만 변화의 속성과 흐름을 감지할 수 있다

▶ 2단계 : 변화 목표 설정 단계

변화 대응 전략과 목표를 세우는 단계이다. 변화할 만큼 강한 비전과 목표가 있을 때 변화를 위한 시도가 가능하다. 이 단계에서는 변화의 흐름을 읽고 효과적인 대응 목표를 정한다. 변화 목표는 구체적이고 실현 가능해야 하며 변화의 방향과 흐름이 함께 해야 한다.

▶ 3단계 : 변화 관리 실행단계

변화에 대응하기 위한 전략과 목표 달성을 위해 실천하는 단계이다. 무엇보다 시작이 중요하다. 그리고 시작을 했으면 인내심과 함께 주변의 도움이 필요하다. 실행단계에서는 중간에 포기하고 싶은 마음의 유혹을 극복해야 한다.

▶ 4단계 : 변화 지속과 평가의 단계

변화 속에서 일어나는 자신의 대처 및 결과를 평가하는 단계이다. 긍정적으로 변화된 모습을 지속하기 위해서는 행동을 습관으로 연결시키는 작업이 필요하다. 또한 지난 과정에 대한 평가의 시간을 가져야 한다.

▶ 5단계 : 변화 비움의 단계

비움의 단계는 새로운 변화를 준비하기 위한 단계이다. 변화된 모습에 안주하지 않기 위해 새로운 실천과 다양한 시도를 지속한다. 매 단계마다 변화 비움의 단계를 실천하고 꾸준한 변화와 성장을 위한 노력이 필요하다.

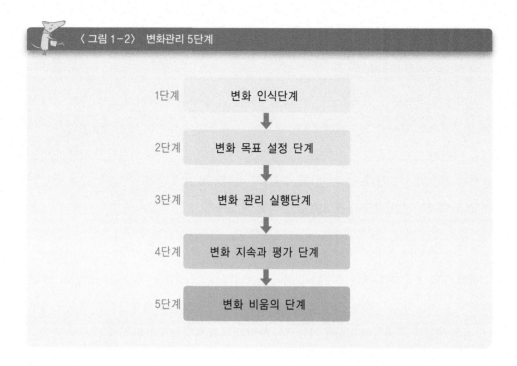

〈그림 1-2〉 변화관리 5단계

1단계　　변화 인식단계

2단계　　변화 목표 설정 단계

3단계　　변화 관리 실행단계

4단계　　변화 지속과 평가 단계

5단계　　변화 비움의 단계

3. 자기개발의 방법과 방해요인

1) 자기개발의 방법

자기개발의 중요성이 강조되고 있고 많은 사람들이 필요성에 공감하지만 정작 자기개발을 효과적으로 수행하기는 쉽지 않다. 해마다 많은 사람들이 자기개발 결심과 실패에 대한 좌절을 반복하고 있다. 수많은 결심과 실패는 작심삼일이라는 말에서도 알 수 있듯이 사람들은 긴 시간을 넘기지 못하고 좌절을 경험하며 스트레스를 받고 있다.

그렇다면 자기개발이란 무엇이고, 어떻게 하면 성공적이고 효과적인 자기개발을 할 수 있을까? 자기개발을 위해서는 먼저 자기개발능력의 구성요소를 알아야 한다. 자기개발능력은 자아인식능력, 자기관리능력, 경력개발능력의 3가지 하위능력으로 구성된다.

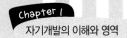

 [표 1-1] 자기개발능력의 하위능력과 질문들

하위능력	세부요소	질문
자아인식 능력	• 자기이해 • 자신의 능력 표현 • 자신의 능력발휘 방법 인식	• 나는 누구인가? • 나를 소개할 수 있는가? • 나의 강점을 알고 있는가?
자기관리 능력	• 개인의 목표 정립(동기화) • 자기통제 • 자기관리 규칙의 주도적인 실천	• 나의 꿈과 목표는 무엇인가? • 스스로 절제할 수 있는가? • 스스로 선택하고 책임지는가?
경력개발 능력	• 삶과 직업세계에 대한 이해 • 경력개발 계획 수립 • 경력전략의 개발 및 실행	• 일의 의미와 관심있는 일에 대한 정보를 수집했는가? • 나만의 경력개발 계획을 세웠는가? • 경력전략에 대해 경력을 준비하고 있는가?

① 자아인식

자아인식은 자기에 대한 이해이다. 자아인식으로부터 자기개발이 출발한다고 할 만큼 중요한 기초가 되는 요소이다. 자아인식은 자기개발의 방향을 결정하는 네비게이션 역할을 하고 자기개발의 길을 안내한다.

자아인식은 자신이 가지고 있는 흥미, 가치, 신념, 강점과 단점 등을 이해하는 것이다. 이것은 자기개발의 주요한 도구와 자원이다. 자신의 강점, 흥미와 가치에 기반한 목표 설정과 강점에 기반을 둔 진로 선택은 자기개발을 수월하게 만들기 때문이다.

자신을 인식하는 방법으로는 스스로 성찰을 통해 자신을 살펴보는 방법, 다른 사람과의 대화와 피드백을 통해 자신을 알아가는 방법, 검증된 표준화된 검사 도구를 활용하는 방법 등이 있다.

② 자기관리

자기관리는 목표를 향해 자기를 이끌어 가는 능력이다. 자아인식을 바탕으로 스스로 목표를 세우고 성취하기 위해 자신의 자원을 집중하고 노력하는 것이다. 자기관리는 곧 셀프 리더십의 실천이다. 자기관리는 스스로의 삶에 리더십을 발휘하는 것이기 때문이다. 자기관리는 다양한 업무와 프로젝트를 해결하는 과정에서도 그대로 적용된다.

자기관리를 위해서는 자기이해에 기반한 비전과 목표를 수립하고 이에 대한 구체적인 과제를 발견하고, 일정 및 시간계획을 수립, 조정하여 수행한 후 다시 반성하고 피드백하는 과정으로 이뤄진다.

③ 경력개발

경력은 일과 관련하여 일생에 걸쳐 경험하는 것으로 경력개발은 자신의 삶에서 의미있는 경력을 만들기 위해 경력목표와 전략을 세우고 수행하며 피드백하는 과정이다. 사회적 존재인 인간은 개인으로서 뿐만 아니라 소속된 조직과 기관속에서 상호작용과 승승을 위해서 함께 성장하고 개발하는 노력을 기울어야 한다. 이러한 과정 속에서 경력개발은 자신의 경력 현실을 파악하고 목표를 달성하기 위해 경력계획을 세우고 이를 준비하고 실행한 후 피드백 하는 순서로 이뤄진다.

 성공하는 사람들의 7가지 습관

습관 1 : 자신의 삶을 주도하라(Be Proactive)

자신의 삶에 주인이 되라. 자신의 할 수 없는 일에 집착하거나 외부의 힘에 반응하지 말고, 할 수 있는 일에 집중하라. 변환자가 되어 주변을 변화시키는 사람이 되라.

습관 2 : 끝을 생각하고 시작하라(Begin with the end in mind)

모든 것은 마음과 실제를 통해 두 번 창조되는 것을 기억하여 모든 시작에 앞서 마음속으로 개인의 사명과 비전, 목표를 생각하고 시작하라.

습관 3 : 소중한 것을 먼저 하라(Put first things first)

긴급한 것이 아닌 중요한 것을 기반으로 우선순위를 정하라. 작고 사소한 일보다는 인생에서 크고 중요한 일에 먼저 우선을 두고 주간계획을 통해 효과적으로 시간을 사용하라.

습관 4 : 승승을 생각하라(Think Win-Win)

풍요의 정신으로 타인과 함께 더 큰 성취를 추구하라. 승패의 마음을 넘어 나와 상대방이 함께 이길 수 있는 승승의 방안을 모색하라.

습관 5 : 먼저 이해하고 나중에 이해시켜라(Seek first to Understand, then to be understood)

자신의 주장만을 앞세우기 보다는 타인의 말을 공감적으로 경청하고 열린 자세를 가져라. 자기 중심의 자서전적 반응을 버리고 의견은 I-Message를 통해 효과적으로 전달하라.

습관 6 : 시너지를 내라(Synergize)

혼자서는 할 수 없는 목표와 일을 달성하기 위해 함께 협력하라. 다양성을 존중하고 공동의 목표를 이루기 위해 제3의 대안을 찾는 노력을 시도하라.

습관 7 : 끊임없이 쇄신하라(Sharpen the saw)

지속적인 성공을 위해 신체적 차원, 영적 차원, 정신적/지적 차원, 사회적/감정적 차원에서 끊임없이 쇄신을 실천하라.

출처 : 성공하는 사람들의 7가지 습관. 스티븐코비 저. 김경섭역. 김영사. 1994

☎ 새해에 세웠던 자신의 새해목표^(자기개발 계획)의 내용과 설정 이유를 정리하고 이를 팀원들과 공유해 보자.

2) 자기개발의 방해요인

① 자기개발과 관성의 법칙

관성의 법칙은 자연 현상뿐 아니라 개인의 내면과 사회 속에서도 존재한다. 사람들은 현재의 상태를 유지하고 싶어하고, 익숙한 것을 선호하며, 익숙하지 않으면 불편해 한다. 자기개발은 '익숙한 것과의 결별'을 의미한다. 익숙함을 버리고 불편함을 감수하는 과정에서 성장과 발전이 이뤄진다. 물론 모든 자기개발의 과정이 억지로 해야 하는 고역을 의미하는 것은 아니다. 자기개발을 위해 개인의 삶에 변화가 생기면 사람들은 안정을 추구하는 경향성 때문에 저항에 직면하지만 때로는 이러한 과정이 새로운 즐거움이 될 수 있다. 그러나 현실 속에서 많은 사람들은 자기개발의 어려움을 호소한다. 이와 같이 변화를 만드는 과정에 발생하는 자기개발의 방해요인들은 무엇이 있을까?

② 자기개발 방해요인

㉠ 개인의 욕구와 감정의 작용

사람은 살아가면서 다양한 욕구를 가진다. 매슬로^(Maslow)는 인간의 욕구를 생리적 욕구부터 출발해서, 인정의 욕구, 사회적 욕구, 존경의 욕구, 자기실현의 욕구까지 피라미드 모형의 5단계로 구분한 바 있다. 매슬로의 욕구 위계 이론에서 사람들의 기본적 욕구는 생리적 욕구이며 각 욕구는 전 단계가 충족되어야 다음 단계가 충족되기를 원한다고 하였다. 자기개발은 자아실현의 욕구에 해당되는 최상위의 욕구이므로 그 하위에 있는 다른 욕구가 채워질 때 충족된다고 할 수 있다.

인간은 감성에 따라 행동하는 경향이 있다. 어떤 것에 대해 욕구하거나 욕망을 가져도 개인의 감정 상태에 따라 다른 행동을 보일 수 있다. 이러한 양 사이의 충돌은 자기개발을 어렵게 만드는 요인이 된다.

ⓒ 부정적 사고

사람들은 자신이 보는 관점에 따라 말하고 행동하는 경우가 많다. 부정적 사고를 가진 사람은 의식적으로 또는 무의식적으로 부정적 사고를 하고 행동하는 경향을 띤다. 부정적 사고를 가진 사람은 자기개발을 통해 얻는 유익보다는 그 과정의 어려움을 먼저 떠올리며 그 수고를 거부하는 사람이다. 이러한 부정적 사고는 우리의 행동과 선택에서 편향성을 유발하는데 이러한 편향성은 새로운 변화를 시도하는 자기개발의 방해요소가 된다.

ⓒ 낮은 자기효능감(자신감 부족)

자기개발은 새로운 시도이며 도전이다. 익숙한 것을 버리고 새로운 시도를 한다는 것 자체는 불편과 위험을 전제한다. 이러한 위험에 직면할 때 반응 중에서 자신에 대한 신뢰가 있는 사람과 그렇지 못한 사람은 다른 행동 경향을 보여준다.

평소 자신이 어떤 일을 성공적으로 수행할 수 있다는 믿음과 신념이 있는 사람 즉, 높은 자기효능감(self-efficacy)을 갖는 사람은 새로운 도전과 시도를 받아들인다. 그러나 자신에 대한 신뢰가 부족하고, 낮은 자기효능감을 가진 사람은 익숙하지 않는 도전과 새로운 자기개발 시도에 직면했을 때 회피하는 경향을 보인다.

ⓔ 의존적 경향

자기개발은 개인이 주체가 되어 실천하는 활동이다. 자기개발의 활동들, 즉 자아에 대한 성찰을 포함해서 목표를 정하는 일, 일정을 수립하는 일, 계획된 일을 수행을 하는 일 등 모든 과정은 개인의 선택과 의지가 반영된다.

그러므로 독립적인 사람만이 자기개발을 실천할 수 있다. 선택할 수 없다면 시작할 수 없고, 시작하지 않으면 달라지는 것이 없다. 의존적 경향성을 가진 사람은 스스로 선택하지 못하는 사람이다. 다른 사람에 의해 움직이는 사람은 간단하고 짧은 활동은 수행할 수 있으나 장기적이고 주도적인 자기개발능력을 발휘하는 것은 어렵다.

◎ 자기개발 방법에 대한 무지

가고 싶은 곳이 있어도 길을 모르면 도착할 수 없다. 지도나 네비게이션이 있어도 사용방법을 모르면 소용이 없다. 자기개발도 마찬가지다. 자기개발을 위해 구체적으로 어떤 정보가 필요한지, 어떤 자료를 활용할 수 있고, 주변에서 어떤 도움을 받을 수 있는지 모르는 것은 자기개발에 장애물이다. 자기개발의 방법을 모르고 필요한 적절한 정보가 부족하면 자기개발의 길은 멀어져 간다.

◎ 실행력 부족

아무리 좋은 전략이 있어도 실행으로 연결하지 않으면 무용지물이 된다. 자기개발은 실천적 활동이다. 문제를 풀거나 계산을 하는 지적인 활동을 포함하여 몸이 반응하고 움직여야 하는 활동이다. 1그램의 실행이 1톤의 생각보다 값지다는 말이 있듯이 아무리 훌륭한 자기개발의 계획과 방법이 있더라고 실행력이 부족하면 자기개발의 열매를 얻을 수 없다. 실행은 하나의 씨앗이다. 씨앗이 없이는 나무가 자랄 수 없고 숲이 만들어질 수 없다.

Level up Mission

🐾 자신만의 자기개발 장애물은 무엇인지 적어보고 팀원들과 공유해 보자.

✍ 자기개발 장애물 :

학습평가 Quiz

1. 다음 중 개발(開發)의 의미로 적절하지 않은 것은?

   ① 토지나 천연자원 따위를 유용하게 만듦
   ② 슬기나 재능 사상 따위를 일깨워 줌
   ③ 지식이나 재능 따위를 발달하게 함
   ④ 산업이나 경제 따위를 발전하게 함

2. 다음 중 자기개발이 줄 수 있는 유익이 아닌 것은?

   ① 현재의 풍요   ② 미래 목표의 성취
   ③ 조직의 팀워크   ④ 개인과 조직의 승승

3. 다음 중 리처드 베카드(Richard Beckhard)와 루벤 해리스(Reuben T. Harris)의 변화 방정식(C = D × V × F 〉 R)에 대한 설명으로 옳은 것은?

   ① C(Change)   ② D(Disorder)
   ③ V(Value)   ④ R(Revolution)

4. 다음 변화관리 5단계 중 4단계 빈칸에 해당되는 것은?

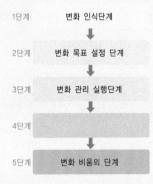

1단계	변화 인식단계
2단계	변화 목표 설정 단계
3단계	변화 관리 실행단계
4단계	
5단계	변화 비움의 단계

   ① 변화 피드백 단계   ② 변화 실천의 단계
   ③ 변화 생성 단계   ④ 변화 지속과 평가 단계

5. 자기개발능력 세부요소 중 하위능력이 다른 것은?

① 자기이해   ② 자신의 능력 표현
③ 자기통제   ④ 자신의 능력발휘 방법 인식

학습내용 요약 Review(오늘의 Key Point)

1. 자기개발(自己開發, Self-development)이란 자신의 능력, 적성 및 특성 등에 있어서 자신의 강점과
   약점을 찾고 확인하여 이를 강화시키고 관리하여 성장을 위한 기회를 활용하여 자기에 대한 이
   해를 바탕으로 자기를 끊임없이 성장, 개선시켜가는 행동이다.

2. 변화는 가시성, 적응성, 저항성과 함께 한 순간에 이뤄지는 것이 아닌 단계와 시기를 거쳐 일어
   나는 속성을 가지고 있다.

3. 변화관리의 5단계는 1단계 변화 인식단계, 2단계 변화 목표 설정 단계, 3단계 변화 관리 실행
   단계, 4단계 변화 지속과 평가 단계, 5단계 변화 비움의 단계이다.

4. 자기개발능력의 하위능력으로는 자아인식능력, 자기관리능력, 경력개발능력이 있다.

5. 자기개발 방해요인은 개인의 욕구와 감정의 작용, 부정적 사고, 낮은 자기효능감(자신감 부족), 의
   존적 경향, 자기개발 방법에 대한 무지, 실행력 부족 등이 있다.

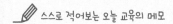 스스로 적어보는 오늘 교육의 메모

자아인식의
개념

Contents

Learning Objectives

1. 자아의 개념을 설명할 수 있다.
2. 패러다임이 자아인식에 미치는 영향을 설명할 수 있다.
3. 자아인식을 다양한 관점에서 이해하고 설명할 수 있다.

2
Chapter

자기를 알아야 발전 가능성이 있다.

"다들 취업준비를 해야 하는 4학년이 되면 발등이 불이 떨어지니까 고민을 한다.

그 때 사실 가장 먼저 했어야 하는 고민이 '난 뭘 하고 싶지', '난 뭘 좋아하지' 이제 가장 큰 고민이다. 이게 해결되어야 맞는 회사가 어디인지를 찾는데 그것에 대한 고민이 해결되지 않으니까, 연봉 많이 주면 지원하는 식의 패턴이 된다.

제 친구 중에 남들이 부러워하는 스펙(학력, 경력)을 가진 친구들이 정말 남들이 부러워하는 회사에 취직을 했는데 2~3년차에 접어드니까 그중의 반이 회사를 그만두고 나왔다.

회사를 나온 그들은 모두 똑같이 이렇게 말했다.

"이건 내가 원하는 게 아니야!"

김태원(구글 비즈니스 상무)

"가장 중요한 건 자기가 뭘 좋아하는지, 뭘 잘하는지 알아야 해요. 발전 가능성이 그 안에 있거든요."

최성애 교수(심리학과 교수)

출처 : SBS스페셜. 인재전쟁 1부 신화가 된 인재

자신의 적성, 흥미가 맞지 않아 도중에 학교와 직장을 그만 둔 사람들이 많아지고 있다. 2장에서는 자기개발능력 중 첫 번째에 해당되는 자아인식능력에 대해 살펴본다. 자아의 개념이 무엇이고 자아인식이 개인에게 어떠한 유익을 주는지 알아보며 또한 자아인식에 대한 다양한 이론을 학습한다.

1. 다음은 자아에 대한 어떠한 관점에 대한 설명인가?

> · 대상의 세계와 구별된 인식 행위의 주체
> · 작용, 반응, 체험, 사고, 의욕의 작용을 하는 의식의 통일체
> · 반대말은 객아(客我) 혹은 타아(他我)와 비아(非我)

① 철학적 관점   ② 교육적 관점

③ 심리학적 관점   ④ 관계적 관점

2. 자아를 인식하고 이해하는 훈련의 용도로 만들어진 도구로써 공개영역, 맹인영역, 비밀영역, 미지영역으로 구분한 모델을 무엇이라 하는가?

① 아이젠하워 매트릭스   ② 조하리의 창

③ 80/20 rule   ④ SWOT모델

3. 다음은 DISC의 4가지 유형 중 어느 유형에 대한 설명인가?

> · 자아가 강하다.
> · 목표 지향적이고 빠른 의사결정을 선호한다.
> · 도전에 의해 동기부여된다.
> · 통제권을 상실하거나 이용당하는 것을 두려워한다.
> · 힘과 권위가 허락되는 환경과 개인적 성취가 인정받는 환경을 선호한다.

① 주도형   ② 사교형

③ 안정형   ④ 신중형

1. 자아의 개념

자아는 자기 자신을 일컫는 말로써 스스로 자신의 존재를 인식하고 타인과 자기 외부에 대해서 판단하고 행동하는 독립체라고 할 수 있다. 학문적 의미에서 자아(自我)는 크게 철학과 심리학적 관점으로 살펴볼 수 있다. 철학에서 자아는 대상의 세계와 구별된 인식 행위의 주체이며, 체험 내용이 변화해도 동일성을 지속하여, 작용, 반응, 체험, 사고, 의욕의 작용을 하는 의식의 통일체, 즉 나를 의미한다. 이것의 반대말은 객아(客我) 혹은 타아(他我)와 비아(非我)라고 표현한다.

심리학적 관점에서 자아는 자신에 대한 의식으로 심리적, 정신적인 의미로 쓰이며, 정신분석에서는 인간의 행동을 현실에 적응시키는 것이라 가정하여 이러한 자아는 청년기에 확립된다고 보고 있다.

[표 2-1] 자아의 철학적, 심리학적 구분

철학적 관점	• 대상의 세계와 구별된 인식 행위의 주체 • 작용, 반응, 체험, 사고, 의욕의 작용을 하는 의식의 통일체 • 반대말은 객아(客我) 혹은 타아(他我)와 비아(非我)
심리학적 관점	• 자신에 대한 의식 • 정신분석에서는 인간의 행동을 현실에 적응시키는 것이라 가정하여 이러한 자아는 청년기에 확립된다고 봄

군이 학문적 비교를 통해 자아를 살펴보지 않더라도 자아에 대한 개념은 쉽게 알 수 있다. 사고하고, 행동하고, 존재하는 내 자신이 곧 '자아'가 되는 것이다. 중요한 것은 자아에 대한 인식은 단순히 이름과 성별 같은 자신에 대한 표면적 정보를 넘어 실존적 존재로

서의 내가 누구인가를 인식하고, 이해하는 것을 의미한다는 점이다. 이는 깊은 사색과 성찰과 같은 자신과의 내면의 대화를 통해서만 가능하므로 자아의 개념을 아는 것과 자신의 자아에 대해 아는 것은 별개라고 할 수 있다.

자아에 대한 구성요소는 그 복잡성으로 인해 다양하게 해석되지만 대표적으로 자신의 내면과 외면으로 나누어 구분할 수 있다.

먼저 외면적 자아는 자신의 외면적 특징을 나타내는 요소로 인종과 나이, 신체 등으로 구성된다. 외면적 자아는 자신뿐 아니라 타인에게도 금새 인식될 수 있다. 반면 내면적 자아는 개인이 가지는 적성, 흥미, 성격, 신념, 태도등 보이지 않는 부분으로서 개인의 내면을 구성하는 요소다. 내면적 자아는 측정하기 어렵다.

[표 2-2] 자아의 구성요소

내면적 자아	• 자신의 내면을 구성하는 요소 • 측정의 어려움 • 개인의 적성, 가치, 흥미 등
외면적 자아	• 자신의 외면을 구성하는 요소 • 신장, 외모, 나이 등

소크라테스는 "너 자신을 알라."라는 명언을 통해 자기 자신을 아는 것이 삶에서 얼마나 중요한 것인가에 대해 말했다. 중국의 손자는 손자병법에서 '지피지기(知彼知己)면 백전불태(百戰不殆)'라면서 "자기를 알면 백번을 싸워도 위태롭지 않다."는 표현으로 자기인식의 가치를 표현했다. 이렇듯 자아인식은 전쟁 중인 장수에게 자신과 군대의 목숨을 살리는 법과 개인의 삶에서도 올바른 선택의 방향을 제공한다는 측면에서 중요하다고 할 수 있다.

자아인식은 자아를 인식하는 상태다. 자신의 외면적 자아뿐 아니라 내면적 자아를 아는 것이다. 나아가 이러한 자아가 자신의 행동에 어떻게 영향을 미치는지를 인식하는 것이다. 사람들은 자신이 하는 행동을 인식하지 못한 채 습관적으로 행동을 반복하는 경우가 있으며 자신이 한 행동이 다른 사람들과 자기 자신에게 어떤 영향을 미치는지 인식하는 못하는 경우도 있다. 모두 자아인식이 낮은 상태이다.

나를 안다는 것은 다양한 방법을 활용하여 자신에게 어떤 강점이 있고, 어떤 분야에 흥미가 있고, 어떤 행동을 선호하는지 종합적으로 분석하고 이해할 수 있다는 것이다.

Level up Mission

☎ 아래 빈칸의 자기소개서를 작성하고 이를 팀원들과 공유해 보자.

이름	
태어난 곳 & 자란 곳	
현재 소속(학교)	
나의 종교	
나의 가치관 (좌우명)	
내가 생각하는 나의 성격	
내가 좋아하는 것	
내가 관심있는 일	
10년 내 이루고 싶은 꿈	1. 2. 3.
기타	

2. 자아인식과 패러다임

1) 패러다임의 이해

패러다임(Paradigm)은 한 시대 사람들의 견해나 사고를 근본적으로 규정하고 있는 테두리로서의 인식의 체계, 또는 사물에 대한 이론적인 틀이나 체계를 의미한다. 또 세상을 보는 관점이라 할 수도 있다. 비슷한 개념으로 프레임(frame)이라는 말이 함께 사용되고 있다.

패러다임의 어원은 그리스어 '파라데이그마'인데 '패턴'이라는 의미를 가진다. '과학혁명의 구조'라는 책에서 토마스 쿤(Thomas Kuhn)이 처음으로 제안한 개념으로 한 시대의 사회 전체가 공유하는 이론이나 방법, 문제의식 등의 체계를 뜻한다. 토마스 쿤이 제안한 패러다임의 단어는 처음에는 천문현상과 같은 과학의 현상을 풀이하는 개념으로 사용되었지만 현재는 사회과학뿐 아니라 전 분야에 걸쳐서 광범위하게 사용되는 단어가 되었다. 패러다임은 다음과 같은 비유적 표현으로도 이해할 수 있다.

① 안경

패러다임을 안경으로 비유한다. 안경이라는 틀을 통해 사물을 보듯, 우리가 세상과 사물, 현상을 패러다임을 통해 보기 때문이다. 자기개발에 있어서 패러다임은 자신과 세상을 인식하는 하나의 도구가 되며 인식, 관점, 신념 등의 단어로 쓰이기도 한다. 자신이 쓰고 있는 안경을 통해 세상을 보고 해석하듯 우리는 패러다임을 통해 세상과 사물을 바라본다.

② 마음의 지도

패러다임은 마음의 지도다. 그러나 지도란 땅의 어느 지점들에 대한 설명일 뿐이듯이 지도가 지역 그 자체는 아니다. 패러다임이란 어떤 것 자체가 아니라 그것에 관한 의견이나 해석이며 모양을 나타내는 모델인 것이다. 우리는 각자가 가진 마음의 지도를 통해 세상과 현상을 해석하고 인식한다.

프로크루스테스의 침대

프로크루스테스(Procrustes)는 그리스로마 신화에서 나오는 신화 속 존재이다. 프로크루스테스는 겉으로 보기엔 나그네를 초대하여 자신의 침대까지 제공하는 친절을 보였지만 실제로는 침대의 크기에 따라 사람을 죽이는 악당이었다. 그는 나그네가 침대 길이보다 짧으면 다리를 잡아 늘이고 길면 잘라 버리는 방식으로 엽기적인 행각을 보였다. 프로쿠르스테스라는 말도 '잡아 늘이는 자'라는 뜻을 가진다. 아테네의 영웅 테세우스는 프로크루스테스를 자신이 저지르던 악행과 똑같은 방법으로 심판한다.

이후 '프로크루스테스의 침대(Procrustean bed)' 및 '프로크루스테스 체계(Procrustean method)'라는 말이 생겼다. 프로크루스테스의 침대는 융통성이 없거나 무언가를 억지로 끼워 맞추려는 아집과 편견을 비유하는 관용구로 사용되고 있다. 자기만의 패러다임을 갖고 다른 사람을 예단하거나 판단하는 편견을 의미한다.

2) 패러다임 모델(SEE-DO-GET 모델) 및 특징

스티븐 코비는 사람들은 보는 시각(SEE)에 따라 행동(DO)하고 행동한 대로 결과(GET)를 얻는다고 하였다. 이것을 SEE-DO-GET 모델이라고 한다. 결과를 만드는 것은 행동이지만 행동은 보는 시각에 의해 만들어진다. 우리가 어떤 시각을 가졌느냐에 따라서 우리의 행동이 달라지고 새로운 결과가 나오게 된다.

보는 시각을 검토하기 위해서 가장 좋은 방법은 자신에게 묻는 것이다. "현재 나는 원하는 결과를 만들어 내고 있는가?" 이 질문을 잘 생각해보면 행동의 변화만으로는 근본적인 해결이 어렵다는 것을 알 수 있다. 진정한 변화는 우리의 패러다임(SEE)으로부터 출발하기 때문이다.

예시 1)   SEE : 지능보다 노력이 중요하다는 신념

　　　　　↓

　　　　DO : 처음부터 좋은 결과는 아니어도 꾸준한 노력과 도전

　　　　　↓

　　　　GET : 과정에서의 학습, 인내를 통한 성과

예시 2)   SEE : 취업의 기회는 국내뿐 아니라 국외에도 다양하다.

⬇

DO : 국내외 다양한 취업 정보를 수집한다. 관련 직무 경험을 쌓는 도전과 실천을 한다.

⬇

GET : 도전을 통한 직무 경험 취득, 준비 과정을 통한 자신감

최근에 자신이 경험한 사건 중에서 SEE–DO–GET 모델을 적용해 보고 이를 팀원들과 공유해 보자.

최근 경험한 사건 :

SEE (나의 관점) :

DO (내가 한 행동) :

GET (얻은 결과) :

우리는 끊임없이 패러다임을 가지고 세상을 보고 살아가고 있다. 패러다임을 잘 이해하고 적용하기 위해서는 패러다임의 특징을 이해해야 한다. 패러다임은 다음과 같은 특징을 가지고 있다.

① 행동에 영향을 준다.

사람들의 행동은 패러다임으로부터 나온다. 이 말인즉슨 패러다임은 행동을 결정한다. 같은 상황에서도 개인의 패러다임에 따라 다른 행동을 하는 이유가 여기에 있다. 누군가에게 피드백을 받을 때 누군가는 피드백을 배움의 기회로 삼아 메모를 하지만, 누군가는 모욕감을 느끼며 주먹을 쥘 수도 있다. 바른 행동과 선택을 하기 위해서는 올바른 패러다임을 갖는 것이 필요하다. 모든 행동의 배경에는 패러다임이 자리하기 때문이다. 우리는 자신과 타인의 행동을 이해하기 위해서는 패러다임을 먼저 이해해야 한다.

② 불안정하다.

작동 중에 오류가 발생할 수 있다. 자아에 대한 인식은 대개 개인적인 성찰과 외부의 평가에 영향을 받는다. 자아를 인식하는 과정에서 다양한 정보는 패러다임이라는 인식의 틀에 의해 수용되는데 패러다임이 불안정하거나 때로는 잘못된 생각을 갖는 경우가 발생할 수 있다. 초점이 없는 렌즈가 앞을 제대로 볼 수 없게 만드는 것처럼 불안정한 패러다임은 자아인식에 부정적 영향을 미칠 수 있다. 부산의 지도를 보면서 서울에서 길을 찾으면 어떤 일이 발생하겠는가? 정확하지 않은 패러다임, 곧 마음의 지도는 우리를 혼란에 빠트린다.

③ 사고를 제한한다.

불안정함과 오류에 기인한 잘못된 패러다임은 우리의 사고를 제한하는 결과를 낳는다. 즉 사고의 편향성은 자아인식에도 심각한 부작용을 초래할 수 있다. 외부에 잘못된 평가를 통해 자신의 부정적인 모습만 본다거나 진중하지 못한 자기성찰로 인해 흥미와 가치를 간과하고 자신의 진짜 장점을 놓치는 경우가 발생할 수 있다.

패러다임은 자아인식과 행동에 직접 영향을 주기 때문에 자아인식 단계부터 자신의 패러다임이 올바른지 점검하는 것은 자기개발의 방향을 정하고 계획을 수립하는 데 중요한 기초가 된다.

3. 자아인식에 대한 이해

자아인식은 효과적인 자기개발 방향을 제시한다. 아무리 빠른 속도로 달려도 목적지와 반대 방향에 도착하면 소용이 없듯 인생에서도 속도보다 방향이 중요하다. 자기보다 자신을 잘 아는 사람이 없다고 하지만 사람들은 정작 자신의 진짜 모습에 대해 무지한 경우가 많다. 자신의 내면을 구성하는 수 많은 요소를 살펴보고 점검할 시간과 노력을 기울이는 것이 부족한 것도 이유겠지만 알고 싶어도 방법을 몰랐기 때문이기도 하다. 자기개발을 위해서 꼭 알아야 할 자아인식의 방법과 도구에 대해 살펴보도록 하자.

1) 조하리의 창(Johari's Window)

조하리의 창은 미국의 심리학자인 조셉 루프트(Joshep Luft)와 해리 잉햄(Harry Ingham)이 고안한 모델이다. 두 명 이름의 앞 글자를 따서 조하리의 창(Johari's Window)라 불리고 있다. 조하리의 창은 자아를 인식하고 이해하는 훈련의 용도로 활용된다.

조하리의 창은 4개의 영역으로 구분되어 개인을 이해하는데 도움을 주고 있다. 4가지 영역은 공개영역(Open area), 맹인영역(Blind area), 비밀영역(Hidden area), 미지영역(Unknown area)으로 구분한다.

① 공개영역(Open area)

자신과 상대방 모두가 알고 있는 개방된 영역이다. 자신의 외면적 자아와 내면적 자아가 일치하고 있다는 것을 나타내고 있으며 타인과의 관계에서도 긍정적인 인간관계가 이

뤄지고 있음을 보여주는 영역이다. 대인관계에서도 공개영역을 넓히는 것이 중요하다.

② 맹인영역(Blind area)

자신은 모르지만 상대방 모두가 알고 있는 영역을 의미한다. 상대방의 피드백을 통해 맹인영역을 줄여가면 자신이 모르는 부분을 알아가는 자기확장의 기쁨을 느낄 수 있다.

③ 비밀영역(Hidden area)

자신은 알지만 상대방은 모르는 영역이다. 타인에게 숨기고 싶은 영역이며, 주변에서 비밀이 많은 사람은 비밀영역이 넓은 사람에 해당된다.

④ 미지영역(Unknown area)

자신과 상대방 모두가 모르는 영역이다. 아직 밝혀지지 않은 부분으로 미지영역을 줄이기 위해서는 자신과 상대방 모두의 적극적인 노력이 필요하다. 이를 위해 먼저 본인의 노력이 선행돼야 하며 이를 바탕으로 타인의 도움을 통해 공개영역을 확장시키기 위한 노력이 필요하다.

〈 그림 2-1 〉 조하리의 창

	자신이 아는 부분 (Known by self)	자신이 모르는 부분 (Unknown by self)
다른 사람이 아는 부분 (Known by others)	공개영역 (Open area)	맹인영역 (Blind area)
다른 사람이 모르는 부분 (Unknown by others)	비밀영역 (Hidden area)	미지영역 (Unknown area)

올바른 자아인식을 위해서는 조하리의 창 중에서 공개영역을 확장하는 것이 필요하다. 공개영역을 확장하기 위해서는 자신을 말하여 알리는 것과 타인의 의견을 경청함으로 넓히는 방법이 있다.

먼저 자신을 말하여 알리는 방법으로는 자기노출과 자신의 정보에 대한 개방을 의도적으로 많이 하는 것과 자신의 의견을 숨기지 말고 정중하게 표현하여 타인으로 하여금 자신이 어떤 생각을 가지고 있는지 분명하게 의사표현을 하는 방법이 있다. 또한 자신이 알고 있는 정보와 생각을 타인과 공유하고, 적극적으로 타인에게 자신을 알리고 소개하는 노력이 있어야 한다.

타인의 의견을 경청함으로 영역을 넓히는 방법으로는 무엇보다 경청을 통해 상대방의 이야기를 적극적으로 듣는 것과 피드백을 요청해서 상대의 의중을 정확히 파악하는 방법이 있다. 또한 질문을 통해 더 많은 정보를 얻고, 상대방에 대한 온전한 인정과 수용, 자신의 의견에 대한 상대방의 반응을 잘 살피는 방법 등이 있다.

2) 프로이드의 이론

인간의 내면적 자아에 대해 깊이 있게 소개한 사람으로 프로이드(Freud)를 꼽을 수 있다. 프로이드는 인간의 마음을 3층 구조로 되어 있다고 보았다. 처음에는 이를 무의식, 의식, 전의식으로 구분했고 후기에는 이를 원초아(Id), 자아(Ego), 초자아(Super-Ego)로 구분했다. 프로이드는 사람에게 3가지 요소가 함께 존재하며 이들의 역동적인 관계에 의해 인간의 성격이 결정된다고 보았다. 여기서 역동적인 관계라는 것은 고정된 상태가 아니라 서로 움직이며 작동을 하는 것을 의미한다. 이것은 개인이 처한 상황, 조건, 발달단계에 따라 상대적인 우위에 있기도 하고, 항시 상호갈등을 갖게 되며, 상호간에 긴장관계 또는 변화하는 것을 의미한다.

① 원초아(Id)

원초아는 본능적인 나를 말하며 생물학적이고 본능적인 요소를 지칭한다. 인간이 태어날 때부터 존재하는 유전적, 성적, 공격적 에너지를 포함하여 인간이 가진 모든 충동의

저장고라 할 수 있다. 원초아를 움직이는 원리는 쾌락 원칙으로 일차적이고 반사적인 욕구를 충족시켜주는 것을 목적으로 한다.

② 자아(Ego)

자아는 현실적인 나를 말한다. 자아는 외부현실과 초자아의 현실을 고려하여 원초아의 욕구를 표현하고 만족시키는 정신기제를 말한다. 자아는 개체의 보존과 안전이 유지되고 위험에 빠지지 않는 범위내에서 원초아의 욕구가 실현되도록 의사결정을 하는 의식적인 요소로 눈먼 왕이라는 불리는 원초아의 힘을 안내하는 길잡이 역할을 하는 것으로 비유된다.

③ 초자아(Super-Ego)

초자아는 도덕적인 나를 말한다. 초자아는 프로이드의 성격기제에서 마지막으로 발달하는 체계로서 사회규범과 기준이 내면화된 것을 의미한다. 인간은 사회화 과정을 통해 합리적인 사회적 가치, 규범, 윤리체계를 받아들이게 된다.

〈 그림 2-2 〉 프로이드의 마음의 구조

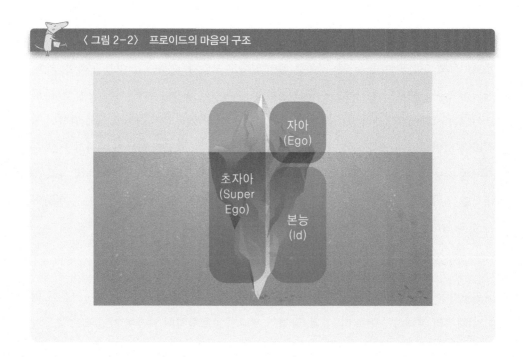

3) MBTI

MBTI^(Myers-Briggs Type Indicator)는 융^(C.G.Jung)의 심리유형론을 근거로 캐서린 브릭스^(Katharine C Briggs)와 이자벨 브릭스^(Isabel Briggs Myers)가 보다 쉽고 일상 생활에 유용하게 활용할 수 있도록 고안한 성격유형을 탐색하는 심리검사다. 개인이 쉽게 응답할 수 있는 자기보고 방식으로 각자 선호하는 경향을 찾고, 이러한 선호 경향들이 하나하나 또는 여러 개가 합쳐져서 인간의 행동에 어떤 영향을 미치는가를 파악하여 실생활에 응용할 수 있도록 제작된 심리검사이다.

이러한 MBTI 성격유형검사는 인간행동이 그 다양성으로 인해 종잡을 수 없는 것 같이 보여도, 사실은 아주 질서정연하고 일관된 경향이 있다는 데서 출발한 융^(C.G.Jung)의 심리유형론에 근거하여 인간의 성격을 네 가지의 분리된 선호 경향으로 구분하여 선호 인식 양식, 선호 판단양식에서의 개인차를 통해 개인의 성격 특성을 유형론적으로 제시해준다. 여기서 선호 경향이란 교육이나 환경의 영향을 받기 이전에 이미 인간에게 잠재되어 있는 선천적 심리 경향을 말한다. 각 개인은 자신의 기질과 성향에 따라 아래의 4가지 이분척도에 따라 둘 중 하나의 범주에 속하게 된다.

① 외향성^(Extroversion)과 내향성^(Introversion)

외향-내향 지표는 심리적 에너지와 관심의 방향이 자신의 내부와 외부 중 주로 어느 쪽으로 향하느냐를 보여주는 지표이다. 외향적인 사람은 주로 외부 세계에 관심의 초점을 두고 더 주의를 기울이며, 사교적이고 활동적이다. 말로 표현하기를 즐기고, 외부의 자극을 통해 배우는 방식을 선호하기 때문에 경험한 후 이해하는 경향이 있으며, 자신을 숨기기보다는 드러낸다.

반면, 내향적인 사람은 자신의 내면에 더 주의를 집중하며, 조용하고 내적 활동을 즐기는 경향이 있다. 생각이 많고, 말보다는 글로 표현하는 것을 더 편하게 느끼며, 이해한 다음에 경험하는 방식을 선호하여 생각을 마친 후에 행동하는 경향이 있다.

② 감각형^(Sensing)과 직관형^(iNtuition)

감각-직관 지표는 사람이나 사물 등의 대상을 인식하고 지각하는 방식에서 감각과 직

관 중 어느 쪽을 주로 더 사용하는지에 관한 지표이다. 감각형인 사람들은 일반적으로 오감에 의존하고, 현재에 집중하는 경향이 있다. 일 처리가 철저한 편이고, 실제적인 것을 중시하며, 사건을 사실적으로 묘사하는 경향이 있고, 세심한 관찰 능력이 뛰어나다.

반면, 직관형인 사람들은 상상력이 풍부하고 창조적이며, 보이는 것 그대로를 보기보다는 육감에 의존하려 한다. 나무보다는 숲을 보려는 경향이 있고, 가능성을 중요시하며, 비유적인 묘사를 선호하는 경향이 있다.

③ 사고형(Thinking)과 감정형(Feeling)

사고-감정 지표는 수집한 정보를 바탕으로 판단하고 결정을 내릴 때 사고와 감정 중 어떤 것을 더 선호하는지 알려 준다. 사고형인 사람들은 객관적인 사실에 주목하며, 분석적으로 판단하고자 한다. 공정성을 중요한 가치로 여기고, 원칙과 규범을 지키는 것을 중요시한다. 비판적이고, '맞다-틀리다'식의 사고를 하는 경향이 있다.

반면, 감정형인 사람들은 판단을 내릴 때 원리 원칙에 얽매이기보다는 인간적인 관계나 상황적인 특성을 고려하여 판단하고 결정을 내리고자 한다. 이들은 '좋다-나쁘다'식의 사고를 하며 정서적 측면에 집중하고, 논리적인 판단이나 원칙보다는 사람들에게 어떤 결과를 가져올지 등을 더 중요시한다.

④ 판단형(Judging)과 인식형(Perceiving)

판단-인식 지표는 인식 기능과 판단 기능을 바탕으로 실생활에 대처하는 방식에 있어 판단과 인식 중 어느 쪽을 주로 선호하는지에 관한 경향성을 나타내는 지표이다. 판단형의 사람들은 빠르고 합리적이며 옳은 결정을 내리고자 한다. 이들은 목적의식이 뚜렷하며, 조직적이고 체계적으로 행동하는 경향이 있다.

인식형의 사람들은 판단형의 사람들보다 상황에 맞추어 활동하고, 모험이나 변화에 대한 열망이 높다. 매사에 호기심이 많으며, 사전에 계획을 세웠다 하더라도 상황에 따라 유연하게 행동하는 경향이 있다.

[표 2-3] MBTI의 4가지 이분척도별 구분

외향(E) Extraversion	에너지 방향, 주의 초점	내향(I) Introversion
감각(S) Sensing	인식기능(정보수집)	직관(N) iNtuition
사고(T) Thinking	판단기능(판단, 결정)	감정(F) Feeling
판단(J) Judging	이행양식 / 생활양식	인식(P) Perceiving

  MBTI는 위에서 소개한 4가지 분류 기준에 따라서 16가지 심리 유형으로 분류한다. 16가지 성격 유형은 인식기능(S혹은 N)과 판단기능(T혹은 F) 가운데 가장 선호하는 것을 주기능이라고 말하며, 주기능을 보조하는 기능을 부기능이라고 한다. 모든 16가지 성격유형은 서로 다른 주기능과 부기능을 가지고 있으며 이는 다시 정상적 에너지의 방향성이 외향이냐 또는 내향이냐에 따라 나눠져서 각기 다른 특성을 띠게 된다. 다음은 16가지 성격유형의 특성에 대한 간략한 설명이다.

 [표 2-4] MBTI 16가지 성격유형의 특성

ISTJ 세상의 소금형	ISFJ 임금 뒤편의 권력형	INFJ 예언자형	INTJ 과학자형
책임감이 강하며, 현실적이다. 철저하고 보수적이다.	차분하고 헌신적이며, 인내심이 강하다. 타인의 감정 변화에 주의를 기울인다.	높은 통찰력으로 사람들에게 영감을 준다. 공동체의 이익을 중요시한다.	의지가 강하고, 독립적이다. 분석력이 뛰어나다.
ISTP 백과사전형	**ISFP 성인군자형**	**INFP 잔다르크형**	**INTP 아이디어 뱅크형**
과묵하고 분석적이며, 적응력이 강하다.	온화하고 겸손하다. 삶의 여유를 만끽한다.	성실하고 이해심이 많으며 개방적이다. 잘 표현하지 않으나, 내적으로 신념이 강하다.	지적 호기심이 높으며, 잠재력과 가능성을 중요시한다.
ESTP 수완좋은 활동가형	**ESFP 사교적인 유형**	**ENFP 스파크형**	**ENTP 발명가형**
느긋하고 관용적이며, 타협을 잘한다. 현실적 문제해결에 능숙하다.	호기심이 많으며, 개방적이다. 구체적인 사실을 중시한다.	상상력이 풍부하고, 순발력이 뛰어나다. 일상적인 활동에 지루함을 느낀다.	박학다식하고, 독창적이다. 끊임없이 새로운 시도를 한다.
ESTJ 사업가형	**ESFJ 친선도모형**	**ENFJ 언변능숙형**	**ENTJ 지도자형**
체계적으로 일하고, 규칙을 준수한다. 사실적 목표 설정에 능하다.	사람에 대한 관심이 많으며, 친절하다. 동정심이 많다.	사교적이고 타인의 의견을 존중한다. 비판을 받으면 예민하게 반응한다.	철저한 준비를 하며, 활동적이다. 통솔력이 있으며 단호하다.

출처 : 네이버 지식백과 MBTI(Myers-Briggs Type Indicator) 심리학 용어사전

Level up Mission

1. 위의 [표 2-4] MBTI의 4가지 이분척도별 구분을 참고하여 자신의 유형을 추측해 보고, 이를 팀원들과 공유해 보자.
2. 아래 사례를 보고 MBTI 사분할 조합(IS, EN, IN, ES) 중 어디에 해당되는지 자신의 생각을 정리하고 이를 팀원들과 상의해 보자.

 사 례

사례 1. 행동지향적 개혁가 박진수군

박진수군의 강점은 혁신과 개발이며, 별칭은 행동지향적 개혁가이다. 업무 스타일은 격려하며 동기부여하며 변화와 모험, 위험을 감수한다. 창조적이고 혁신적, 도전적이라는 평가를 많이 받고 있고 통찰력과 설득력, 카리스마를 가지고 있다.

반면 주변 사람에게 상황을 주도하려고 한다는 것과 강압적일 때가 있다는 불만을 듣곤 한다. 또 세부사항에는 신경을 많이 쓰지 않는다고 팀장님께 혼나는 경우도 종종 발생한다. 박진수군은 MBTI 사분할 조합 중 어디에 해당할까?

사례2. 사려깊은 현실가 정찬주양

정찬주양의 강점은 꼼꼼한 관리다. 주변에서는 사려깊은 현실가라는 얘기를 많이 듣는다. 정찬주양은 조용하게 실질적으로 업무를 완수하고 세부사항 및 데이터에 대한 높은 이해를 가지고 있다. 검증된 절차에 따라 문제를 해결하고 철저한 사전 준비 후 업무를 진행한다. 반면 함께 일하는 다른 사람은 정찬주양이 세부사항을 너무 많이 전달한다거나 지나치게 구체적인 질문을 자주 하고, 업무 진전 속도가 상대적으로 느린 것에 대한 불만을 가지고 있다. 정찬주양은 MBTI 사분할 조합 중 어디에 해당될까?

출처 : 어세스타 홈페이지

4) DISC

사람들의 행동 패턴(Behavior Pattern) 또는 행동 스타일(Behavior Style), 즉 행동의 경향성을 구분하는 성격유형검사이다. DISC는 환경에 대한 인식에 따라 4가지 유형으로 구분하며 4가지 행동 유형(주도형-Dominance, 사교형-Influence, 안정형-Steadiness, 신중형-Conscientiousness)의 머리글자를 따서 DISC라 부른다.

1928년 미국 콜롬비아 대학교 심리학 교수인 윌리암 마스톤(William M Marston)박사는 독자적인 행동유형모델을 개발하여 설명했다. 마스톤 박사는 인간은 환경을 어떻게 인식하고 또한 그 환경 속에서 자기 개인의 힘을 어떻게 인식하느냐에 따라 4가지 유형의 구별되는 행동을 보인다고 주장했다.

① 주도형 : Dominance

- 자아가 강하다.
- 목표 지향적이고 빠른 의사결정을 선호한다.
- 도전에 의해 동기부여된다.
- 통제권을 상실하거나 이용당하는 것을 두려워한다.
- 힘과 권위가 허락되는 환경과 개인적 성취가 인정받는 환경을 선호한다.

② 사교형 : Influence

- 낙관적이다.
- 사람 지향적이고 사교적이다.
- 사회적 인정에 의해 동기부여된다.
- 사람들로부터 배척당하는 것을 두려워한다.
- 압력하에서 일을 체계적으로 처리 못할 수 있다.
- 의사표현이 자유롭고 통제로부터 자유로운 환경을 선호한다.

③ 안정형 : Steadiness

- 정해진 방식으로 일을 수행한다.

- 팀 지향적이다.
- 현재의 상태를 안정적으로 유지하는 것에 의해 동기부여된다.
- 새로운 환경에서 새로운 방식으로 일하는 것을 두려워한다.
- 압력하에서 지나치게 남을 위해 자신을 양보한다.
- 변화가 없는 안정적이고 조용한 환경을 선호한다.

④ 신중형 : Conscientiousness

- 세부적인 사항에 주의를 기울이고 분석적이다.
- 과업 지향적이다.
- 정확성과 양질을 요구하는 것에 의해 동기부여된다.
- 예측이 어렵고 일관적이지 못한 상황을 두려워한다.
- 압력하에서 자기 자신과 다른 사람들에 대해 기대가 높고 지나치게 비판적일 수 있다.
- 업무수행의 기준이 명확하고, 성과의 성취를 인정해 주는 환경을 선호한다.

학습평가 Quiz

1. 자아의 구성요소 중 내면적 자아에 해당되지 않는 것은?

　① 적성　　　　　　　　　② 가치
　③ 흥미　　　　　　　　　④ 외모

2. 한 시대 사람들의 견해나 사고를 근본적으로 규정하고 있는 테두리로서의 인식의 체계, 또는
　사물에 대한 이론적인 틀이나 체계를 의미하는 것을 무엇이라 하는가?

　① 가치관　　　　　　　　② 비전
　③ 통찰　　　　　　　　　④ 패러다임

3. 다음은 조하리의 창 중에서 어떤 영역에 대한 설명인가?

> 자신과 상대방 모두가 알고 있는 개방된 영역이다. 자신의 외면적 자아와 내면적 자아가
> 일치하고 있다는 것을 나타내고 있으며 타인과의 관계에서도 긍정적인 인간관계가 이뤄
> 지고 있음을 보여주는 영역이다.

　① 공개영역　　　　　　　② 맹인영역
　③ 비밀영역　　　　　　　④ 미지영역

4. 다음은 DISC의 4가지 유형 중 어느 유형에 대한 설명인가?

> • 낙관적이다.
> • 사람 지향적이고 사교적이다.
> • 사회적 인정에 의해 동기부여된다.
> • 사람들로부터 배척당하는 것을 두려워한다.
> • 압력하에서 일을 체계적으로 처리 못할 수 있다.
> • 의사표현이 자유롭고 통제로부터 자유로운 환경을 선호한다.

　① 주도형　　　　　　　　② 사교형
　③ 안정형　　　　　　　　④ 신중형

5. MBTI 유형 중에서 인식기능^(정보수집)을 나타내는 유형은 무엇인가?

    ① 외향^(E)과 내향^(I)   ② 감각^(S)과 직관^(N)

    ③ 사고^(T)와 감정^(F)   ④ 판단^(J)과 인식^(P)

학습내용 요약 Review(오늘의 Key Point)

1. 자아의 구성요소는 자아의 내면을 구성하는 내면적 자아^(개인의 적성, 흥미, 가치 등)와 눈으로 볼 수 있는 외면적 자아(신장, 외모, 나이 등)로 나눠진다.

2. 패러다임^(Paradigm)은 한 시대 사람들의 견해나 사고를 근본적으로 규정하고 있는 테두리로서의 인식의 체계, 또는 사물에 대한 이론적인 틀이나 체계를 의미한다. 세상을 보는 관점이라 할 수도 있다. 패러다임은 관점을 제공한다는 측면에서 안경과 마음의 지도로 비유된다.

3. 조하리의 창은 4개의 영역으로 구분되어 개인을 이해하는데 도움을 주고 있다. 4가지 영역은 자신의 인지 여부와 타인의 인지 여부에 따라 공개영역^(Open area), 맹인영역^(Blind area), 비밀영역^(Hidden area), 미지영역^(Unknown area)의 영역으로 구분한다.

4. 프로이드가 말하는 인간의 정신구조 3가지는 원초아^(Id), 자아^(Ego), 초자아^(Super-Ego)이다. 원초아^(Id)는 본능적인 자아를 의미하고, 자아^(Ego)는 현실적인 자아를 말한다. 초자아^(Super-Ego) 도덕적인 자아를 의미한다.

5. MBTI는 교육, 환경의 영향을 받기 이전에 잠재되어 있는 선천적 심리 경향이며 자신의 기질과 성향에 따라 4가지 이분척도별로 나뉘게 된다. 에너지 방향/주의 초점에 따라 외향^(E)과 내향^(I), 인식기능^(정보수집)에 따라 감각^(S)과 직관^(N), 판단기능은 사고^(T)와 감정^(F), 생활양식으로는 판단^(J)과 인식^(P)으로 구분된다.

6. DISC는 환경에 대한 인식에 따라 4가지 유형으로 구분하며 4가지 행동 유형^(주도형-Dominance, 사교형-Influence, 안정형-Steadiness, 신중형-Conscientiousness)의 머리글자를 따서 DISC라 부른다.

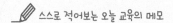 스스로 적어보는 오늘 교육의 메모

자아인식의 방법

Contents

Learning Objectives

1. 자기성찰의 의미와 방법을 설명할 수 있다.
2. 자기인식의 방법으로 타인과의 커뮤니케이션의 중요성을 인식할 수 있다.
3. 표준화된 심리검사 도구의 종류를 설명할 수 있다.
4. SWOT 분석의 개념과 방법을 적용할 수 있다.
5. 자신의 강점을 발견하는 방법을 설명할 수 있다.

3
Chapter

옛날에 동물들이 "신세계"에서 직면하게 될 문제들을 해결하기 위해서 어떤 훌륭한 일을 해야겠다고 결정하고 학교를 만들었다. 그들은 달리기, 오르기, 수영, 날기 등으로 짜여진 교과목을 채택하였다. 이 학교의 행정을 좀 더 쉽게 하기 위해 동물 모두가 똑같은 과목들을 수강하도록 하였다.

오리는 수영에 있어서 교사보다도 더 잘했고, 날기에서도 꽤 훌륭한 점수를 받았다. 그렇지만 그는 달리기에서는 매우 부진했다. 오리는 달리기에서 낮은 점수를 받았기 때문에 학교가 끝난 후에도 남아야 했고, 달리기를 연습하느라 수영 수업을 빠지게 되었다. 이렇게 달리기 연습에 연중하다보니 그의 물갈퀴는 닳아서 약하게 되었고, 이제는 수영에서조차 겨우 평균점수 밖에 못 받게 되었다. 그러나 학교에서는 평균성적을 받으면 괜찮았으므로 오리를 제외하고는 누구도 그것에 대해 걱정하지 않았다.

토끼는 달리기에 있어서 첫째가는 실력으로 시작했으나, 수영에 많은 시간을 연습하느라 신경쇠약에 걸렸다.

다람쥐는 오르기는 뛰어났지만, 날기 반의 교사가 땅에서 위로 날아오르게 했기 때문에 좌절감에 빠졌다. 또 그는 지나친 연습으로 경련이 생기는 바람에 오르기에서는 C를 받았고, 달리기에서는 D를 받았다.

독수리는 문제아였다. 그래서 그는 심하게 훈련받아야 했다. 오르기 반에서는 독수리가 나무 꼭대기에 오르는 데 다른 모든 동물들을 제치고 앞장섰지만, 거기에 도달하는 데 있어 자기 방식대로 할 것을 고집하였다.

학년 말에 수영은 아주 잘하고, 달리기, 오리기, 날기는 약간만 하는 이상하게 생긴 뱀장어가 가장 높은 평균점수를 받아 졸업생 대표가 되었다.

교육학자 R.H. 리브스는 살면서 강점의 발견과 활용이 얼마나 중요한지 동물학교의 예를 들어 소개하고 있다. 리브스의 동물학교 예화의 배경은 자기다움과, 강점의 활용이 아닌 경쟁 속에서 살아가는 우리들의 현실과 비슷한 모습을 보여준다. 3장 자아인식의 방법에서는 자아인식을 위한 방법을 탐구한다. 자기성찰을 통한 자아인식방법과 자아인식을 위한 타인과의 커뮤니케이션에 대해서 학습한다. 이 외에도 객관적인 자아인식을 위한 표준화된 심리검사 도구를 소개하고 SWOT 분석과 강점 발견을 통한 자아인식의 방법을 살펴본다.

1. 다음 중 자아인식의 방법에 해당하지 않는 것은?

　　① 시간관리　　　　　　　　　② 자기성찰
　　③ SWOT 분석　　　　　　　　④ 타인과의 커뮤니케이션

2. 표준화된 심리검사 도구 활용시 적합하지 않은 것은?

　　① 타당도가 높은 검사도구의 활용
　　② 결과에 대한 임의적 해석
　　③ 신뢰도가 높은 검사도구의 활용
　　④ 전문가를 통한 결과 해석

3. 다음은 자아인식에서 자아의 어떤 부분을 찾기 위한 방법인가?

> ・생애 분석을 통한 방법
>
> ・유전적 기질의 분석을 통한 방법
>
> ・욕망 점검을 통한 방법
>
> ・몰입 경험 분석을 통한 방법
>
> ・피드백 분석을 통한 방법
>
> ・내면 탐험을 통한 방법

　　① 흥미　　　　　　　　　　　② 가치
　　③ 강점　　　　　　　　　　　④ 성격

1. 자기성찰

1) 자기성찰의 의미

자아인식을 위한 가장 대표적 방법은 자기성찰이다. 스스로 자(自), 몸 기(己), 살필 성(省), 살필 찰(察), 자기 스스로를 반성하고 살피는 것을 의미한다. 성찰은 단순한 반성을 넘어 자신이 한 일을 깊이 되돌아보는 것이며 자신이 과거에 했던 일을 살펴보면서 자신의 선택과 행동을 살피고 그 안에서 진정한 나의 모습을 발견하는 과정이다. 자기성찰은 바둑의 복기(復棋)와 같다. '복기(復棋)'란 바둑에서 한번 둔 대국을 비평하기 위해서 두었던 대로 다시 처음부터 놓아 보는 행위이다. 모든 프로 바둑 기사는 본인의 경기에 대한 복기를 한다. "승리한 대국의 복기는 이기는 습관을 만들어주고, 패배한 대국의 복기는 이기는 준비를 만들어 준다."는 말이 있듯이 남은 경기를 이기고자 한다면 복기는 선택이 아닌 필수가 되야한다.

제대로 자아인식을 하기 위해서 자기성찰은 강요가 아닌 자발적인 선택에서 시작하는 것이 중요하다. 억지로 하는 자기성찰은 도움이 되지 않는다. 스스로 자기성찰의 필요성과 중요성을 깨달을 때 의미가 있다. 또한, 자기성찰은 자기를 비난하는 관점이 아닌 냉철하게 비판하는 관점, 즉 비평하여 판정하는 방식으로 진행되야 한다. 비난의 관점에서 시행되는 자기성찰은 스스로 자존감을 낮추게 할 수 있으며 진정한 자아인식의 방해가 되기도 하기 때문이다. 무엇보다 자기성찰을 통해 몸과 마음 전체의 모습을 균형있게 보는 것이 필요하다. 자신을 둘러싼 외부의 환경 뿐 아니라 내면 깊숙이 있는 자신의 모습을 성찰할 때 우리는 진짜 나의 모습을 만날 수 있다.

2) 자기성찰의 필요요소

최근에는 자기성찰과 관련된 명상과 호흡에 대한 다양한 활동이 활발해지고 있는 추세지만 여전히 바쁜 현대인에게 자기성찰은 어려운 일이다. 효과적인 자기성찰을 위해서는 몇 가지 요소가 필요하다.

① 시간과 장소

　의식적으로 자신의 과거와 어제, 마친 일들을 돌아볼 수 있는 시간과 장소가 있어야 한다. 사람은 환경에 영향을 받는다. 시끄럽고 산만한 장소에서 일을 되돌아보는 것은 어려운 일이다. 물론 조용한 곳에서만 성찰이 이뤄지는 것은 아니다. 그러나 성찰에 방해가 예상된다면 장소를 옮기는 것이 낫다. 집중할 수 있는 장소와 시간을 확보하는 것은 성찰의 첫 번째 요소다.

② 의지와 집중

　성찰에 의지와 집중을 발휘한다는 것은 지속적으로 연습을 한다는 말이기도 하다. 시간과 장소가 있다고 성찰이 되는 것은 아니다. 사람은 시간이 주어지면 정적이고 밋밋해 보이는 성찰보다는 그 동안의 업무와 스트레스로 지친 자신을 달래 줄 다른 요소에 신경이 기울게 된다.

　성찰을 하겠다는 의지가 있어야 하고 집중을 발휘해야 의미있는 성찰이 가능하다. 그렇게 한다면 짧은 시간에도 성찰이 가능하다. 집중을 발휘하는 것은 자신이 가진 에너지를 쏟는 것이며 이럴 때 일과 학업이 그렇듯 고효율의 성찰이 가능해진다. 이와같은 방식으로 반복적으로 성찰을 할 때 기존의 성찰을 통한 축적된 노하우를 발현할 수 있다.

③ 성찰을 위한 도구와 기록

　기록 없는 성찰은 금방 잊혀진다. 또한 성찰에 대한 기록이 축적되면 새로운 도전을 해결할 수 있는 노하우가 되기도 한다. 일기장, 플래너, 에버노트와 같은 어플리케이션 등은 좋은 성찰 도구이다. 아날로그 방식으로 직접 글을 쓰는 것도 좋고, 컴퓨터를 활용해서 디지털 기기에 성찰의 기록을 남기는 것도 좋은 방법이다.

　중요한 것은 도구는 성찰을 위한 하나의 수단이므로 기록이든 입력이든 의지와 집중력을 발휘할 때 이기는 습관을 만들어 주거나, 이기는 준비를 만들어 주는 성찰이 될 수 있음을 잊지 말아야 한다.

④ 사고를 깨워주는 질문

자신을 돌아볼 수 있는 깨어있는 질문은 성찰의 깊이를 더해준다. 좋은 질문은 우리의 의식을 외부가 아닌 자아에 집중할 수 있도록 돕는다. 아래는 자기성찰을 위한 유용한 질문들이다. 어떤 일이 발생하면 다음과 같이 스스로 질문해 보는 습관을 들여보자.

- 지금 일이 잘 진행되거나 그렇지 않은 이유는 무엇인가?
- 이 상태를 변화시키거나 혹은 유지하기 위하여 해야 하는 일은 무엇인가?
- 이번 일 중 다르게 수행했다면 더 좋은 성과를 냈을 방법은 무엇인가?
- 이번 일에서 가장 중요한 것은 무엇인가?
- 이번 일이 나에게 갖는 의미는 무엇인가?

 이야기

내가 누구인지 질문을 던지다

자기이해는 자기수용으로 가는 과정이다. 그래서 있는 그대로 자신을 인정하고 받아들이는 것에서 출발한다. 스스로 인정하기 싫은 면도 변화하는 것이기에 온전히 수용한다. 그리고 부정적인 면보다는 긍정적인 면에 초점을 맞추고 자신을 관찰하는 단계부터 시작되어야 한다. 좀 더 떨어져 있는 그대로 일단 인정하고 받아들이는 마음으로 자신을 관찰하는 것이다.

내가 무엇에 흥미를 느끼고, 왜 감정이 오르고, 의욕이 나며, 참아내고 있는지 관찰하는 것이다. 주변의 조건과 환경을 살피는 것이 아니라 내가 느끼고 반응하는 것이 무엇이었는지 관찰하고 적어보자. 나에 대한 관찰의 조각들이 많아지면 나와의 거리가 줄어들게 되고 삶을 이해하기 시작하며 할 것이 많아진다. 그러면 감사와 행복이 가까워진다. 관찰하기 위해서는 조금 떨어져 자신을 바라보고 때로는 질문해야 한다. 그리고 질문에 스스로 답해야 한다.

출처 : 내 삶의 주인으로 산다는 것. 김권수 저. 책들의 정원. 2017

Level up Mission

 아래 질문을 참고하여 최근에 일어난 일에 대한 자기성찰을 작성해 보고, 이를 팀원들과 공유해 보자.

- 최근에 일어난 일 혹은 성찰할 일은 무엇인가?
- 이번 일이 발생하게 된 이유는 무엇인가?
- 이번 일을 통해 내가 얻은 것과 잃은 것은 무엇인가?
- 만약에 다시 그 일을 한다면 어떻게 다르게 수행하겠는가?
- 기타 자기성찰의 내용

최근에 일어난 일 :

이번 일이 발생하게 된 이유 :

만약에 다시 그 일을 한다면 어떻게 다르게 하겠는가? :

이번 일을 통해서 내가 얻은 것과 잃은 것 :

기타 느낀 점 혹은 깨달은 점 :

2. 타인과의 커뮤니케이션

조하리의 창에서도 알 수 있듯이 맹인영역이 넓은 사람은 자신에 대해 타인은 잘 알지만 정작 자신의 모습에 대해 스스로 모르는 부분이 많다. 맹인영역을 줄여서 자신에 대한 이해의 영역을 넓히는 가장 쉬운 방법은 타인과 대화를 나누는 것이다. 이러한 과정을 통해 맹인영역이 공개영역으로 확장될수록 타인과의 커뮤니케이션은 쉬워지고 마찰은 줄어든다. 이것은 다시 소통을 촉진하는 선순환 구조를 만들어 그 속에서 자기에 대한 이해를 확장시켜 주는 역할을 한다.

타인과 대화를 하게 되면 내가 놓쳤던 부분을 알게 되고, 다른 사람들은 나의 행동을 어떻게 판단하고 받아들이는지 보다 객관적으로 알 수 있다. 특히 타인의 진솔한 피드백은 자신을 이해하는데 직접적인 정보를 들을 수 있는 좋은 기회가 된다. 그러므로 주변 사람들과의 대화는 내가 몰랐던 자신의 모습을 발견하는 중요한 수단이 될 수 있다.

 사례

직장의 자기개발 면담

북유럽의 여러 회사에서는 6개월 혹은 1년에 한 번씩 자기개발 면담이 의무로 실행된다. 그 방법은 회사마다 다양하다. 다만 담당 매니저와 직원이 직접 대화를 나누는 것이 필수가 된다. 그 방식은 다양하지만 한 회사에서는 같이 일하는 팀원 4명을 선택한 후 2명은 일대일 면담을 하고 나머지 2명은 헤드 매니저와 면담을 나눈 후 그 내용을 모아서 헤드매니저와 당사자가 이야기를 나누는 방식으로 진행되기도 한다. 핀란드와 같은 유럽에서는 평소 일하던 직원들에게 개인의 장점과 단점을 물어 보게 된다. 자기개발 면담은 추상적이거나 형식적이지 않다. 장점은 분명하게 알려주고 개인이 몰랐던 단점들과 그리고 단점을 고치는 방법까지 함께 피드백을 준다. 특히 담당 매니저는 구성원의 단기 계획과 장기 계획을 함께 세워주며 경력에 대한 조언까지 준다.

구글 직원들은 일 년에 한 번씩 관리자뿐 아니라 동료에게서도 평가를 받는다. 연례 고과가 진행될 즈음에 평직원과 관리자를 포함한 모든 직원은 자기를 평가해줄 사람으로 동료뿐 아니라 자기보다 직위가 낮은 사람까지 포함해 동료 평가자 명단을 작성한다. 이 평가는 강력한 효과를 발휘한다.

자기 전문 분야가 아닌 쟁점에 적극적으로 달려드는 걸 늘 조심하던 어떤 관리자가 있었는데, 이 사람은 "입을 열 때마다 당신은 새로운 가치를 만들어냅니다"라는 평가를 받았다. 여러 해가 지난 뒤에 이 사람이 내게 말하길, 동료 한 사람에게서 비롯된 아주 작은 통찰이 자기가 팀에서 한층 더 열심히 일하는 구성원이 되도록 격려했다고 고백했다. 그는 상사로부터 보다 더 자신 있게 말하라는 얘기를 자주 들었는데, 같은 내용이라 해도 상사가 아니라 팀 내의 동료가 말할 때 그것이 갖는 의미는 한층 컸던 것이다.

효과적인 자기개발과 개인의 성장을 위해서는 개인의 노력뿐 아니라 주변의 피드백이 함께 할 때 더욱 효과적인 결과를 만들 수 있다.

출처 : 구글의 아침은 자유가 시작한다. 라즐로 복 저, 이경식역, 알에이치코리아, 2015.

🐾 자기성찰을 위해 타인의 의견을 효과적으로 듣기 위한 방법에는 무엇이 있겠는가? 자신의 생각
을 정리해 보고, 이를 팀원들과 나눠보자.

---

3. 표준화된 심리검사 도구의 활용

자아인식의 주체는 자기 자신이기 때문에 스스로 자신을 파악하고 이해하는 것은 여전
히 어렵다. 이를 보완하여 객관적으로 자신을 이해하기 위해 표준화된 심리검사 도구를
활용하는 방법이 있다. 표준화된 심리검사 도구는 객관적으로 자아의 특성을 타인과 비
교해 볼 수 있는 기준을 제공한다. 실제로 다양한 용도의 심리검사 도구가 자아에 대한 특
성뿐 아니라 진로 선택과 의사결정방식에 있어서까지 구체적인 정보를 제공하고 있다.
이것은 자신에게 맞춰진 자기개발 방법을 선택하는 데 큰 도움을 줄 수 있다.

처방에는 진단이 선행한다. 몸이 불편하여 병원에 가면 가장 먼저 하는 것이 진단이다.
심리검사는 진단과 같다. 객관적이고 정확하게 자신의 상태를 파악하여 적절한 처방을
위한 선행 작업이 된다. 표준화된 심리검사는 종합심리검사 외에도 직업흥미검사, 직업

가치관검사, 지능검사, 적성검사, 대인관계 검사, 진로탐색 검사 등 다양한 주제의 심리 검사가 있다. 무엇보다 이러한 심리검사 결과는 진로, 취업, 대인관계, 갈등 해결 등 여러 상황에서 효과적으로 선택을 하는 데 도움을 준다.

표준화된 심리검사 도구를 활용할 때에는 자신의 모습을 있는 그대로 응답해야 한다. 공신력있는 기관에서 시행하는 심리검사는 대개 타당도와 신뢰도를 확보하고 있기 때문에 검사 결과를 신뢰할 수 있다. 그러나 어떤 검사든 100% 완벽한 검사는 없다. 또한 표면적인 검사점수와 결과를 해석하는 것은 주의가 필요하다. 자칫 잘못된 해석으로 자신에 대한 왜곡한 인식을 가질 수 있기 때문이다. 심리 검사 이후에는 임의로 해석하기 보다는 전문 상담사와 함께 해석을 해야 자신에 대한 오해를 막고, 명확한 이해가 가능하다.

 [표 3-1] 표준화된 심리검사 도구

검사 기관	검사 도구 종류
커리어넷	직업흥미검사, 직업적성검사, 직업가치관검사
워크넷	직업흥미검사, 적성검사, 직업가치관검사, 직업인성검사
한국행동과학연구소	적성검사, 인성검사, 직무지향성검사
어세스타 온라인심리검사센터	MBTI, STRONG, 대인관계검사, 갈등관리유형검사
한국가이던스	E심리검사
중앙적성연구소	생애진로검사, 학과와 직업 적성검사, GATB적성검사, 적성진단검사
한국사회적성개발원	KAD(Korean Aptitude Development) 검사, 인성검사, 인적성검사

🏋 성격유형검사^(MBTI)나 직업흥미검사^(Holland 검사) 등의 표준화된 심리검사 도구를 활용한 개인의
경험이 있다면 진단 결과와 느낀 점을 정리해 보고, 이를 팀원들과 공유해 보자.

4. SWOT 분석

1) SWOT 분석의 이해 및 활용

SWOT 분석은 당면한 문제상황의 내부환경요인과 외부환경요인에 대한 분석을 기
초로 하여 전략 목표 달성을 돕는 기법으로 미국의 경영 컨설턴트 알버트 험프리^{(Albert}
^{Humphrey)}에 의해 고안되었다. 일반적으로 문제를 가진 대상의 내부환경요인의 강점과 약
점, 외부환경요인의 기회와 위협요인을 찾아 강점은 살리고 약점은 최소화하며, 기회는
활용하고 위협요소는 억제하고자 하는 전략으로 사용된다.

SWOT 분석은 각 앞 글자를 딴 4가지 요인을 분석한다. 강점^(Strength)은 개인의 자원이나
능력, 장점과 강점을 의미하며 약점^(Weakness)은 목표 달성능력을 저해하는 결핍요인, 즉
단점을 말한다. 강점과 약점은 조직이나 개인의 내부적 환경요인으로 본다. 반면, 기회

(Opportunity)는 외부환경에 대한 기회 요인을 말하고 위협(Threat)은 자신에게 불리한 방향으로 작용하는 환경을 의미하는데 이것은 외부적 환경요인으로 구분한다.

 [표 3-2] SWOT 분석

구분		의미	내용
내부환경요인	S	강점 : Strength	나의 강점은 무엇인가?
	W	약점 : Weakness	나의 약점은 무엇인가?
외부환경요인	O	기회 : Opportunity	나에게 기회는 무엇인가?
	T	위협 : Threat	나에게 위협은 무엇인가?

 〈그림 3-1〉 SWOT 분석의 예

Strength	Weakness
긍정적 성격 꼼꼼함 독서를 좋아함 관심 직업분야 인턴십 다양한 교육경험	타인의 평가에 민감함 일을 미루는 성격 분석적 사고 부족 어학 점수가 낮음 다양한 사회경험 활동 부족
Opportunity	Threat
인문학 중요시하는 분위기 다양한 교육 지원 증가 일자리 창출 사업 확대 수도권 거주, 정보 접근 용이	경기 침체 취업난 해외연수자 다수 고스펙의 경쟁자

SWOT은 각 영역을 각각 도출한 다음 이를 토대로 각 요인을 믹스하여 SWOT 분석을 실시해야 한다.

 [표 3-3] SWOT 믹스 전략

구분	강점 (Strength)	약점 (Weakness)
기회 (Opportunity)	SO전략 강점을 가지고 기회를 살리는 전략	WO전략 약점을 보완하여 기회를 살리 는 전략
위협 (Threat)	ST전략 강점을 가지고 시장의 위협을 회피하거나 최소화하는 전략	WT전략 약점을 보완하면서 위협을 회 피, 최소화하는 전략

SWOT 분석의 핵심은 각 영역에 대해 '각각 무엇인가'를 파악하기보다 '이를 어떻게 극복할 것인가'이다. 결국 영역별로 개별적인 지식과 이해를 넘어 약점과 위협의 요소를 강점과 기회의 요소로 옮길 수 있는 방안까지 연결하는 것, 즉 자기인식을 넘어 자기관리와 실행까지 가는 것이 SWOT 분석의 진정한 종착점이다.

2) SWOT을 이용한 자아인식과 자기관리 단계

① 1단계 : 자신의 S, W, O, T를 각각 분석한다. 분석을 할 때는 개인적 성찰 뿐 아니라 가까운 주변 사람의 도움을 받는다. 개인적 성찰을 위해서는 자신을 최대한 객관적인 관점에서 평가한다. 주변 사람의 도움을 받을 때는 자신을 잘 아는 주변 사람에게 자신의 S, W, O, T를 가능한 솔직하고 자세하게 평가해 줄 것을 요청한다.

② 2단계 : 내부환경분석$^{(S, W)}$과 외부환경분석$^{(O, T)}$를 믹스하여 SO, ST, WO, WT의 영
역별 전략을 세운다. S, W, O, T 각각의 분석은 SWOT 분석을 믹스하기 위한
기초 작업이다. 그 만큼 각각의 분석 결과를 연결하여 자아인식과 자기관리
에 적용하고 활용하는 것이 핵심이다.

③ 3단계 : 각 단계별 이동 전략을 수립하여, 어떻게 하면 단점을 회피하여 장점으로 갈
수 있는지 도출한다. SWOT 믹스 전략은 단순히 자아를 발견하고 현상을 파
악하는 것에 목적을 두기 보다는 자기관리를 어떻게 할 것인가? 지금의 자아
의 모습을 어떻게 성장시킬 것인가? 와 같이 how와 연결되어야 한다.

5. 강점 발견

1) 강점의 이해

일반적으로 강점을 말할 때 남들보다 잘하는 것으로 해석하는 경향이 있다. 그러나 강
점은 남과의 비교를 통해서 얻는 것이 아닌 자신에 대한 성찰을 통해 찾을 수 있는 내면의
보석이라 할 수 있다.

내가 진정 잘할 수 있고 좋아하는 일은 무엇인가? 진정한 자기개발은 세상이 정의하는
내가 아닌, 내가 정의하는 나를 찾는 과정이다. 자아인식의 과정 속에서 자신의 진정한
강점을 발견하는 것은 성공적인 자기개발을 위한 핵심요소다. 자아인식과 내면의 강점
을 찾는 가장 좋은 방법은 '혼자가 되어 보는 것'이다.

2) 강점 발견의 방법

레오나르도 다빈치는 이렇게 말했다. "고독을 견뎌내지 못하는 사람은 그 자신을 찾을
수 없을 것이다. 혼자 있을 때 너는 완전한 너이고, 다른 이와 있을 때의 너는 절반의 너
다." 강점 발견을 위해서는 자기성찰이 전제돼야 한다. 깊이 있는 자아인식 속에서 자신
만의 강점을 찾는 방법은 다음과 같다.

① 생애 분석을 통한 방법

자신의 과거를 돌이켜보고 기억 속 중요한 사건들을 살펴보며 인생 그래프를 그려 본다. 긍정적, 부정적 경험 모두 세밀하게 분석하고 내적 욕구를 찾아보는 방법이다. 산맥처럼 이어지는 그래프 모양을 보면서 개인에게 일어난 사건의 의미를 되새기며 강점을 적어보는 것이다. 강점은 긍정적 경험뿐 아니라 부정적 경험을 통해서도 발견할 수 있다.

② 유전적 기질의 분석을 통한 방법

유전적인 기질을 분석하여 타고난 개인의 강점을 발견하는 방법이다. 가족의 기질적 특성이 드러나는 장면을 기록하여 나의 모습과 비교해보기도 하고, 궁금한 질문들을 모아 가족과 심층 인터뷰하여 강점을 발견한다. 어릴 적 자신의 좋아하는 놀이와 경험을 복원하는 것은 자신의 흥미와 강점을 찾는 귀중한 단서가 될 수 있다. 자신의 기질적 특성을 발견하는 것 이외에도 가족과의 관계를 회복하는 기회를 얻을 수 있다.

③ 욕망 점검을 통한 방법

하고 싶고, 흥분되며 가슴 떨리는 일 등 자신이 가진 욕망들을 시간을 두고 반복해서 적어서 스스로 강점과 흥미를 분석하는 방법이다. 욕망리스트에 다양한 형태로 중복되는 욕망을 발견하거나 진정한 욕망이 아닌 유사 욕망, 거짓 동경을 가려내며 진짜 원하는 것에 갈 수 있게 된다.

④ 몰입경험 분석을 통한 방법

누가 시키지 않고 본인 스스로 몰입했던 장면들을 떠올리며 자신이 좋아하는 일, 잘했던 일, 싫증냈던 일들을 분석하는 방법이다. 몰입경험에서 알 수 있었던 자신의 기질과 재능을 적어보며 강점을 발견할 수 있다. 자발적인 몰입은 그것을 좋아한다는 것이고, 좋아하는 일을 오랫동안 반복하면 강점으로 다져질 가능성이 매우 높다.

⑤ 피드백 분석을 통한 방법

자신이 계획한 일의 과정과 결과를 분석하여 강점을 찾는 방법이다. 자신이 선택한 일의 예상 결과를 기록하고 실제 결과와 비교하여 어떤 강점이 발휘되었는지 살펴볼 수 있다. 일의 과정과 결과를 피드백하여 잘한 부분에서 보이는 강점을 적어본다.

⑥ 내면 탐험을 통한 방법

외부분석 도구와 내부의 자신이 적은 기록물 등을 수집하고 총분석하여 정리하여 강점을 발견하는 방법이다. 외부분석 도구는 MBTI나 애니어그램 등의 객관적이고 표준화된 검사 도구를 활용한다. 내부분석 도구는 일기나 타인이 말하는 나에 대한 조사결과를 모아 보는 것이다. 내·외부적으로 수집된 자료를 빈도와 강도에 따라 분류하고 분석하여 자신의 강점을 정리한다.

출처 : 내 안의 강점발견법. 구본형 변화경영연구소 저. 고즈윈. 2008

☎ 자신이 생각하는 '강점'의 정의를 정리하여 작성해 보고, 자신의 강점을 10가지 이상 작성한 후 이를 팀원들과 공유해 보자.

> 🍃 내가 생각하는 강점이란 :
>
>
> 🍃 나의 강점 10가지 :

☎ 팀원들과 함께 우리 팀의 강점을 7가지 이상 탐구해 보고, 이를 공유해 보자.

 학습평가 Quiz

1. 다음 중 자기성찰을 위해 꼭 필요한 것이 아닌 것은?

    ① 가까운 지인   ② 시간과 장소

    ③ 의지와 집중   ④ 성찰을 위한 도구와 기록

2. 다음 중 자아인식에 도움이 되지 않는 타인과의 커뮤니케이션은?

    ① 선배/상사로부터 받은 피드백   ② 동기/동료로부터 받은 업무 평가

    ③ 선배의 의견 경청   ④ 후배의 형식적인 말

3. 다음은 무엇에 대한 설명인가?

> 이것은 당면한 문제상황의 내부환경요인과 외부환경요인에 대한 분석을 기초로 하여 전략 목표 달성을 돕는 기법으로 미국의 경영 컨설턴트 알버트 험프리(Albert Humphrey)에 의해 고안되었다. 일반적으로 문제를 가진 대상의 내부환경요인의 강점과 약점, 외부환경요인의 기회와 위협요인을 찾아 강점은 살리고 약점은 최소화하며, 기회는 활용하고 위협요소는 억제하고자 하는 전략으로 사용된다.

    ① 조하리의 창   ② 표준화된 심리검사 도구

    ③ SWOT 분석   ④ 강점 발견

4. 다음은 강점발견 방법 중 무엇에 대한 설명인가?

> 외부 분석도구와 내부의 자신이 적은 기록물 등을 수집하고 총분석하여 정리하여 강점을 발견하는 방법이다. 외부 분석도구는 MBTI나 애니어그램 등의 객관적이고 표준화된 검사 도구를 활용한다. 내부 분석도구는 일기나 타인이 말하는 나에 대한 조사결과를 모아 보는 것이다. 내·외부적으로 수집된 자료를 빈도와 강도에 따라 분류하고 분석하여 자신의 강점을 정리한다.

    ① 생애 분석을 통한 방법   ② 내면 탐험을 통한 방법

    ③ 욕망 점검을 통한 방법   ④ 피드백 분석을 통한 방법

5. SWOT 믹스 전략 중에서 강점을 가지고 시장의 위협을 회피하거나 최소화하는 전략은 무엇인가?

    ① SO전략   ② WO전략

    ③ ST전략   ④ WT전략

학습내용 요약 Review(오늘의 Key Point)

1. 자아인식을 위한 가장 대표적 방법은 자기성찰이다. 자기성찰은 자신이 한 일을 깊이 되돌아 보는 것이다.

2. 타인과 대화를 하게 되면 내가 놓쳤던 부분을 알게 되고, 다른 사람들은 나의 행동을 어떻게 판 단하고 받아들이는지 보다 객관적으로 알 수 있다. 선배와 후배 상관없이 타인과의 진솔한 커 뮤니케이션은 자아인식에 도움을 준다.

3. 표준화된 심리검사 도구는 객관적으로 자아의 특성을 타인과 비교해 볼 수 있는 기준을 제공 한다.

4. SWOT 분석은 당면한 문제상황의 내부환경요인과 외부환경요인에 대한 분석을 기초로 하여 전략 목표 달성을 돕는 기법으로 강점, 약점의 내부적 상황과 기회, 위협의 외부환경을 분석 한다.

5. 자신만의 강점을 발견하기 위한 방법으로는 생애 분석을 통한 방법, 유전적 기질의 분석을 통 한 방법, 욕망 점검을 통한 방법, 몰입경험 분석을 통한 방법, 피드백 분석을 통한 방법, 내면 탐 험을 통한 방법이 있다.

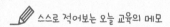 스스로 적어보는 오늘 교육의 메모

자기관리
프로세스

Contents

Learning Objectives

1. 자기관리 프로세스 5단계를 설명할 수 있다.
2. 비전의 개념과 좋은 비전의 조건을 설명할 수 있다.
3. 자기관리를 위한 과제를 발견하고 SMART한 목표를 수립할 수 있다.
4. 시간관리 매트릭스를 설명할 수 있다.
5. 실행력을 높이는 방법을 설명할 수 있다.
6. 성찰을 위한 3요소를 설명할 수 있다.

4
Chapter

이야기 속으로

가난한 싱글맘에서 미국 최고의 여성 ceo가 된 조이 망가노(Joy Mangano)

사랑받으며 자라 평범한 가정에서 엄마로 행복하게 지내게 될 거라 생각했던 조이는 어느 순간 두 아이와 빚을 떠맡은 싱글맘이 된다. 이혼한 부모님과 전남편 그리고 두 아이까지 책임지게 된 조이는 하루하루를 각박하고 전쟁같은 일상을 보낸다.

힘든 나날을 보내던 조이는 깨진 와인잔을 치우다 우연히 좋은 아이디어를 얻게 되고 자신 만의 상품을 개발하기로 결심하며 이렇게 말한다.

"내가 만들려는 이 물건이 우리 삶을 바꿔놓을 거에요"

그녀는 새로운 비전과 꿈을 갖게 되었다.

하지만 사업의 경험이 전혀 없었던 조이에게 투자자들은 등을 돌리며 상품 개발에 어려움 을 겪게 된다. 그러던 중 조이는 이제 막 사업을 시작한 홈쇼핑 채널의 사장을 찾아가게 되 고 자신이 개발한 상품을 판매할 수 있는 기회를 얻게 된다. 그녀가 개발한 상품은 당시 홈 쇼핑 사상 가장 히트 상품으로 판매를 기록하며 조이의 성공 신화를 만들게 된다.

영화 '조이'의 실제 주인공인 조이 망가노가 개발한 제품은 10억 판매량을 기록하며 미국 최고의 성공신화를 이룬 여성 CEO로 활약중이다.

"저는 항상 야심 찬 꿈을 꿨어요. 특이하게도 토스터를 해체해서 새 상품을 만들려고도 했 었죠. 당시에는 그게 편리한 상품을 만드는 일이라는 것도 인지하지 못했죠. 지금 생각해보 니 그게 제 꿈을 이뤄가는 과정이었더군요."

– 조이 망가노

가난한 싱글맘에서 미국 최고의 여성 ceo가 된 조이 망가노는 어려운 환경에서도 비전을 갖고 자기의 꿈을 이룬 인물이다. 자신만의 비전을 갖고, 역할에 맞는 과제를 발견하며, 계 획 수립과 수행을 걸쳐 꿈을 이루는 과정은 험난하다. 효과적인 자기관리를 위해서는 한 걸 음씩 앞으로 나갈 필요가 있다. 4장에서는 효과적인 자기개발을 위한 자기관리 프로세스 5 단계의 의미와 방법에 대해 학습한다.

1. 자기관리 프로세스 5단계 중 아래 내용에 해당되는 것은 무엇인가?

> · 개인의 소중한 것 발견하기
> · 가치관, 원칙, 사명에 대한 정립
> · 삶의 목적 탐색

① 과제 발견   ② 반성 및 피드백
③ 비전 및 목표 수립   ④ 수행

2. 시간관리 매트릭스 중 개인의 사명, 역할, 가치와 우선순위가 높은 목표에 해당하는 활동을 의미하는 것을 무엇이라 하는가?

① 긴급성   ② 신뢰성
③ 타당성   ④ 중요성

3. 다음 중 성찰의 3요소에 해당하지 않는 것은?

① 수행   ② 해석
③ 평가   ④ 기술

 1. 자기관리 프로세스 5단계

자기개발은 피라미드 구조처럼 가장 아랫부분에 자아인식이 위치하고 그 위에 자기관리가 놓이게 된다. 이는 자아인식이 있어야 자기관리가 가능하다는 것이며 자아인식없는 자기관리는 모래 위에 집을 짓는 것과 같이 기초가 부실하다는 것을 의미한다.

자기관리는 자신을 이해하고, 자아인식에 기반한 목표를 성취하기 위해 개인의 행동과 업무를 관리하고 조정하는 것이다. 자기관리능력은 자기관리를 제대로 수행할 수 있는 능력을 의미한다. 자기관리를 잘 수행하기 위해서는 5가지 단계가 필요하다. 5단계는 피라미드 구조처럼 순서와 위계를 가지고 있다. 자기관리는 개인의 가치를 기초로 한 비전과 목표를 세우고, 분석을 통해 역할별 과제를 발견하며, 이에 맞춰 세부 일정을 수립하고 수행하는 절차로 이뤄진다. 또한 지속적인 자기관리를 위해 반성과 피드백을 해야 한다.

자기관리를 위한 5단계 프로세스는 다음과 같다. 1단계는 비전 및 목표의 정립 단계이다. 여기서는 개인의 소중한 것을 발견하는 과정으로 자신의 가치관과 원칙, 사명을 발견하고 정립하는 시기이다. 삶의 목적을 탐색하는 이 과정은 삶의 가치와 의미를 새롭게 만드는 것이 아니라 내면에 있는 것을 발견하고 끄집어내는 과정이다. 2단계는 과제를 발견하는 단계이다. 자신에게 주어진 역할을 인식하고 역할에 따른 과제를 SMART 법칙에 따라 구체화하는 단계이다. 3단계는 일정 수립의 단계다. 역할에 따른 여러 가지 과제를 수행하기 위해 우선순위를 정하고 시간관리 매트릭스에 따라 일을 배치한다. 일정 수립이 명확하고 분명할수록 일의 수행 가능성이 올라간다. 4단계는 세운 일정과 계획에 대한 수행의 단계이다. 수행을 위해서는 포기하지 않는 인내가 필요하다. 중요한 것은 무조건 시간을 많이 들이는 것이 아니라 중요한 일에 집중과 몰입을 하는 것이다. 마지막 5단계는 수행 이후의 반성 및 피드백이다. 5단계에서는 전 단계들을 통해 이뤄진 결과를 분석한다. 성공뿐 아니라 실패에 대해서도 이유를 생각해 봐야 한다. 또한 분석과 함께 타인의 피드백을 경청하여 이후의 새로운 목표를 세우는 것에도 반영해야 한다.

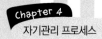

〈 그림 4-1〉 자기관리 5단계 프로세스

1단계 **비전 및 목표 정립** ➡ 개인의 소중한 것 발견하기
가치관, 원칙, 사명에 대한 정립
삶의 목적 탐색

2단계 **과제 발견** ➡ 주어진 역할 별 과제 발견
SMART 법칙에 따른 행동계획 수립

3단계 **일정 수립** ➡ 우선순위와 시간관리 매트릭스
큰 돌 채우기

4단계 **수행** ➡ 수행과 관련된 요소 분석
집중과 몰입

5단계 **반성 및 피드백** ➡ 결과 분석
피드백

2. 1단계 : 비전 및 목표 정립

대부분의 사람들이 결코 목표를 이루지 못하는 이유는 그들은 목표를 정의하지 않거나, 단 한 번도 진지하게 그 목표가 믿을 수 있는 것, 이룰 수 있는 것이라고 생각해보지 않기 때문이다. 승리하는 사람들은 자신이 어디로 가고 있는지, 그 과정에서 어떤 일을 할 계획인지, 그 모험을 누구와 함께 할 것인지 알고 있다.

– 데니스 웨이틀리

1) 비전과 목표

> "왜 살아야 하는지 아는 사람은 그 어떤 상황도 견딜 수 있다."
>
> – 니체

비전과 목표를 정립하는 것은 삶의 목적을 알고 구체적인 계획을 세우는 것이다. 이것은 자기관리의 출발이다. 누구든 첫 발을 떼지 않으면 앞으로 나갈 수 없다. 자기개발의 출발이 자아인식이듯 자기관리의 출발은 비전 및 목표의 정립이다.

비전과 목표는 나침반이고 나침반은 방향을 알려주는 도구다. 개인의 인생과 업무의 수행 중 갈림길에서 방향을 선택해야 할 때 나침반의 가치를 알 수 있다. 선택의 순간에서 효과적인 선택은 나침반이 가르키는 방향의 길을 따라 가는 것이다.

목표 설정의 어려움이 있음에도 불구하고 우리는 명확하고 분명한 비전과 목표를 세워야 한다. 빅터 프랭클(Viktor Frankl)은 인간에게 가장 필요한 것은 삶의 의미와 목적에 대한 인식이라고 했다. 인생에서 삶의 의미와 목적을 갖게 되면 죽음의 수용소를 직접 경험한 빅터 프랭클이 그랬던 것처럼 죽음의 환경도 이겨낼 수 있는 힘을 얻게 된다.

2) 비전과 목표의 구체화

아리스토텔레스에 따르면 어떤 덕목이 부족할 경우 그것을 키울 수 있는 최선의 방법은 그 덕목이 필요할 때마다 이미 그것을 갖추고 있는 듯 상상하고 행동하는 것이라고 했다. 비전과 목표의 정립에서 중요한 것은 그것을 머릿속으로 생생하게 시각화하여 상상을 해야 한다는 점이다. 비전과 목표를 시각화하고 상상하기 위해서는 3개의 V가 필요하다.

① Vivid : 생생함

비전과 목표는 생생(Vivid)해야 한다. '생생하다'는 영어 단어의 뜻처럼 우리의 비전과 목적은 생생할 뿐 아니라 선명하고 강렬해야 한다. 이를 위해 비전과 목표는 구체적이어야 한다. 두루뭉술한 비전은 자신에게도 외면받을 수 있다.

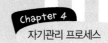

1. 자신이 뜻하는 바와 일치하는 글귀가 있다면, 그것을 하나의 지침으로 삼고 기록해둔다. 그것이 시구이든, 영감을 받은 책의 인용어구이든, 성경 구절이든 관계없다.

2. 당신의 주요한 관심사가 있다면, 그것에 대한 목록을 만들어라.

3. 당신에게 삶의 '역할 모델'아니 '멘토'가 있다고 가정할 때, 그에게서 배울 만한 점을 열거해본다.

4. 당신의 성격 중 가장 두드러진 특징을 서술해본다.

5. 당신이 적고 있는 이 글에 반드시 포함되어야 할 핵심구절을 써라.

6. 요점을 잡아라. 그러면 시간도 절약될 뿐만 아니라 글이 분명해진다.

7. 윤곽을 잡아라. 철자, 문법, 혹은 단어의 길이에 신경 쓰지 마라. 그저 당신의 인생에서 가장 중요한 것이 될 수 있는 것을 종이에 옮기면 된다.

8. 교정하고, 다시 쓰고, 다듬어라. 자신의 생각을 구체화하고 어휘를 정돈하여 오직 자신만의 생활방식으로 다듬어내라. 가능한 한 적은 수의 단어를 사용하여 일목요연하게 정리하라.

9. 신뢰하는 친구나 지인들에게 조언을 구하라. 인생의 목적에 만족할 때까지 모든 변화를 받아들이고 구체화하라.

10. 완성된 메모를 눈에 띄는 장소에 놓고 종종 참고하라. 완성된 글을 정기적으로 읽어 그것이 서류더미 속에 묻히거나 잊히지 않도록 하라. 시간이 지나면서 이 어휘들이 머릿속에서 저절로 떠오를 것이다. 그리고 이 아이디어는 당신의 인생에 중요한 작용을 하게 되어 주위 사람들로 그 문장들을 거의 암송할 수 있게 될 것이다.

출처 : 일과 인생의 균형잡기. 밸런스. 리처드 K.빅스 저. 이강선 역, 2007

② Verbalize : 구두 표현

비전과 목표는 말로 표현(Verbalize)해야 한다. 끊임없이 머릿속으로 비전을 그리고, 보고 생각하는 것 뿐 아니라 비전과 목표에 대해 말해야 한다. 머릿속에 그림으로 있는 비전을 언어를 통해 말하고 공유하면 성취가 쉬워진다.

③ Visual : 이미지

비전과 목표는 이미지(Visual)로 그려져야 한다. 비전과 목표에 대한 그림을 머릿속으로 그리고 구성원과 공유하는 것은 중요한 의미를 갖는다. '완성된 모습을 떠올렸을 때 그 상황이 머릿속으로 그려지는가?' 혹은 '희미한가?'는 비전과 목적의 달성 여부를 가늠하는 중요한 기준이 될 수 있다. 이를 위해 실제 비전과 목표를 그림으로 표현하여 보는 것은 도움을 준다.

1. 꿈의 목록(Bucket list)을 10개 이상 작성하고 이를 팀원들과 공유해 보자.

나의 꿈의 목록(Bucket list) :

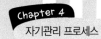

2. 자신의 이루고 싶은 미래의 모습을 시각화하고 상상해 본다. 미래의 모습을 통해 자신의 비전과 목표에 대한 이미지를 그려 보고 이를 팀원들과 공유해 보자.

3. 2단계 : 과제 발견

1) 과제의 발견

비전과 목표가 정해지면 자신이 해야 할 역할과 필요한 역량을 질문을 통해 살펴보고, 할 일들을 조정할 수 있어야 한다. 참고 할 수 있는 질문은 아래와 같다.

- 현재 수행하고 있는 역할과 필요한 능력은 무엇인가?
- 역할들 간에 충돌은 없는가?
- 현재 변화되어야 할 것은 무엇인가?
- 그 역할들은 어떻게 수행되어 왔는가?

비전과 목표가 정해졌다면 목표 달성을 위한 세부적인 활동목표가 필요하다. 잘못된 목표 설정으로 인해 중간에 좌절하는 경우가 많다. 대표적인 예가 의욕에 앞서 현실을 고

려하지 않은 채 무리한 목표를 잡는 것이다. 이처럼 잘못된 목표는 곧 실패로 연결되고 이것이 반복되면 사람들은 목표를 세우는 것 자체를 주저한다. 그러므로 목표는 확실한 기준에 따라 설정해야한다.

2) SMART 법칙

SMART 법칙은 영어 앞글자 단어를 조합하여 만든 단어로써 목표를 세우는 방법을 의미한다. Specific(구체성), Measurable(측정 가능성), Action-oriented(행동 지향성), Relevant(관련성), Time-bounded(마감시간)이 그것이다.

① Specific(구체성)

목표는 구체적일 때 달성 가능성이 올라간다. 구체성은 목표를 위한 행동이 명확해야 한다는 것을 의미한다. 구체적인 목표는 구체적인 행동을 예측하기 쉽게 만든다. 지적능력을 키우겠다는 목표는 추상적이다. '이번 달까지 2권의 책을 완독하겠다'는 구체적이다.

② Measurable(측정 가능성)

구체적 목표를 만드는 가장 간단한 방법은 측정이 가능하도록 목표에 숫자를 넣는 것이다. 체중을 감량하겠다는 목표보다 5kg를 감량하겠다고 한다면 기준이 생겨서 얼마나 목표를 달성했는지 파악하기 쉽다.

③ Action-oriented(행동 지향성)

목표는 행동을 통해 실현된다. 모든 목표는 구체적인 행동을 기반해야 한다. 건강한 몸을 갖는 것을 목표로 했다면 건강한 몸을 갖기 위해 할 수 있는 적절한 운동의 방식을 목표에 넣어야 한다.

④ Relevant(관련성)

목표는 연결되어야 한다. 기본적인 연결은 개인의 가치와 신념, 강점이다. 다른 목표와도 서로 연결되어야 하고 목표를 이루는 세부 행동도 연결되어야 한다. 각각의 목표가 충돌되지 않는다면 목표가 이뤄질 확률이 올라간다.

⑤ Time-bounded^(마감시간)

효과적인 목표 설정에 있어서 마감시간을 정하는 것은 목표의 마침표를 찍는 것과 같다. 나머지 기준이 충족되어도 마감시간이 없다면 목표달성은 흐지부지 될 수 있다. 너무 촉박하지도 않지만 너무 길지도 않게 적정한 마감시간 설정이 필요하다.

〈 그림 4-2〉 SMART 법칙 예시

S Specific	취업을 위해 토익 800점을 취득한다.
M Measurable	하루에 토익 주요 단어 20개를 외운다.
A Action Oriented	토익 온라인 강의 중급반 과정을 신청하고 수강한다.
R Relevant	교환학생 정보를 수집한다.
T Time-bounded	지금부터 6개월 안에 토익 성적표를 취득한다.

4. 3단계 : 일정 수립

1) 시간관리 매트릭스

SMART하게 목표를 설정하고 해야 할 구체적 행동이 정해졌다면 이를 위한 일정을 수립하고 관리해야 한다. 일정을 관리한다는 것은 해야 할 일들에 대한 우선순위를 정하는 것이다. 우선순위를 구분하는 방법으로 시간관리 매트릭스가 많이 활용되고 있다. 시간관리 매트릭스는 X축과 Y축을 중요성과 긴급성으로 구분한다.

중요성은 자아인식을 통해 발견한 자신의 가치, 신념과 연결된 것을 의미한다. 가치와 신념, 인생의 목적과 사명이 연결된 행동일수록 중요성이 높다고 할 수 있다. 긴급성은 즉각 처리해야 하는 정도를 의미한다. 일의 속도 측면에서 급하게 해야 할 일과 그렇지 않은 일을 판단하는 것이다.

[표 4-2] 긴급성과 중요성의 의미

구분	의미
중요성	개인의 사명, 역할, 가치와 우선순위가 높은 목표에 해당하는 활동
긴급성	즉각적인 대처를 요구하는 활동

시간관리 매트릭스는 다음과 같이 중요함의 유무, 긴급성의 유무에 따라서 4가지 분면으로 나눌 수 있다.

〈그림 4-4〉 시간관리 매트릭스

	긴급함	긴급하지 않음
중요함	1사분면 위기사항 급박한 문제 눈앞에 닥친 시험	2사분면 건강관리 인간관계 구축 재충전
중요하지 않음	3사분면 끼어드는 일 인기 위주의 활동 급박해 보이는 일	4사분면 무의미한 행동 시간낭비 활동 지나친 게임

1사분면은 중요하면서 급한 일, 2사분면은 중요하지만 급하지 않은 일, 3사분면은 중요하지는 않지만 급한 일, 마지막 4사분면은 중요하지도 않고 급하지도 않은 일들을 의미한다. 시간관리 매트릭스를 투자에 비유하면 1사분면은 들어가는 시간과 비용에 비하여 얻는 수익이 비슷하지만 3사분면은 많은 시간과 돈을 투자한 것에 비해 얻는 수익은 적다. 투자 실패에 해당된다. 4사분면은 들이는 시간과 비용에 비해 얻는 것이 거의 없다. 2사분면은 들이는 시간과 비용보다 더욱 많은 수익을 낼 수 있다.

시간관리에 있어 최고의 투자는 2사분면에 자신의 시간과 에너지를 집중하는 것이다. 효과적 일정 수립을 위해서는 먼저 자신이 대부분의 시간을 보내는 일들이 어느 구역에 많은지 확인해야 한다. 그리고 3, 4분면에 해당하는 일들을 최소화하고 가능한 일정을 2사분면에 잡아야 한다. 단, 1사분면은 우리의 의지와 무관하게 급하게 일어나기 때문에 통제가 어려운 영역임을 고려해야 한다.

2) 우선순위

시간관리를 잘하는 사람은 우선순위를 잘 정하고 실천하는 사람이다. 제한된 크기의 유리 항아리에 큰 돌과 작은 돌을 모두 채우기 위해서는 큰 돌을 먼저 넣고 남은 공간에 자갈과 작은 돌을 채워야만 효율적이다. 유리 항아리는 개인에게 주어진 삶이자 시간이고 큰 돌은 삶에서 중요한 일들을, 작은 돌은 중요도가 낮은 작고 사소한 일들을 의미한다.

사람들은 가끔씩 제한된 시간속에서 작고 사소한 일(시간관리 매트릭스의 4사분면에 해당되는 일)을 먼저 채운 후에 큰 돌을 채우려고 한다. 이렇게 되면 이미 작은 돌이 차지한 공간 때문에 큰 돌이 들어갈 공간은 사라지거나 줄어든다. 항아리를 채우려고 돌을 억지로 넣으려하면 유리항아리가 깨질 수도 있다.

자기관리를 잘 하기 위해서는 무엇보다 자신의 삶에서 큰 돌과 작은 돌을 명확하게 구분할 수 있어야 한다. 큰 돌과 작은 돌의 기준이 되는 것은 자기관리 프로세스 1단계에 해당하는 개인의 비전과 목표이다. 비전과 목표에 비춰보면 해야 할 일의 가치와 경중이 드러난다. 그리고 주어진 일정에 큰 돌을 먼저 넣었다면 남은 공간에 작은 돌들을 넣으면 된다.

사 례

15대 4의 법칙

15대 4는 미래학자 제임스 보트킨(James Botkin)이 성공하는 사람들의 시간 사용패턴을 분석해 정리한 법칙이다. 일을 시작하기전 15분 동안 일의 우선순위를 정하고 하루 업무를 조직화하면 나중에 4시간을 절약할 수 있다는 이론이다.

미리 하루의 일을 생각해서 우선순위를 정하고 하루의 업무를 조직화한 사람은 생각 없이 하루를 보내는 사람들보다 시간을 효과적으로 보낼 가능성이 높아진다.

Level up Mission

☎ 위에서 작성한 주간 일정표에 들어 간 내용과 작성하지 못한 내용을 가지고 시간관리 매트릭스의 4가지 영역을 구분하여 채워보자.

	긴급함	긴급하지 않음
중요함	1사분면	2사분면
중요하지 않음	3사분면	4사분면

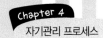

5. 4단계 : 수행

1) 80대 20법칙

세부적인 일정이 정해지면 이에 따라 수행이 이어져야 한다. 물론 계획대로 수행을 완료하는 것은 쉽지 않다. 수행의 과정에서 다양한 요소가 영향을 주기 때문이다. 예를 들어 개인의 건강, 감정, 대인관계, 경제적 상황 등은 계획을 수행하는 데 있어 영향을 주는 대표적 요인이다. 예상치 못한 부상이 계획한 일을 못하게 만들 수 있다. 갑작스런 선배의 부탁으로 인해 내가 생각한 업무의 순서가 뒤로 밀려날 수 있다.

이와 같이 갑작스런 방해를 줄일 수 있는 최선의 방법은 평소에 2사분면 활동에 집중하는 것이다. 2사분면에 시간과 에너지를 집중하면 통제가 어려운 상황에서 발생되는 1사분면의 일들(중요하면서 급한 일)은 최소화할 수 있기 때문이다.

특히 주어진 수행의 과정에서 집중과 몰입은 일의 성과에 유의하다. 효과적인 수행을 위해 80대 20법칙을 적용해 볼 수 있다. 80대 20법칙은 파레토 법칙으로도 잘 알려져 있는데 전체 결과의 80%가 전체 원인의 20%에 의해 일어나는 현상을 가리킨다. 이 법칙은 주로 마케팅과 생산성에서 언급되지만 수행에도 연결된다. 시간관리를 할 때 가장 중요한 수행 20%에 집중하면 나머지 80%의 업무에 효율성을 높일 수 있다. 전체 해야 할 일 중에서 20%에 해당하는 중요한 행동, 효과성이 높은 행동을 규명하며 거기에 시간을 우선적으로 집중해보자.

2) 실행력을 높이는 방법

수행은 개인의 생산성을 높이는 직접적인 방법이다. 높은 생산성은 제한된 자원을 가지고 더 뛰어난 결과를 만든다. 같은 일을 해도 생산성이 높은 사람은 성과의 질이 높고 시간적 여유를 누린다. 반면 낮은 생산성에 허덕이는 사람은 늘 시간 부족에 시달리고 수행의 질도 낮다. 이렇듯 자기관리를 통해 생산성을 향상시키는 것은 개인의 성장에 중요한 의미를 갖는다. 자기관리에서 수행을 위한 실행력을 높이는 행동 전략은 다음과 같다.

① 일단 시작

실행력을 높이기 위해서는 일단 시작하는 자세가 필요하다. 특히 작은 일부터 시작하면 효과적이다. 많은 사람들은 새로운 도전 앞에 주저하면서 시간을 끈다. 그러나 시작이 반이다. 그래서 처음엔 일이 작고 쉬워야 한다. 생산성을 높이기 위해서 작은 일부터 시작하고 성취해가는 습관을 가지면 도움이 된다. 그리고 단계를 하나씩 올려가면 효과적이다. 일단 시작하면 반은 된거다.

② 사전준비

바로 시작할 수 있도록 사전 준비를 한다. 매일 아침에 조깅을 하기로 했다면 다음날 아침에 눈을 뜨면 바로 입을 수 있도록 옷과 신발을 미리 준비해야 한다. 아침마다 무거운 몸으로 옷과 신발을 찾는다면 그것만으로도 아침 운동을 포기하게 만드는 변명거리가 될 수 있다. 반대로 어떤 일을 할 때 간단하게라도 사전 준비를 하면 도입이 쉬워진다. 미리 준비하면 성공의 확률은 올라간다.

③ 목표의 시각화

목표를 시각화하여 관리한다. 현재의 진행 상태를 한 눈에 확인할 수 있도록 보드를 만들어서 붙여놓으면 보다 더 실행에 집중하게 된다. 아무도 모르는 목표는 자신에게도 잊힐 가능성이 높다. 반면 시각화된 목표에 반복적으로 노출되는 것은 실행에 대한 우리의 의지를 다지는 데 긍정적 역할을 하게 된다. 실행에 방해가 되는 장애물은 가급적 시야에서 멀리하면 실행에 도움이 된다.

④ 롤모델을 통한 학습

롤모델을 통해 학습한다. 롤모델, 즉 주변에서 이미 뛰어난 성과로 주변의 신임과 존경을 받는 사람을 자세히 관찰하면 그사람만의 방법을 배울 수 있고 더불어 실행을 위한 건강한 자극을 받을 수도 있다. 롤모델을 따라하는 것도 도움이 되겠지만 그 사람과의 만남을 통해 그 사람의 이야기를 듣고 따라 한다면 어느덧 성장해 있는 자신의 모습을 발견할 것이다.

⑤ 인내

물은 100°C가 되야 끓는다. 모든 일에는 임계점이 존재한다. 임계점을 넘기면 가시적인 결과가 나타난다. 수행을 위한 노력과 시간도 일정한 시간이 들어가야 변화를 눈으로 확인할 수 있다. 중간에 원하는 결과가 바로 보이지 않는다고 포기하지 말고 마음 속으로 원하는 결과를 상상하고 시각화하면서 인내하는 자세가 필요하다. 마라토너에게 찾아오는 사점(Dead point)의 유혹의 순간, 포기를 이겨내면 새롭게 도약할 수 있는 세컨드 윈드(Second wind)기회가 찾아온다.

마라토너의 사점(Dead point)

사점은 과격한 운동 시 얼마 후 호흡곤란과 전신 피로감으로 운동을 중지하고 싶어하는 시기를 의미한다. 운동 강도가 강할수록 빨리 사점에 도달하게 된다. 특히 42km 이상을 뛰어야 하는 마라톤을 하다 보면, 대부분 사점(dead point)에 도달하게 된다. 세계적인 마라토너의 경우에는 약 35km지점이 사점으로 추정된다.

사점에 도달하게 되면 극심한 고통과 정신적 유혹을 겪게 된다. 그러나 이 구간을 지나게되면 심리적으로 고통이 줄어들면서 일정하게 계속 달릴 수 있는 구간으로 접어든다. 이를 세컨드 윈드(second wind)라고 한다. 변화 관리의 실행 단계에서도 사점과 함께 세컨드 윈드가 함께 존재한다. 누구나 힘든 운동 앞에서 사점을 느끼게 된다. 그러나 평소에 트레이닝을 잘 쌓은 사람에게는 사점이 강하게 느껴지지 않는다. 오히려 세컨드 윈드를 통해 지속적인 실행의 단계에 이르게 된다.

⑥ 새로움의 추구

새로움을 추구한다. 모두가 사용하는 방법에는 이유가 있다. 그러나 시간이 지나면 환경이 변하면서 새로운 기술이 등장하고 더 좋은 방법이 나오기 마련이다. 과거의 방식만

고집하다보면 효과적인 방법을 외면할 수 있다. 익숙하지 않기 때문이다. 새로움을 추구한다는 것은 익숙한 방식에 '왜'라는 질문을 던지는 것이다. 명쾌한 답이 나오지 않는다면 그 때는 더 좋은 방안을 고민해 볼 필요가 있을 것이다.

6. 5단계 : 반성 및 피드백

1) 반성과 피드백을 위한 성찰

반성 및 피드백은 성찰을 통해 결과를 분석하고 되돌아보거나 타인의 유용한 의견을 수용하는 것이다. 계획이 완료되면 사람들은 지난 일을 평가하는 것에 소홀해진다. 반성 및 피드백이 일의 결과에 영향을 미치지 않는다고 생각한다. 그러나 앞서 반성과 피드백은 지속적인 성공의 습관을 가지게 하거나 성공을 준비하게 하는 역할을 할 만큼 가치가 높다.

반성과 피드백을 위해서는 성찰에 대한 이해가 필요하다. 성찰의 사전적 의미는 '자신이 한 일을 깊이 되돌아보는 일'을 뜻하며 자신의 내면적 활동에 초점을 맞추고 있어 심리학에서는 메타인식으로 다루어지고 있다. 교육학적으로는 성찰을 듀이(Dewey. J)의 '반성적 사고'로 설명하며, 합리성과 증거를 바탕으로 신념을 확립하려는 의식적이고 자발적인 행동으로 해석한다.

성찰은 기존의 인지구조에 바탕을 두고 새로운 경험이나 지식을 평가하고 해석함으로써 새로운 이해를 이끌어내는 과정이라고 말할 수 있다. 또한 성찰은 우리의 사고나 신념체계가 가지고 있는 왜곡을 수정하고 발전적 학습으로 지향해 가기 위한 동인의 역할을 하기도 한다. 성찰은 개인적 성찰과 사회적 성찰로 나누어 볼 수 있는데, 개인적 성찰은 자신의 경험과 학습한 내용에 대해 성찰하는 것을 말하며, 사회적 성찰은 특정 팀에 속해 팀원들과 토론 및 논의를 하는 과정에서 협력적으로 이루어지는 성찰을 의미한다.

2) 성찰의 3요소

① 기술

대상이나 과정의 내용과 특징을 있는 그대로 열거하거나 기록하여 서술하는 것이다. 무엇보다 성찰은 정직한 기술로부터 시작되며 사실적 기억 없이는 지혜, 깨달음, 지식도 없다. 기술이 정확할수록 자기관리에 있어 성공과 실패에 대한 이해가 깊어진다. 이 때 기술의 기본은 육하원칙에 대한 사실적 복원이다.

> "정보가 진실하기를 바라는 것은 지극히 기본적이다. 뉴스는 시민들이 직접 체험할 수 없는 외부 세상에 대해 공부하고 생각하기 위해 사용하는 자료이기 때문에 중요한 요건은 그것이 사용 가치가 있고 믿을 만 해야 한다는 것이다. "
>
> – 빌 코바치

② 해석

사물을 자세히 풀어서 논리적으로 밝히고 인과관계를 파악하는 것이다. 성찰의 정수는 인과관계의 파악이다. 인과관계를 제대로 파악할수록 배움의 폭과 깊이가 달라진다. 기술이 태도의 문제라면 해석은 개인의 사고력에 달렸다. 해석의 힘을 키우기 위해서는 다른 사람들과 자주 토론하고, 생각하는 힘을 키워야 한다.

> "원인과 결과는 시공간적으로 긴밀하게 연결되어 있지 않다."
>
> – 피터 센게

③ 평가

사물의 가치나 수준을 평하는 것이다. 해석이 이성의 문제라면 평가는 의지와 가치관

의 문제다. 기술 이후 해석하고 분석한 결과는 평가를 통해 개인에게 적용해야 한다.

효과적인 반성 및 피드백을 위한 성찰을 위해 다음의 질문을 참고할 수 있다.

- 어떤 목표를 성취했는가?
- 일이 진행되는 과정에서 어떤 장애물을 만났는가?
- 장애물에 어떻게 대응했는가?
- 비전과 목표에 따라 일정을 세웠는가?
- 수행은 효과적인 행동에 집중됐는가? 불필요한 행동은 없었는가?

 Level up Mission

자기개발의 반성 및 피드백을 위해 상반기(혹은 후반기) 중에 자신에게 중요한 영향을 미친 5대 뉴스를 작성해 보고 이를 팀원들과 공유해 보자.

_____의 5대 뉴스

1.

2.

3.

4.

5.

 학습평가 Quiz

1. 자기관리 프로세스 5단계의 각 단계와 내용을 맞게 연결하시오.

1단계 •   • 과제 발견

2단계 •   • 일정 수립

3단계 •   • 비전과 목표 정립

4단계 •   • 반성 및 피드백

5단계 •   • 수행

2. 비전과 목표 달성을 위한 3가지 V에 해당되지 않는 것은?

① Value   ② Vivid

③ Visual   ④ Verbalize

3. SMART 법칙 중 아래 설명에 해당하는 것은 무엇인가?

> 목표는 연결되야 한다. 기본적인 연결은 개인의 가치와 신념, 강점이다. 다른 목표와도 연결되고 각각의 목표가 충돌되지 않는다면 목표가 이뤄질 확률이 올라간다.

① Specific(구체성)   ② Measurable(측정 가능성)

③ Relevant(관련성)   ④ Action-oriented(행동 지향성)

4. 다음 중 2사분면의 예로 적절한 것은?

① 급박한 과제   ② 시간낭비 활동

③ 인기 위주의 활동   ④ 건강관리

5. 파레토 법칙으로도 알려져 있으며 대부분의 결과가 소수의 중요한 요인에 의해 좌우된다는 것을 의미하는 법칙으로 수행 과정에서 중요한 행동에 집중해야 함을 의미한다. 이 법칙은 무엇인가?

① 15대 4법칙   ② 하인리히 법칙

③ 80대20 법칙   ④ SMART 법칙

학습내용 요약 Review(오늘의 Key Point)

1. 자기관리 프로세스 5단계는 1단계 비전 및 목표 정립, 2단계 과제 발견, 3단계 일정 수립, 4단계 수행, 5단계 반성 및 피드백이다

2. 자기개발의 출발이 자아인식이듯 자기관리의 출발은 비전 및 목표의 정립이다. 비전과 목표는 나침반으로 자기관리의 방향을 제시한다.

3. SMART 법칙은 영어의 앞 글자 단어를 고려하여 목표를 세우는 것이다. Specific^(구체성), Measurable^(측정 가능성), Action-oriented^(행동 지향성), Relevant^(관련성), Time-bounded^(마감시간)이 그것이다.

4. 시간관리 매트릭스는 X축과 Y축을 중요성과 긴급성으로 구분한다. 중요성은 자아인식을 통해 발견한 자신의 가치, 신념과 연결된 활동을 의미한다. 긴급성은 즉각 처리해야 하는 활동을 의미한다.

5. 실행력을 높이는 행동 전략으로는 일단 시작하기, 사전 준비하기, 목표를 시각화하기, 롤모델을 통한 학습하기, 인내하기, 새로움을 추구하기의 방법이 있다.

6. 반성 피드백을 위한 성찰의 3요소는 대상이나 과정의 내용과 특징을 있는 그대로 열거하거나 기록하여 서술하는 기술, 사물을 자세히 풀어서 논리적으로 밝히고 인과관계를 파악하는 해석, 사물의 가치나 수준을 평하는 평가이다.

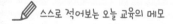 스스로 적어보는 오늘 교육의 메모

내면 관리와
지속적 쇄신

Contents

Learning Objectives

1. 스트레스의 원인과 관리방법을 설명할 수 있다.
2. 회복탄력성의 정의와 구성요소를 설명할 수 있다.
3. 회복탄력성을 높이는 방법을 인식하고 실천할 수 있다.
4. 4가지 차원의 지속적인 쇄신을 이해하고 실천할 수 있다.

5
Chapter

이야기 속으로

회복탄력성을 실천한 사람 : 서울대 지질환경과학부 이상묵 교수

국비 유학생으로 MIT에서 박사 학위를 받은 정도로 유망한 해양지질학자였던 이상묵 교수는 45세 되던 2006년 여름 캘리포니아 공과대학과 공동으로 프로젝트를 수행하다가 차량 전복되는 사고를 당한다. 다행히 의식은 회복했으나 눈만 껌뻑일 수 있을 뿐 손끝 하나 움직일 수 없는 전신마비의 장애를 갖게 된다. 하지만 이상묵 교수는 전신마비라는 중증에도 불구하고 현실을 냉정하고 정확하게 파악했다. 현실을 있는 그대로 받아들인 그는 6개월만에 일상생활에 복귀하는 회복탄력성을 보였다.

전동차를 타고 학교에 복귀하여 강의와 연구에 몰두하고 있다. 입만 움직일 수 있지만 노트북과 마우스로 프로젝터 스크린을 작동하며 강의하여 한국의 스티븐 호킹 박사라고 불리고 있다.

"이 정도만 다쳐서 다행"이라고 말하는 그는 보조재활공학센터를 만들어 장애인을 위한 기술개발을 진행하고 있다. 사고 후에도 스스로를 행운아라고 생각하는 그는 일밖에 모르던 자신이 사고 후에 오히려 희망이 무엇인지 알게 되었다고 고백하고 있다. 이상묵 교수는 "나에게 닥친 사고를 불운의 시작이라고 보지 않고, 몰랐던 다른 세계를 볼 수 있는 새로운 인생 방향의 전환"이라고 역설하며 장애인 학생들에게 희망을 불어넣어주는 희망메이커의 역할을 담당하는 한편 장애인을 위한 따뜻한 융합 기술의 개발에 열정을 쏟고 있다.

출처 : 회복탄력성. 김주환 저. 위즈덤 하우스. 2011

이상묵 교수는 극복하기 힘든 역경을 통해 오히려 인생 방향의 전환을 경험했다. 자기개발은 인생 속에서 꾸준히 실천하고 지속하는 것이 중요하다. 그러나 스트레스와 역경, 건강상의 문제로 중간에 포기하는 경우가 많다. 5장에서는 지속적인 자기관리를 위한 방법으로 내면관리의 개념과 관리 방법을 학습한다. 또한 역경을 극복하는 힘인 회복탄력성의 개념과 구성요소, 회복탄력성을 높이기 위한 방법을 살펴보고 건강관리를 위한 4가지 차원의 쇄신을 학습한다.

1. 다음은 무엇에 대한 설명인가?

> 라틴어 'stringer'라는 말에서 유래했다. 이 말의 의미는 '팽팽하게 죄다'인데 그 후 14세
> 기정도에 들어와서 외부의 압력과 이에 대항하는 긴장이라는 의미는 14세기부터 사용
> 되었다. 이것은 생체의 평형을 깨뜨릴 수 있는 모든 외부의 자극을 통칭하는 말로 쓰
> 이고 있다. 외부로부터 주어지는 압력에 의해 내적인 긴장감을 느끼게 되는 것이다.

① 히스테리　　　　　　　　　　② 회복탄력성
③ 긴장감　　　　　　　　　　　④ 스트레스

2. 회복탄력성의 구성요소 중 자기조절 능력에 해당하지 않는 것은?

① 자아확장력　　　　　　　　　② 충동통제력
③ 원인분석력　　　　　　　　　④ 감정조절력

3. 지속적인 쇄신 차원 중에서 아래 활동은 어떤 영역에 해당되는가?

> ·인생의 사명서를 작성하고 우선순위에 따라 삶을 산다.
> ·자연을 보고 듣고 즐긴다. 하루와 일상의 소중함을 음미한다.
> ·감동적인 문학작품과 영감을 주는 전기를 읽는다.
> ·영감과 기분을 복돋아 주는 음악을 듣는다.
> ·타인을 위해 봉사한다.

① 건강　　　　　　　　　　　　② 지식
③ 관계　　　　　　　　　　　　④ 영성

1. 내면 관리

내면을 관리한다는 것은 자신이 가진 스트레스와 같은 부정적 마음은 잘 다스리고, 행복과 즐거움 같은 긍정적 마음은 키워나간다는 것이다.

내면을 관리하는 것은 동기뿐만 아니라 일의 성과에도 영향을 미친다. 많은 기업에서 스트레스 관리라는 주제로 다양한 교육을 진행하는데 이는 성과창출에 스트레스 관리가 얼마나 중요한지를 보여주는 대목이다. 최근에는 기업 구성원에게 스트레스 관리를 넘어 행복과 재미 같은 긍정정서를 높이기 위한 다양한 교육적 시도가 활발하게 이뤄지고 있다.

1) 스트레스의 이해

일상에서 사용하는 스트레스(stress)는 라틴어 'stringer'라는 말에서 유래했다. 이 말의 의미는 '팽팽하게 죄다'인데 그 후 14세기에 들어와 외부의 압력과 이에 대항하는 긴장이라는 의미로 사용되었다. 즉, 스트레스란 생체의 평형을 깨뜨릴 수 있는 모든 외부의 자극을 통칭하는 말로 쓰이고 있다. 외부로부터 주어지는 압력에 의해 내적인 긴장감을 느끼게 되는 것이다. 이러한 스트레스는 회피할 수도 없고, 저항할 수도 없는, 삶의 과정에서 자연스럽게 나타난다. 이는 스트레스가 정신 건강을 해치는 주범임을 이야기하고 있다. 그렇지만 스트레스가 모두 해로운 것만은 아니다. 스트레스는 어려움을 극복하게 하고, 목표를 성취하도록 힘을 주며, 동기를 유발시키고 삶의 활력을 불어 넣어주기도 한다. 이처럼 적당한 스트레스는 생활의 촉진제가 될 수도 있는 것이다. 따라서 건설적일 수도 있고, 파괴적일 수도 있는 스트레스를 어떻게 관리하는가에 따라 신체적 건강과 행복에 영향을 받게 된다.

① 스트레스의 원인

해론(Haron), 도앤(Doane) 및 스캇(Scott)등은 환경 자극을 최소화시킬 때의 인간의 상태변화를 연구한 바 있다. 그들은 보수를 주고 고용한 피험자들에게 눈을 가린 채로 일정한 소리만 들리는 실험실에서 지내줄 것을 요청했다. 2-3일이 지나자 피험자들은 시각적인 환상을 보기 시작했고, 시간과 공간의 감각을 상실했으며 문제해결능력이 저하되었다. 그리고 그들은 아무리 많은 돈을 주더라도 재고용되기를 거부했다.

이와 반대로 과도한 외부적, 내부적 자극이 주어질 때 역시 스트레스가 유발된다는 사실은 누구나 알고 있는 사실이다. 오히려 바쁜 현대인의 경우에는 적은 자극이 아닌 과도한 외부적, 내부적 자극으로 인해 스트레스를 경험하는 경우가 많다. 결국 스트레스는 자극이 많든, 적든 적정한 긴장 수준에서 이탈하면 나타난다는 것을 알 수 있다.

 [표 5-1] 스트레스의 주요 원인

구분	자극
외부적 자극	소음, 강력한 빛, 열, 한정된 공간, 감염, 약물 또는 화학물질에 노출, 타인과의 충돌, 지나친 규정, 관계의 상실, 복잡한 일
내부적 자극	긴장이나 탈진 등의 느낌, 두통, 근육, 관절 통증과 피로, 수면부족같은 신체적인 증상, 과중한 스케줄, 비관적 생각, 과도한 분석, 완벽주의, 경직된 사고 등

② 스트레스의 주요 증상

일반적으로 스트레스의 증상은 신체적, 행동, 정서적, 인지적, 영적, 대인관계 측면에서 다양한 방식으로 나타난다.

보통 스트레스 하면 부정적으로만 생각하지만 한스 셀리에(Selye) 교수는 '스트레스는 인생의 조미료'라고 표현했을 만큼 인생에 새로운 의미를 부여하기도 한다. 다시말해 스트레스가 지나치면 몸에 해롭지만 적정을 유지하면 오히려 건강에 유리할 수 있다.

 [표 5-2] 스트레스의 주요 증상

구분	증상
신체적 증상	두통, 요통, 소화불량, 뒷목이나 어깨가 뻣뻣함, 복통, 심계항진, 손에 땀이 자주 남, 안절부절 하는 느낌, 수면장애, 피곤, 어지러움, 이명
행동의 증상	과도한 흡연, 밤에 자면서 이갈기, 명령조의 태도, 과도한 음주, 강박적인 음식섭취, 다른 사람을 비난하는 태도, 일이 손에 잡히지 않음
정서적 증상	눈물이 남, 긴장과 불안으로 인한 압박감, 일이 지겹고 의미를 잃음, 분노, 신경이 날카롭고 쉽게 화를 냄, 외로움, 무기력감, 이유 없이 기분이 가라앉음, 속상할 때가 자주 있음.
인지적 증상	선명하게 생각하기 힘듦, 우유부단, 창의력 상실, 현실을 벗어나고 싶은 생각, 기억력 감퇴, 지속적인 근심, 집중력 감퇴, 유머감각 상실
영적인 증상	공허함, 무의미, 의심, 용서하기 힘듦, 고뇌, 신비경험을 추구, 방향감 상실, 냉소, 무감동, 자신을 내세움
대인관계의 증상	소외감, 관용을 베풀기 힘듦, 원한, 외로움, 비난을 퍼부음, 숨고 싶음, 말수가 줄어듦, 잔소리, 불신, 친밀감이 결여, 사람을 이용함, 친구 만나기를 꺼려함

2) 스트레스 관리방법

그렇다면 살면서 피할 수 없는 스트레스를 관리하는 방법에는 무엇이 있을까? 사람마다 원인과 증상이 다르듯 관리 방법에도 정답은 없다. 다양한 방법 속에서 자신에게 맞는 방법을 선택하여 적용하는 것이 중요하다.

① 스트레스에 대한 인식의 변화

스트레스가 해롭다고 생각하는 사람들은 스트레스의 대처방법으로 회피를 선택한다.

[표 5-3] 스트레스에 대한 진단표

문항	전혀 그렇지 않다 (0점)	약간 그렇다 (1점)	대체로 그렇다 (2점)	매우 그렇다 (3점)
1. 쉽게 짜증이 나고 기분 변화가 심하다.				
2. 피부가 거칠고 각종 피부질환이 심해졌다.				
3. 온몸의 근육이 긴장되고 여기저기 쑤신다.				
4. 잠을 잘 못 자거나 깊은 잠을 못 자고 자주 깬다.				
5. 매사에 자신감이 없고 자기비하를 많이 한다.				
6. 별다른 이유 없이 불안 초조하다.				
7. 쉽게 피로감을 느낀다.				
8. 매사에 집중이 잘 안되고 일의 능률이 떨어진다.				
9. 식욕이 없어 잘 안 먹거나, 갑자기 폭식을 한다.				
10. 기억력이 나빠져 잘 잊어버린다.				
총점				

• 0~5점 이하 : 거의 스트레스를 받고 있지 않음
• 6~10점 : 약간 스트레스를 받고 있음
• 11~15점 : 스트레스가 심한 편이므로 스트레스를 줄이기 위한 대책이 필요함
• 16~20점 : 심한 스트레스를 받고 있으므로 신체 상태에 대한 정기적인 검진과 더불어 스트레스를 줄이기 위한 적극적인 대책이 필요함
• 21점 이상 : 매우 심한 스트레스를 받고 있으므로 당장 전문의를 찾아야 함

출처 : 인간관계의 이해. 양창삼 저. 창지사. 2005

이런 경우 스트레스의 원인을 해결하는 대신 거기에서 주의를 돌리거나, 근본적 해결을 위한 조치보다는 스트레스 감정을 없애는 데 집중한다. 반면 스트레스가 유용하다고 생각하는 사람은 이를 주도적으로 받아들인다. 스트레스를 받아들이고 이것의 근원을 해결할 작전을 계획하거나 조치를 취한다. 나아가 스트레스가 주는 에너지를 활용하여 긍정적으로 전환시킬 수 있다.

② 신체 이완

신체 이완과 운동을 통해 마음의 건강을 향상시킴으로서 스트레스를 관리할 수 있다. 신체를 이완하는 방법으로는 스트레칭과 호흡법, 명상, 충분한 수면등이 있다. 운동을 하게 되면 엔돌핀 분비가 촉진되는데, 이 호르몬이 행복도를 높여 숙면을 도와주기도 한다.

반복적인 훈련을 통해 근육의 긴장상태를 이완상태로 전환시킬 수 있다. 특정 근육을 수축시키고 긴장을 유지한 상태에서 그 감각을 기억해 둔 다음 근육을 이완시키면서 긴장이 사라지는 느낌에 집중하면 도움이 된다.

③ 확실한 의사 표시

애매모호한 거절과 승낙이 돌아서면 압박이 될 수 있다. 스스로 처리할 수 있는 능력 이상의 일을 맡게 되면 바로 스트레스 강도가 올라간다. 그렇기 때문에 지나치게 주위 사람들의 기대에 부응하려 하지 말고, 사람들이 개인의 능력에 너무 기대지 않도록 주의하는 것이 중요하다. "죄송하지만 지금은 어렵습니다."라고 말하기만 하면 자신에 대한 압박을 줄여 스트레스를 관리할 수 있다. 한 번에 모든 것을 할 수 없다는 사실을 기억해야 한다.

④ 주변 사람들과의 대화

혼자서만 담아두지 말고 친한 지인과 진솔한 대화를 통해 마음의 압박과 부담을 낮출 수 있다. 대화를 통해 마음속에 있는 불안과 초조와 같은 스트레스 요인을 외부로 꺼내면 스트레스가 줄어든다.

⑤ 환경 변화

책상을 깨끗이 정리하고 불필요한 것을 처분하거나 소음과 어수선한 자리 배치 등을 바꾸는 등 새로운 환경을 조정하면 신경의 산만함을 방지할 수 있고, 집중력이 향상되고 스트레스를 줄일 수도 있다.

⑥ 적절한 휴식

휴식을 취하면 새로운 발상이 떠올라, 스트레스 수준이 낮아진다. 하루에 몇 차례 하던 일을 멈추고 밖으로 나가 신선한 공기를 마시는 것이 중요하다. 이렇게 하면 기력과 집중력이 회복되면서 불안을 줄이는 데 도움이 된다.

⑦ '할 일 리스트'의 작성

1주일 혹은 1일 단위로 할 일에 대한 우선순위를 매겨 정리하면 과제를 관리하기 쉬워진다. 리스트를 작성하면 해야 할 일의 큰 목표가 그다지 힘겹게 느껴지지 않고 달성할 수 있겠다는 생각이 들게 된다. 눈앞의 우선사항에 집중하다 보면 주의를 분산시키는 다른 일에 쫓기지 않고 효과적으로 일을 추진할 수 있다.

⑧ 전문적인 도움

극심한 스트레스로 인한 소진상태에 빠진 경우라면 근본적인 해결이 필요하다. 가벼운 접근은 오히려 문제를 악화시킬 수 있다. 스스로 해결할 수 없는 스트레스라면 주변에만 의지하기 보다는 전문가의 도움을 받아 정신분석, 인지행동치료, 최면치료 등 정신치료를 받을 수 있다.

현악기를 조율할 때 너무 세게 줄을 죄면 줄이 끊어지지만 줄이 너무 느슨해도 좋은 음이 나올 수 없다. 균형 속에서만 아름다운 소리가 나올 수 있다. 중요한 것은 스트레스의 부정적 기능뿐 아니라 순기능적 측면도 함께 기억하면서 스트레스를 받아들이고 적절하게 대처하는 하는 것이 내면을 관리하는 효과적인 자세가 될 수 있음을 기억해야 한다.

스트레스의 힘. 이겨낼 수 있다는 '믿음'가져야

1998년 미국의 한 연구소는 3만 명을 대상으로 지난 한 해 경험한 스트레스가 얼마나 큰지를 물었다. 또 "스트레스가 건강에 해롭다고 믿는가"라는 질문도 했다. 8년 뒤 연구원들은 설문 참가자의 사망 위험을 추적했다. 높은 스트레스 수치를 기록한 사람들의 사망 위험은 43% 증가했다. 그런데 눈길을 끄는 또 다른 결과가 있었다. 높은 스트레스 수치를 기록했어도 스트레스가 해롭다고 믿지 않는 사람들의 사망 확률은 증가하지 않은 것. 이들의 사망 위험은 스트레스를 거의 받지 않는다고 기록된 사람들보다도 낮았다.

연구원들은 사람을 죽음으로 몰아가는 요인이 스트레스 그 자체와 스트레스는 해롭다는 '믿음'이 결합할 때 일어나는 현상이라고 결론지었다.

스트레스는 만병의 근원으로 알려져 있다. 그러나 스탠퍼드대 심리학자인 켈리 맥고니걸 박사는 신간 '스트레스의 힘'(21세기 북스)에서 '스트레스는 독이 아닌 약'이라고 주장한다. 또 스트레스에 대한 대응법만 익힌다면 삶에 긍정적인 작용을 할 것이라고 조언한다. 맥고니걸 박사에 따르면 스트레스가 우리 몸에 해로운 이유는 스트레스 그 자체에 있는 것이 아니라 스트레스가 몸에 해롭다고 생각하는 우리의 '믿음' 때문이다.

실제 우리 몸은 스트레스를 받으면 이를 극복하기 위해 다양한 변화를 일으킨다. 간은 연료를 만들기 위해 지방과 당을 혈류로 보내고, 심장에 더 많은 산소가 공급될 수 있도록 호흡이 깊어지며, 심장 박동이 빨라지면서 산소와 지방과 당을 근육과 뇌로 전달한다. 이때 소화 기능을 비롯한 다른 일상적인 신체기능은 느려지거나 정지한다.

결국 중요한 것은 스트레스에 대한 대처능력이다. 자신이 스트레스 상황을 감당할 수 있다고 믿으면 상황은 도전이 되고 이는 삶에 긍정적 영향을 미친다. 맥고니걸 박사는 특히 스트레스 대처를 위해 뇌하수체에서 분비되는 신경전달물질인 '옥시토신'에 주목했다. 옥시토신은 스트레스를 제대로 수용하게 해주고 공감능력을 높여주며 타인과의 바람직한 관계 형성을 도와주는 호르몬이다. 우리가 누군가에게 도움을 요청하거나 누군가를 돕고자 손을 내밀 때 활발하게 분비되는 호르몬이 옥시토신이다. 결국 스트레스를 올바르게 수용하기 위해서는 바람직한 인간관계 형성이 중요하다는 이야기다.

출처 : 동아일보. 2016.06.21

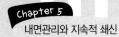

😊 자신의 스트레스 상황과 극복 방안을 정리해 보고 이를 팀원들과 공유해 보자.

최근에 느끼는 스트레스

과거 스트레스 대처법

새롭게 시도할
스트레스 관리방안

2. 회복탄력성

1) 회복탄력성의 의미

회복탄력성(resilience)은 원래 제자리로 돌아오는 힘을 의미한다. 심리학에서는 주로 시련이나 고난을 이겨내는 긍정적인 힘이라 표현하며 다른 말로는 크고 작은 역경과 어려움을 도약의 발판으로 삼는 긍정적인 힘이라고도 한다. 흔히 회복탄력성을 공에 비유한다. 바람이 빠진 공은 바닥으로 떨어지면 바닥에 그대로 있지만 탱탱한 공은 바닥에 떨어져도 다시 튀어 오른다. 이와같이 회복탄력성도 역경에 떨어졌을 때 다시 튀어 올라 도약하는 힘을 의미한다.

회복탄력성이 있는 사람은 좌절과 실패의 경험에서 다시 일어나서 반등을 할 수 있는 사람이다. 새로운 목표를 향해 노력하는 순간에도 사람들은 실패와 좌절을 경험한다. 그러나 회복탄력성이 있는 사람은 이것을 성장의 디딤돌로 삼는다. 반면에 그렇지 못한 사람은 걸림돌로 여겨 장기적인 슬럼프에 빠지게 된다.

2) 회복탄력성의 요소

회복탄력성은 자기조절능력과 대인관계능력으로 구성되어 있다. 자세한 세부구성요소는 다음과 같다.

① 자기조절능력

자기조절능력이란 스스로의 감정을 인식하고 그것을 조절하는 능력이다. 역경이나 어려움을 극복한 사람들의 공통적인 특징이기도 하다.

자기조절능력은 어려운 상황에 직면했을 때 스스로의 부정적 감정을 다스리고, 긍정적 감정과 건강한 도전의식을 불러일으키는 감정조절력, 기분에 휩쓸리는 충동적 반응을 억제하는 충동통제력, 자신이 처한 상황을 객관적으로 파악하고 대처방안을 찾아낼 수 있는 원인분석력으로 구성된다.

> **자기조절능력 = 감정조절력 + 충동통제력 + 원인분석력**

㉠ 감정조절력

긍정적 감정을 일으키는 습관인 감정조절력은 높은 자아인식 곧 자기이해를 기반으로 한다. 감정조절력의 핵심은 필요할 때면 언제나 긍정적인 감정을 스스로 불러일으켜서 신나고 재밌게 일할 수 있게 하는 것이다. 긍정적 정서가 중요한 이유는 사고의 유연성을 높여주며 창의성과 문제해결능력을 향상시키고 집중력과 기억력을 증가시켜 인지 능력의 전반적 향상을 가져오기 때문이다.

ⓒ 충동통제력

충동통제력은 자신의 동기를 스스로 부여하고 조절할 수 있는 능력과 연결된다. 중요한 것은 강요받은 참을성이 아니라 자율성에 기반한 충동통제력이어야 회복탄력성의 근간이 된다는 것이다.

ⓒ 원인분석력

원인분석력은 자신에게 닥친 문제를 긍정적으로 바라보면서도 그 문제를 제대로 해결할 수 있도록 원인을 정확히 진단해내는 능력을 말한다. 이것은 이성적 영역에 해당되며 자신에게 닥친 사건들에 대해 긍정적이면서도 객관적이고 정확하게 말할 수 있는 능력이다.

② 대인관계능력

대인관계능력은 타인과의 소통능력과 공감능력 그리고 자아확장력으로 구성되어있다.

대인관계능력 = 소통능력 + 공감능력 + 자아확장력

㉠ 소통능력

소통능력은 상대의 호감을 끌어내는 대화의 기술로서 인간관계를 진지하게 맺고 오래도록 유지하는 능력이다.

ⓒ 공감능력

다른 사람의 심리나 감정 상태를 잘 읽어낼 수 있는 능력이다. 공감능력은 적극적인 듣기나 표정 따라하기 등의 훈련을 통해 증진시킬 수 있다.

ⓒ 자아확장력

자아확장력이란 자기 자신이 다른 사람과 연결되어 있다고 느끼는 정도를 의미한다. 자아확장력이 높은 사람은 자아 개념 속에서 타인과의 관계에 대한 전제가 깊이 내재되어 있다. 이것의 근본은 긍정적 정서로 긍정적 정서만이 사람들을 하나로 묶어준다.

〈 그림 5-1〉 회복탄력성의 구성요소

자기조절능력	대인관계능력
감정조절력	소통능력
충동통제력	공감능력
원인분석력	자아확장력

3) 회복탄력성을 높이는 방법

① 긍정의 뇌로 변화시키기

스스로 행복해짐으로써 자기통제력을 높이고, 자신의 행복을 타인에게 나눠줌으로써 대인관계능력을 향상시키는 것이 뇌를 긍정적으로 변화시키는 방법이 될 수 있다. 긍정의 뇌는 자기조절능력과 대인관계능력이 향상될 때 발달한다. 마음에 있는 부정적 신념, 불신을 버리고 사람과 세상에 대한 따뜻한 시선을 가질 때 좌절 속에서도 다시 일어날 수 있는 힘을 갖게 된다.

② 행복의 기본 수준 높이기

길버트(Daniel Gilbert) 교수는 연구를 통해 인간관계에서든, 스포츠 경기의 승부 결과든, 어떤 일이든 간에 그것이 우리의 행복감에 미치는 영향력은 당장에는 상당히 실제적이고 강하지만, 얼마간의 시간이 지나면 사람들이 예상하는 것보다는 훨씬 작고 빠르게 지나가는 일이 되어 버린다는 점을 발견했다. 즉 기본값이 존재하는데 평소에 개인 행복의 기본 수준을 의식적으로 높이는 노력을 하면 회복탄력성도 높아진다.

③ 대표 강점의 발견과 활용하기

마틴 셀리그만(M.E.P.Seligman) 교수는 일상생활 속에서 자신의 고유한 덕성과 강점을 발휘하는 것만이 진정한 행복에 이르는 유일한 길이라고 강조했다. 사람은 강점을 발견하고 일상생활 속에서 끊임없이 수행할 때 회복탄력성이 향상된다.

④ 의식적인 습관 만들기

회복탄력성을 높이기위해 만들어야 할 의식적인 습관은 '감사하기'와 '운동하기'이다. '감사하기'는 편안한 휴식이나 수면상태보다도 일정한 심장 박동수를 유지하도록 해준다. 이것은 짧은 시간 안에 집약적으로 하는 것이 효과적이다. '운동하기'가 중요한 이유는 몸을 움직이면 뇌가 건강해져서 우울증과 불안 장애의 예방에 도움이 되기 때문이다. 효과적인 운동은 일주일에 세 번씩 30분 이상 8주 이상 운동을 하는 것으로 무엇보다 꾸준한 운동의 실천이 중요하다.

출처 : 회복탄력성. 김주환 저. 위즈덤 하우스. 2011

Level up Mission

❋ 회복탄력성을 높이기 위한 자신만의 구체적인 액션 플랜을 작성해 보자. 이를 팀원들과 공유한 후 새로운 아이디어를 탐구해 보자.

 3. 지속적인 쇄신

1) 지속적인 쇄신의 의미

자기개발을 지속하기 위해서는 개인의 내면만큼 건강관리가 중요하다. 여기서 건강은 신체적 건강만을 의미하는 것이 아니다. 세계보건기구(WHO)가 이야기하고 있는 건강이란 질병이나 손상이 없을 뿐만 아니라 신체적, 정신적, 사회적으로 완전한 안녕의 상태를 의미한다.

개인이 가진 최대 자산인 '자기 자신'을 유지하고 향상시키기 위해서는 단순한 신체적 건강뿐만 아니라 우리의 관계, 지식, 영성과 같은 4가지 측면을 끊임없이 쇄신해야 한다. 네 가지 측면은 반드시 균형있게 쇄신되고 재충전되어야 한다. 어느 한 분야라도 무시되면 이것은 나머지 분야에도 부정적 영향을 미치기 때문이다.

 이야기

목수의 힘든 하루

한 사람이 산에서 나무를 베고 있는 목수를 우연히 만났다.
지나 가는 사람은 나무를 베는 목수에게 물었다.
"무엇을 하고 계십니까?"
"보면 모르오? 이 나무를 베려고 톱질하고 있는 중이요."라고 목수가 말했다.
"매우 지쳐 보이는군요. 얼마나 오랫동안 나무를 베었습니까?" 지나가는 사람이 큰 목소리로 물었다.
목수가 대답했다. "다섯 시간 이상 이 일을 했고. 나는 지쳤소. 무척 힘든 일이오."
"그러면 잠시 시간을 내서 톱날을 가는 것이 어떻습니까? 라고 지나가는 사람이 물었다.
"그게 일을 훨씬 빠르게 할 겁니다."
"내겐 톱날을 갈 시간이 없어요." 그 사람은 단호하게 말했다.
"왜냐하면 나는 톱질하는 데 너무 바쁘기 때문이지요."

2) 지속적인 쇄신의 방법

① 건강

신체적 건강상태를 유지하기 위해 다양한 건강관리 활동을 실천한다. 건강을 관리하는 것은 우리 몸을 효과적으로 돌보는 활동으로 영양가 있는 음식의 섭취부터 충분한 휴식과 긴장이완, 규칙적인 운동 등을 포함한다. 건강관리를 응급처치식으로 임해서는 안된다. 꾸준한 운동을 실천하는 것이 건강을 유지하는 가장 효과적인 방법이다.

꾸준하게 운동을 하게 되면 사람은 주도성이라는 습관을 얻게 된다. 육체적 건강은 개인의 패러다임과 자신감 등의 내적 요소에도 영향을 주게 된다.

건강을 증진하기 위한 대표적 활동은 다음과 같다.

㉠ 충분한 수면을 취하고, 건강과 운동 목표를 설정한다.

㉡ 식단에 야채, 과일, 곡물류, 식이섬유를 조합하고 가급적 많은 물을 마신다.

㉢ 운동을 할 때는 유연성과 근력강화, 심혈과 강화훈련을 포함시킨다.

㉣ 일과 휴식의 균형을 유지한다.

② 지식

지식정보화 시대에 변하는 세상 속에서 끊임없는 성찰과 새로운 지식을 학습해야 한다. 지식을 쇄신하는 새로운 정보를 수용하고 기존의 지식을 성찰하는 것을 포함한다.

지식을 넓히기 위한 대표적 활동은 다음과 같다.

㉠ 일기를 쓴다. 일기를 쓰는 것은 개인의 문제를 해결해 가는 공간이 된다.

㉡ 가급적 많은 책을 읽는다. 독서는 지식을 쌓는 가장 검증된 방법이다.

㉢ 명언을 수집한다. 위대한 사람의 감성은 마음을 자극한다.

㉣ 취미를 개발하고 새로운 배움을 시도한다.

㉤ 평생학습을 실천한다. 새로운 것을 배우고 실천하는 것을 주저하지 않는다.

③ 관계

타인과의 좋은 관계형성은 감정적 만족과 정서적인 안정을 준다. 이것은 서로 연결되

어 있고 우리 삶의 실제적 수행의 결과에도 영향을 준다. 관계를 좋게 하는 활동은 상대적으로 많은 시간을 요구하지 않는다. 일상적인 생활에서 관계를 향상시키기 위한 실천이 가능하기 때문이다.

관계를 다지기 위한 대표적 활동은 다음과 같다.

㉠ 다른 사람과의 우호적인 관계를 꾸준히 관리한다.

㉡ 타인과의 차이점을 가치있게 여기고 함께 시너지를 낼 기회를 모색한다

㉢ 가족간의 유대관계를 쌓고 친구 관계의 폭을 넓힌다.

㉣ 마음을 아프게 한 사람을 용서하는 노력을 한다.

㉤ 타인에 대해 가질 수 있는 자기파괴적 경쟁심리를 버린다.

④ 영성

영적인 충만은 몰입과 집중을 돕고 삶의 깊이를 더해준다. 이것은 자신의 인생에 리더십을 제공하는 역할을 한다. 영적인 부분은 개인이 가진 가치체계의 핵심이자 중심이다. 자아인식과도 밀접하게 연결하며 우리의 수행에 직, 간접적인 영향을 준다. 그러므로 영적인 쇄신을 위해서는 건강관리처럼 시간을 투자해야 한다.

영적 쇄신을 위한 대표적 활동은 다음과 같다.

㉠ 인생의 사명서를 작성하고 우선순위에 따라 삶을 산다.

㉡ 자연을 보고 듣고 즐긴다. 하루와 일상의 소중함을 음미한다.

㉢ 감동적인 문학작품과 영감을 주는 전기를 읽는다.

㉣ 영감과 기분을 복돋아 주는 음악을 듣는다.

㉤ 타인을 위해 봉사한다.

사 례

마더 테레사 효과

1998년 미국 하버드대학교 의과대학에서 흥미로운 연구결과를 발표했다. 시행한 연구에 따르면 '남을 위한 봉사활동을 하거나 선한 일을 보기만 해도 인체의 면역기능이 크게 향상된다'는 것이다.

사람의 침에는 면역항체 'Ig A'가 들어 있는데, 근심이나 긴장상태가 지속되면 침이 말라 이 항체가 줄어들게 된다. 연구를 주관한 교수는 실험 전에 학생들의 'Ig A'를 조사하여 기록한 뒤, 마더 테레사의 일대기를 그린 영화를 보여주고 'Ig A'수치가 어떻게 변화하였는지를 비교 분석했다.

실험결과 'Ig A'수치가 실험 전보다 일제히 50% 높게 나타났고, 이러한 현상은 봉사와 사랑을 베풀며 일생을 보낸 테레사 수녀의 이름을 따서 '마더 테레사 효과'라고 부르게 된 것이다.

이와 함께 직접 남을 돕거나 어울리면서 느끼는 만족감으로 인해 감정적으로 최고조에 이른 기분을 '헬퍼스 하이(Helper's High)'라고 하는데, 의학적으로도 혈압과 콜레스테롤 수치가 낮아지며, 엔돌핀이 정상치의 3배 이상 분비되어 몸과 마음에 활력이 넘치게 된다고 한다.

출처 : 미주한국일보. 2016.10.03

 Level up Mission

위의 사례를 읽고서 느낀 점과 마더 테레사 효과 혹은 헬퍼스 하이(Helper's High)에 대해 본인이 경험한 내용을 정리하고 이를 팀원들과 공유해 보자.

 학습평가 Quiz

1. 다음 중 스트레스의 주요 원인으로 볼 수 없는 것은?

① 업무　　　　　　　　　　　② 대인관계 갈등
③ 수면부족 같은 신체적인 증상　　④ 약물 또는 화학물질에 노출

2. 다음 중 적절한 스트레스 관리방법이 아닌 것은?

① 심한 운동을 통해 근육을 강화시켜 스트레스를 관리한다.
② 자신의 의견을 확실하게 상대방에게 표시한다.
③ 스트레스 상황은 친한 지인과 진솔한 대화를 통해 나눈다.
④ 주변을 깨끗이 정리하는 등 환경의 변화를 준다.

3. 아래 빈칸에 들어갈 단어는 무엇인가?

> (　　　　　　)은/는 원래 제자리로 돌아오는 힘을 의미한다. 심리학에서는 주로 시련이
> 나 고난을 이겨내는 긍정적인 힘이라 표현하며 다른 말로는 크고 작은 역경과 어려움을
> 도약의 발판으로 삼는 긍정적인 힘이라고도 한다.

① 스트레스　　　　　　　　　② 회복탄력성
③ 주도성　　　　　　　　　　④ 리더십

4. 지속적인 쇄신 차원 중에서 아래 활동은 어떤 영역에 해당되는가?

> • 일기를 쓴다.
> • 가급적 많은 책을 읽는다.
> • 명언을 수집한다.
> • 취미를 개발하고 새로운 배움을 시도한다.
> • 평생학습을 실천한다.

① 건강　　　　　　　　　　　② 지식
③ 관계　　　　　　　　　　　④ 영성

5. 다음 중 회복탄력성의 구성요소에 대한 설명 중 빈칸에 단어로 올바른 것은?

> 자기조절능력 = (　　　　) + 충동통제력 + 원인분석력
>
> 대인관계능력 = 소통능력 + (　　　　) + 자아확장력

① 공감능력, 감정조절력　　　　　　② 감정조절력, 공감능력

③ 친화력, 성찰능력　　　　　　　　④ 성찰능력, 친화력

학습내용 요약 Review(오늘의 Key Point)

1. 스트레스(stress)는 라틴어 'stringer'라는 말에서 유래했으며 생체에 가해지는 위협적이거나 도 전적인 외부요인에 대한 신체의 물리적, 정신적인 복합반응이라 할 수 있으며 대개 스트레스는 외부적 자극과 내부적 자극 등 다양한 자극들로 인해 발생한다.

2. 스트레스의 관리 방법으로는 적절한 운동을 통한 신체 이완, 확실한 의사 표시, 주변 친한 지 인과의 대화, 환경의 변화, 적절한 휴식, '할 일 리스트'의 작성, 필요시 전문적인 도움을 받는 것이다.

3. 회복탄력성(resilience)는 원래 제자리로 돌아오는 힘을 의미한다. 심리학에서는 주로 시련이나 고난을 이겨내는 긍정적인 힘이라 표현하며 다른 말로는 크고 작은 역경과 어려움을 도약의 발 판으로 삼는 긍정적인 힘이라고도 한다.

4. 회복탄력성은 자기조절능력과 대인관계능력으로 구성된다. 다시 자기조절능력은 감정조절력, 충동통제력, 원인분석력으로, 대인관계능력은 소통능력, 공감능력, 자아확장력으로 구성된다.

5. 일상에서 회복탄력성을 높이는 방법으로는 긍정의 뇌로 변화시키기, 행복의 기본 수준 높이기, 대표 강점의 발견과 활용하기, 의식적인 습관 만들기 등이 있다.

6. 개인이 가진 최대 자산인 '자기 자신'을 유지하고 향상시키기 위해서는 우리가 가진 건강, 관 계, 지식, 영성 4가지 측면을 끊임없이 쇄신해야 한다. 네 가지 측면은 반드시 균형있게 쇄신되 고 재충전되어야 한다.

 스스로 적어보는 오늘 교육의 메모

경력개발의
이해와 실천

Contents

Learning Objectives

1. 경력과 경력개발의 개념을 설명할 수 있다.
2. 경력개발과 관련한 환경을 설명할 수 있다.
3. 자신에게 맞는 경력개발계획을 수립할 수 있다.

6
Chapter

이야기 속으로

4차 산업혁명과 일자리

1차 기계화, 2차 전기화, 3차 정보화에 이은 새로운 산업혁명이 시작되었다. AI와 로봇, 사물 인터넷(IoT), 빅데이터 등 신기술이 기존 산업과 융합해 새로운 가치를 만들어내거나 생산성을 향상시킨다.

2016년 1월 스위스 다보스에서 열린 WEF에서 의장인 클라우스 슈밥이 처음 언급한 이후 세계적 화두로 떠올랐다. 당시 슈밥은 "우리의 삶을 송두리째 바꿀 4차 산업혁명이 다가오고 있다"며 "그 속도가 기존 혁명과 비교할 수 없을 만큼 빠르고 광범위하게 일어나고 있다"고 말했다.

4차 산업혁명의 시초는 독일에서 시작되었다고 해도 과언이 아니다. 독일의 사례를 보면 4차 산업혁명이 얼마나 중요한지 좀 더 쉽게 이해할 수 있다. 슈밥은 독일이 2011년부터 추진해 온 제조업 혁신 정책, 이른바 '인더스트리 4.0'을 토대로 4차 산업혁명의 도래를 직감했다고 말했다. 인더스트리 4.0은 쉽게 말하면 완전 자동화된 생산시스템, 곧 '스마트 공장'의 확산이라고 할 수 있다. 독일 안스바흐에 위치한 아디다스 스마트 공장이 대표적 사례다. 2016년에 문을 연 이 공장에서는 연간 50만 켤레의 신발을 생산하는데, 직원은 단 열명뿐이다. 기존 제조 공정에 로봇, IoT를 접목해 600여 명이 담당했던 노동력을 대체한 것이다. 또 종이가 아닌 물건을 인쇄하는 개념인 3D프린팅 기술을 통해 일괄적인 대량생산이 아닌 맞춤형 소량 생산도 가능한 시대가 되었다.

아마존에는 AI를 연구하는 인력이 1000명 가량 된다. 손정의 소프트뱅크 사장은 지난 10월 사우디와 공동으로 1000억 달러(약 116조 8400억)의 펀드를 조성, IoT, AI, 로봇등과 관련된 분야에 투자하겠다고 발표했다. 4차 산업혁명이 가져올 변화는 우리의 삶의 질을 높여주게 될 것이다. 또한 새로운 일자리의 변화를 초래할 것이다. 슈밥의 이야기처럼 우리들의 삶에 근본적인 변화를 일으킬 것이다.

4차 산업혁명과 AI, 빅데이터, 로봇 기술의 발달이 인간의 일과 경력개발에 영향을 미칠 것을 의심할 사람은 없다. 우리는 이미 변화의 영향권이 현실 앞에 놓여있거나 혹은 변화의 중심 속에서 살고 있다. 6장에서는 새로운 시대의 경력개발에 대한 이해와 올바른 경력개발을 위한 실천방안을 학습한다.

1. 아래 빈칸에 해당하는 말은 무엇인가?

> (   )은/는 개인이 평생을 걸친 일이나 직무와 관련한 경험으로 개인의 직업적 발달과 과정을 가르키는 포괄적인 용어이다. 경력은 개인이 집중하고 몰입하는 대상이 되는 특정하고 전문적인 영역 또는 직종을 의미하면서 동시에 한 개인이 직업과 직장생활을 하면서 경험하게 되는 동일하거나 비슷한 일의 경험, 일에 대한 전문성 혹은 오랜 시간 수행해 온 일의 과정까지 포괄하는 개념이다.

① 직업   ② 경력
③ 자기개발   ④ 성공

2. 경력개발의 환경 중 고용변동의 요인에 해당하지 않는 것은?

① 인구구조 및 노동인구 변화
② 대,내외 경제 상황 변화
③ 가치관과 라이프스타일의 변화
④ 경력에 대한 인식 변화

3. 현재 취업 시장의 주요 이슈에 해당하지 않는 것은?

① 관련 자격증 보유 및 고스펙 추구
② 블라인드 채용
③ 직무능력과 직무적합성 강조
④ 경력직 선호

1. 경력과 경력개발

1) 경력의 개념

경력(經歷)은 개인이 평생을 걸친 일이나 직무와 관련한 경험으로 개인의 직업적 발달과 과정을 가르키는 포괄적인 용어이다. 경력은 개인이 집중하고 몰입하는 대상이 되는 특정하고 전문적인 영역 또는 직종을 의미하면서 동시에 한 개인이 직업과 직장생활 동안 경험하게 되는 동일하거나 비슷한 일의 경험, 일에 대한 전문성 혹은 오랜 시간 수행해 온 일의 과정까지 포괄하는 개념이다.

경력의 개념을 구체적으로 살펴보면 다음과 같다.

① 직업생활의 방향과 경로

경력으로 쓰이는 'career'의 어원은 달리기와 경로, 전차, 길, 경주로 등의 명사에서 파생되어 '마상 경기로 돌진하다.'라는 뜻을 가진 동사로도 사용되고 있다. career의 어원은 직업생활의 방향과 경로라는 개념까지 발전하게 되어 사용되고 있다. 경로는 즉 '일과 관련한 길을 가다 혹은 달리다.'라고 볼 수 있다.

② 직무와 관련한 경험

그린하우스(Greenhaus)는 경력을 직무와 관련된 일정한 경험으로 표현했는데 예를 들면 직급, 직무에서 해야 할 의무, 직무와 관련한 상황에서 자신의 주관적 해석과 개인의 일에 대한 일정한 활동의 패턴으로 봤다. 여기서 경력은 단순히 일 자체를 말하기보다는 직장 생활을 하면서 얻게 되는 태도나 행동을 의미한다.

③ 전문적인 업무

경력은 보편적이고 일반적으로 개념이 아닌 전문직만이 가지고 있는 특별한 업무수행 능력을 말할 때 활용된다. 대표적인 표현이 전문직에 종사하는 여성을 일컫을 때 커리어 우먼이라고 부르는 경우가 여기에 해당된다. 그러나 일반적인 경력의 개념은 보다 보편적 의미로 통용되고 있다.

경력에 대한 학자들의 정의를 보면 슈퍼(Super)는 자신의 저서에서 개인은 일생동안 자신의 경력과 관련하여 발생하는 문제들을 조정하는 경험을 갖게 되며, 이 과정을 통하여 개인이 일생을 경험하게 되는 역할들의 순차적인 조합을 경력이라고 했다. 또한 마렌(Van Maren)은 경력을 직무 활동의 과정에서 책임수준의 증가, 승진에 따른 영향력의 증대, 보수의 증가현상 등이 적절하게 연속되는 역할과 경험의 변화과정으로부터 형성되어지는 조직화 과정이라고 정의했고, 플리포(Flippo)는 경력을 상이하면서도 연관성이 있는 부분적인 직무활동의 연속이라고 할 수 있고, 이는 지속성과 질서, 개인적인 생애에 의미를 부여할 수 있는 것과 관련된 근로활동이라고 정의하고 있다.

[표 6-1] 경력과 관련된 용어들

구분	개념
과업(task)	독립된 목적으로 수행되는 하나의 명확한 작업활동
직위(position)	같은 직장에 다니는 다른 사람과의 관계, 특히 지위에 따른 업무 차이를 고려한 직업 개념
직업(work)	학업을 마친 후 은퇴 시점까지의 활동, 일을 의미
일(job)	work의 한 부분. 정기적으로 보수를 받는 일, 직장, 일자리. 구체적인 일자리에서 특정 기간 동안 근무 하는 것
업무(occupation)	일정 시간 종사하는 일. 공통의 특성을 갖는 모든 특정 직업의 총체
천직(vocation)	개인의 맞춤에 강조를 둔 개념으로 헌신을 요구하는 직업
전문직(profession)	오랜 시간의 교육과 특별한 훈련을 요하는 직업

2) 경력개발의 이해

경력개발은 일과 관련한 직업적 또는 전문적 역량과 지식을 개발시키기 위해 개인이 의지를 갖고 체계적인 노력을 하는 것을 말한다. 이것은 자신과 자신이 속한 상황을 인식

하고 분석하여 여기에 맞는 적합한 경력 관련 목표를 설정하는 과정으로서의 경력계획과 이것을 준비하고 수행하며 결과를 피드백하는 경력관리로 구성된다.

경력개발 = 경력계획 + 경력관리

일반적으로 경력개발의 1차적 주체는 개인이지만 조직과 기관에 소속된 경우 인적자원개발(HRD: Human Resource Development)관점에서 경력개발은 기업이 목표를 달성하는데 필요한 능력개발을 촉진하는 과정에 초점이 맞춰진다. 개인이 조직 내에서 경력을 개발할 때는 조직과 고용주 혹은 전문가로부터 경력개발과 관련한 도움을 구하기도 받기도 한다. 그러나 포괄적 측면에서는 경력개발은 조직과 고용주와의 관계 이전에 개인의 경력 자체에 초점이 맞춰져 이뤄진다. 즉 조직 내에서 업무와 관련한 역량을 키워 조직의 성과에 기여하고, 승진 후 다음 단계로 가는 것도 경력개발이지만 그러한 일이 진행되는 사전과정과 방향성에 대한 부분도 경력개발에 포함시켜 함께 살펴볼 필요가 있다.

Level up Mission

🐾 나의 일과 관련한 경력을 기록하여 정리하고, 이를 팀원들과 공유해 보자

지금까지 내가 경험한 아르바이트는 무엇인가?	
내가 경험한 인턴 활동은 무엇인가?	
내가 관심있는 인턴 활동은 무엇인가?	

2. 경력개발 환경의 이해

1) 인구구조 및 노동변동의 요인 분석

① 인구구조 및 노동인구 변화

우리나라의 인구는 2031년 5,295천만명을 정점으로 한 후 감소할 것으로 예상되고 있다. 우리나라의 인구구조 변화의 특징은 낮은 출산율과 학령인구의 감소, 고령화에 따른 노인인구의 증가, 1인 가구의 증가로 볼 수 있다. 또한 최근에 지속되고 있는 저출산의 영향은 2017년부터 생산기능인구(15~64세)의 감소로 연결되고 있다.

이와 같은 인구구조 및 노동인구의 변화는 고령자의 취업과 여성의 경제활동, 재외 동포를 포함한 외국인 노동자의 국내유입 증가와 근로조건이 열악한 직종을 중심으로 한 구인난으로 나타나고 있다.

② 대내외 경제 상황 변화

대내외 경제 상황의 변화는 국내 산업전망은 물론 직장인의 일자리에도 직접적으로 영향을 미치게 된다. 일반적으로 국내외 경기가 좋아지면 기업들의 경영 실적이 개선되고 일자리가 증가한다. 그러므로 대내외 경제 상황을 분석하고 전망하는 것이 중요하지만 이는 불확실성이 크기 때문에 단기간의 경기에 대한 전망을 고용 전망에 대입하는 것에는 한계를 가진다.

다만 최근의 대내외 경제 상황에서 몇 가지 키워드를 꼽자면 국내 경제의 저성장 진입, 중국 경제의 꾸준한 성장, 저임금의 중국과 첨단기술의 일본 사이에 낀 상황, 글로벌 경기의 침체 및 글로벌 경쟁의 심화, 새로운 미국 정부의 보호무역주의 강화, 브렉시트 이후의 유럽 경제의 불안, 미중 무역분쟁으로 인한 불확실성, 코로나 19로 인한 경기 침체 등이 존재한다.

③ 기업 경영전략 변화

기업의 경영전략 변화는 고용 및 취업상황에 즉각적인 영향을 보인다. 이러한 영향을 주는 경영전략의 변화로는 생산시설의 해외 이전 또는 국내 유턴현상과 자동화 생산시설

의 확대, 유망 신사업 개발 및 투자의 확대, 유연근무제 확산 등이 포함된다.

④ 산업특성 및 산업구조 변화

우리나라의 산업구조는 수출주도형이다. 최근에 글로벌 경쟁의 심화와 세계 경기의 악화가 지속되면서 수출주력 산업들이 경쟁력을 잃어가고 있다. 조선과 해운, 철강, 석유화학, 건설 등 우리나라의 경제 중심으로 일자리를 창출했던 기존 산업들이 최근에는 고전을 하고 있고 구조조정을 눈앞에 두고 있다.

정부와 산업계는 이러한 제조업 중심의 산업구조를 첨단산업 중심으로 변경하여 경쟁력을 강화하려고 노력했고 이를 위한 지원을 강화해왔다. 이러한 첨단산업 중심으로 산업구조가 변경된다면 새로운 분야에서의 고용창출이 확대될 것으로 예상된다.

⑤ 4차 산업혁명과 과학기술 발전

4차 산업혁명과 과학기술의 발전은 분야에 따라서 시기적 차이가 있겠지만 고용과 직무에 직접적이고 강력한 영향을 줄 것으로 예상된다. 그 예로는 4차 산업혁명 선도 기술직의 고용 증가, 4차 산업혁명으로 핵심인재 중심의 인력재편 가속화, 기계화·자동화로 대체가능한 직업의 고용감소, 고령화·저출산 등으로 의료·복지 직업의 고용증가, 경제성장과 글로벌화에 따른 사업서비스 전문직의 고용증가, 안전의식 강화로 안전 관련 직종의 고용증가, ICT 융합에 따른 직업역량 변화 등을 꼽을 수 있다.

⑥ 기후변화 및 에너지 부족

환경과 에너지 문제는 국내뿐 아니라 국제적 문제지만, 글로벌 상황 변화에 따라 영향을 받기도 할 것이다. 예를 들어 최근 세계 각국은 자동차 배기가스, 환경호르몬 등의 환경 기준에 적합하지 않은 제품은 수입을 금하는 추세이다. 즉 석유 등 에너지 자원은 글로벌 공급과 수요에 따라서 가격 등락이 결정되고, 이것은 다시 조선과 해운 같은 영향권에 있는 산업의 경기 상황과 고용 및 노동 시장에 영향을 미치게 될 것이다.

⑦ 가치관과 라이프스타일의 변화

시대가 변화됨에 따라 가치관과 라이프스타일의 변화는 노동 시장을 포함한 직업세계

전반에 걸쳐 영향을 미칠 것이다. 하지만 삶의 모습 자체를 변화시키기 때문에 그 영향력은 장기적이고 깊은 변화를 초래할 것으로 예상된다. 가치관과 라이프스타일의 변화에 따른 대표적인 예는 건강과 미용에 대한 관심 증가, 생활환경 및 환경보호에 대한 관심 증가, 착한 소비 및 합리적 소비 추구 경향, 혼족 문화 증가, 안전의식 강화, 애견문화 확산, 자신만의 라이프스타일 추구 등이 있다.

 [표 6-2] 경력개발 및 고용변동 요인

	고용시장의 동향	내용
확실성 요인	인구구조 및 노동인구 변화	저출산, 고령화, 1인 가구의 증가, 생산 기능 인구의 감소, 여성의 경제활동 증가, 외국인 근로자 증가
	산업특성 및 산업구조 변화	산업구조의 고도화, 타산업과의 융합 등 산업 육성을 위한 정부의 전략적 지원
	4차 산업혁명과 과학기술 발전	4차 산업혁명에 따른 과학기술의 발전(로봇화, 자동화, IoT, 자율주행, AI, 빅데이터 등)
	기후변화 및 에너지 부족	환경요인(환경오염, 기후변화, 자연재해 등)과 에너지자원 요인(자원고갈, 국가 간 자원경쟁 등)으로 인한 규제 강화, 산업육성
	가치관과 라이프스타일의 변화	사회의 복잡화, 개인화, 생활수준의 질 향상 등으로 새로운 산업수요 증가
불확실성 요인	대내외 경제 상황 변화	세계 및 국내 경기 전망
	기업 경영전략 변화	기업의 생산시설의 해외이전 또는 국내 유턴, 기업의 인수합병
	정부 정책 및 법, 제도 변화	각종 규제 완화, 신직업 육성 및 자격제도 신설, 다양한 정책의 적용

⑧ 정부 정책 및 법, 제도 변화

중앙 정부나 지방자치단체에서 추진 중인 다양한 정책이나 법률, 제도가 일자리 전망에 영향을 줄 것으로 보인다. 대표적 예로 최근의 청년 실업 대책이나 지원 제도가 여기에 속한다. 그 외 신성장동력 산업육성 정책, 문화육성 정책, 사회복지 정책, 교육 정책, 고용 정책, 부동산 정책 등을 대표적인 예로 꼽을 수 있다.

출처 : 2017 한국직업전망. 한국고용정보원. 2017

 Level up Mission

🦊 고용변동 요인으로 인해 변화될 취업과 일자리, 경력개발과 관련하여 자신의 개인적 생각을 정리하고, 이를 팀원들과 공유해 보자.

> 🐭 고용변동으로 인한 일자리 전망 :

2) 취업 시장의 이슈

① 직무능력과 직무적합성 강조

기업이 요구하는 인재상이 바뀌고 있다. 기업들은 무한경쟁시대로 접어들었다. 기업이 치열한 경쟁 속에서 살아남기 위해서는 경쟁사보다 부가가치가 높은 새로운 것을 창조하거나 당면 문제를 효율적으로 해결할 수 있는 인재를 뽑아야 한다. 개인이 경쟁력을 갖췄다는 것은 해당 직무를 가장 잘 수행할 수 있는 직무능력과 직무적합성을 갖춘 사람, 즉 전문지식과 해당 분야에 대한 다양한 경험이 있는 사람을 의미한다. 단순한 스펙이 아닌 해당 직무에 적합한 능력을 가지고 있는가는 취업 시장에서 중요한 이슈가 되고 있다. 더하여 직무에서 요구하는 적합한 능력뿐 아니라 사회인으로서 갖춰야 할 기초적인 능력을 갖추는 것이 채용 단계에서 중요시 되고 있다.

② 블라인드 채용

입사지원서나 면접 등 채용 과정에서 지원자의 출신 지역이나 신체 조건, 가족관계, 학력 등 편견이 개입될 수 있는 정보를 요구하지 않고 대신 직무수행에 필요한 지식과 기술 등을 평가하는 데 초점을 맞춘 채용 방식에 대한 선호가 늘어나고 있다. 이와 같은 추세를 반영하듯 정부는 2015년부터 공공기관 국가직무능력표준(NCS)에 바탕을 둔 채용제도를 도입하면서 이력서 등에 출신지와 출신 대학, 신체적 특징 등 차별적 요소로 작용할 수 정보를 전형과정에서 배제하도록 권고한 바가 있다.

2017년 7월에는 평등한 기회, 공정한 과정을 위한 블라인드 채용 추진방안을 발표하면서 7월부터는 322개 공공기관 전체가 블라인드 채용 전면 시행에 들어간 데 이어 8월부터는 149개 지방 공기업에서도 블라인드 채용이 실시됐다. 이로 인해 학력 및 사진 부탁 금지 등은 권고가 아닌 의무사항이 되었으며 공공기관 뿐 아니라 일반 기업에서도 블라인드 채용의 도입이 늘어나고 있는 추세이다.

③ 경력직 선호

기업들의 채용관행도 변화고 있다. 과거에는 신입사원 위주의 공개 채용 방식에서 이제는 바로 실무에 투입할 수 있는 경력사원을 수시로 채용하고 있다. 신입사원 재교육 기간 및 비용이 평균 19.5개월, 약 6천만원이 발생한다. 즉 신입사원은 시간과 비용을 들여 훈련을 시켜야만 업무효율을 기대할 수 있기 때문에 단기성과를 기대하기 어렵다. 또한 기업간 수평적 이동에 대한 거부감이 줄어들고 역량에 따라 자유롭게 이동할 수 있는 분위기가 확산되면서 경력직 선호와 이에 따른 이동은 더욱 늘어날 전망이다.

 사 례

대세는 블라인드 채용. 실력으로 승부한다.

2017년 하반기 채용에는 332개 공공기관을 시작으로 본격적인 '블라인드 채용'이 실시된다. '블라인드 채용'은 이력서 등에서 편견이 개입될 수 출신지, 학력 등의 항목을 요구하지 않는 것으로 이에 따라 입사지원서에 출신 지역, 신체조건, 학력, 사진을 기재하고 부착하는 것이 금지된다.

블라인드 채용은 면접과 학력, 출신지, 외모 등 '직무와 무관한 요인에 의한 차별 방지와 공정사회 구현'이라는 시행취지에 맞게 향후 제도적, 행정적 측면에서 지속적으로 보완해 나갈 방침이다. 이는 차후 민간기업으로도 점차 확대될 예정이며, 앞으로는 스펙보다 지원자의 실력이 취업에 가장 큰 영향을 미칠 것임을 예견하고 있다.

최근에는 이처럼 직무능력과 실력만으로 검증하는 블라인드 채용에 대해 구직자와 기업 모두 긍정적인 반응을 보이는 추세다.

실제로 취업포털 사람인이 구직자 336명을 대상으로 블라인드 채용에 대해 조사한 결과, 77.4%가 긍정적인 반응을 보인 것으로 나타났다. 그 중 '스펙에 의한 선입견 배제'가 58.1%로 가장 높았으며 '실무에 필요한 역량에 집중할 수 있다.'가 53.1%로 그 뒤를 이었다. 또 취업포털 잡코리아가 기업 인사담당자 418명을 대상으로 한 설문조사에서도 81%가 블라인드 채용 도입을 찬성한다는 반응을 보였다.

이러한 취업 트렌드에 발맞추기 위해 취업준비생은 하반기 채용에 있어 여기저기 이력서는 넣는 문어발식 지원이 아닌 타인과 차별화되고 자신이 지원하는 기업의 구성원으로서 적임자임을 증명할 수 있는 전략의 필요성이 강화되었다.

이에 하반기 공채를 앞두고 취업을 앞둔 예비 졸업생들의 발걸음은 대학 내 취업센터로 향하고 있는 모습이다. 이하 중략

출처 : 아시아경제신문. 2017.08.24.

3. 경력개발의 방법

효과적인 경력개발을 위해서는 경력개발에 사용되는 모델을 알 필요가 있다. 개인 차원의 경력개발모델 중 대표적인 모델은 그린하우스(Greenhaus), 칼라난(Callanan), 고드샥 (Godshak)의 경력관리 모델이 있다. 일반적인 조직 내에서의 경력개발은 조직적 측면과 개인적 측면이 함께 어울러 영향을 미치지만 이것은 조직적 측면보다 개인적 측면에서의 경력개발 방법을 제시하고 있다.

1) 경력개발 방법의 순서

① 경력탐색(Career Exploration)

자기 자신과 환경에 관한 정보 수집 단계이다. 경력개발을 위해서 자신이 하고 있거나 하고자 하는 직무의 경력경로에 대한 탐색을 해야 한다. 이 과정에서 자기와 비슷한 분야에 있는 롤모델을 찾는 것은 경력탐색에 중요한 의미를 갖는다.

경력탐색은 가능한 직업 관련 정보, 환경적 측면의 유용한 조직 관련 정보, 기술, 가치, 선호에 대한 정보를 탐색한다. 또한 직무에 있어서 수행에 필요한 주요 업무의 수준과 필요역량, 요구되는 지식, 기술, 태도, 업무 환경 및 실제 직무에 대한 만족도까지 관련된 다양한 정보를 수집해야 한다.

② 자신과 환경인식(Awareness of self and environment)

성공적인 경력탐색은 환경에 대한 기회와 제약을 이해하는 것이 중요하다. 경력개발은 개인의 주도성을 기반으로 한 자아인식으로부터 출발한다. 개인과 환경에 대한 자각은 경력목표를 세우는 데 기본적인 판단과 결정의 기초를 주며, 현실적이고 장기적 관점에서도 경력개발 계획을 세울 수 있도록 근간을 마련해준다.

자신 및 환경에 대한 자각을 위해서는 다양한 방법을 적용할 수 있다. 특히 자기에 대한 분석은 검증된 심리검사 도구를 활용하는 것과 환경에 대한 분석에 있어서는 기업에서

발행하는 경영보고서와 특정 직무와 직업에 대한 설명자료, 홈페이지의 자료실, 기타 직무 관련 커뮤니티의 자료 등을 참고하여 분석할 수 있다.

③ 경력목표 설정(Goal setting)

경력목표는 개인이 획득하고자 하는 의사결정 결과를 의미한다. 확장된 경력목표는 자신, 환경에 대한 인식에 기초할 때, 현실적인 목표가 된다. 경력목표는 자아인식과 자각을 바탕으로 구체적으로 수립한다. 자신이 기대하는 직무와 해당 직무를 수행하는 과정에서 어떤 경력경로로 갈 것인지도 스스로 설정한다.

이러한 과정에서 요구되는 직무역량과 지식, 기술을 어떻게 갖추고 개발할지 확인하고 이를 위한 경력목표를 세우는 것이 필요하다. 경력목표의 기간은 장기(5~7년), 단기(2~3년)를 수립하는 것이 필요하지만 기간이 명확하게 구분된 것은 아니다. 다만 경력목표를 수립할 때에는 아래 사항들을 주의해야 한다.

㉠ 개인의 생애에 걸친 목표와 경력에 대한 요구를 생각하고 목표를 세운다.

㉡ 경력목표를 성취했을 때 받을 수 있는 자기보상 내용과 이익을 명시한다.

㉢ 목표 성취를 세우는 데 있어 영향을 주는 여러 요인을 파악하고 이를 목표 수립에 반영한다.

㉣ 계획한 목표가 달성되지 못할 때를 대비한 대안 경력목표도 함께 생각해 본다.

④ 경력개발 전략 개발(Strategy development)

경력 전략이란 경력 목표 달성을 위한 행동 계획이자, 전략 수행 계획표와 수행된 행동을 포함한다. 즉, 경력개발 전략은 경력목표를 이루기 위한 행동 계획을 말한다. 전략을 세울때는 행동이 중심이 되야 하고, 목표 달성을 위해 구체적인 내용을 포함한 경력개발 전략을 개발하는 것이 중요하다.

경력개발 전략에는 개인의 직무와 관련한 역량을 향상하거나 이를 위한 교육 프로그램의 참가가 있다. 구체적인 방법으로는 관련 지식 확보와 기술을 개발하기 위해 대학원과 같은 상급학교로의 진학, 개인 멘토와의 연결, 다른 직장으로의 이직, 외부 교육 수강, 관련 인적네트워크의 구축 등을 꼽을 수 있다. 이 중에서 가장 중요한 것은 바로 직무수행능력의 향상일 것이다. 직무수행능력 향상은 현재의 직무뿐 아니라 변화될 미래의 직무에도 도움이 될 수 있도록 개발하는 것이 필요하다. 더불어 직업기초능력을 어떻게 향상시킬지에 대한 전략도 함께 고민해야 한다. 개인적 측면이 강조되더라도 경력개발 전략은 조직의 인력개발 계획과 시스템을 고려하는 것이 필요하다.

⑤ 전략 이행(Strategy implementation)

전략 이행은 경력개발 전략을 실천하는 것이다. 개인이 개발하고 있는 전략의 수행과 관련한 시기이다. 이 때 중요한 것은 명확한 계획의 행동보다 실제적 전략의 추구가 목표 도달 가능성을 증가 시킨다.

이 시기에는 경력목표와 전략 수립 때에 정한 경력개발 방향과 단계에 따라 전략을 실행하는 것이 무엇보다 중요하다. 전략을 실행할 때는 끊임없이 경력목표가 적합한지, 달성 가능한지에 대한 현실성을 점검해야 한다. 잘못 설정된 경력목표는 수정해야 하고, 발달 및 환경의 변화에 따른 개인의 가치관 변화를 반영하여 구체적이고 명확한 목표를 세우거나 필요시 목표 자체를 수정할 수 있다.

⑥ 목표를 향한 과정(Progress toward the goal)

목표를 향한 과정은 곧 개인이 경력목표에 다가가기 위한 범위이다. 관련하여 개인은 자신에게 접합한 범위를 설정하는 것이 필요하다. 또한 성과를 향한 결과만 중시하다보면 과정을 놓치는 경우가 발생하지만 과정을 함께 인식하는 것이 필요하다.

이 단계는 개인이 경력목표에 가까이 다가간 단계이다. 일반적으로 추구하는 계획을 가지고 있다면 희망하는 위치에 도달하는 것이 수월하다. 경력목표를 성취하기 위해서는 무엇보다 실행이 필요한데 스스로를 끊임없이 갈고 닦아야 한다.

⑦ 작업 및 비작업 자원으로부터 피드백(Feedback from work and nonwork sources)

경력목표 전략의 실행과 관련한 다양한 영역(실적, 개인진단, 다면평가-동료와 상사평가)과 관련되지 않은 영역(가족, 친구, 가까운 지인 등)으로부터 개인의 경력목표 달성의 수행에 대한 피드백을 통해 목표를 향한 가치있는 정보를 획득하는 것이 중요하다. 피드백은 효과적인 경력개발을 위한 주요한 도구가 된다.

⑧ 경력평정(Career appraisal)

경력평정, 곧 평가는 경력목표를 향한 과정에서의 피드백과 정보가 된다. 경력개발 과정에서 얻게 되는 교육이수 내역과 같은 산출물과 승진과 이직 같은 경력개발 결과, 일을 포함한 다양한 영역에서 받은 피드백을 바탕으로 스스로 경력개발을 평가한다. 이와 같은 평가는 경력탐색 단계부터 반복적으로 수행하여 개인의 경력개발을 지속해 나간다. 또한 경력탐색의 새로운 과제부여를 통해 경력 관리 과정은 일련의 다른 활동으로 이어지게 된다.

2) 경력 포트폴리오

① 경력 포트폴리오의 개념

경력 포트폴리오(portfolio)는 개인의 실력과 역량을 보여줄 수 있는 작품이나 관련 내용 등을 집약한 자료 수집철 또는 작품집을 말한다. 포트폴리오는 문자적으로 보면 서류가방, 자료수집철, 자료묶음 등을 의미하지만 실제로는 개인의 이력이나 경력 또는 실력 등을 보여줄 수 있도록 자신이 과거에 만든 작품이나 관련 내용 등을 모아 놓은 자료철 또는 실기와 관련된 경력증명의 자료 묶음을 뜻한다.

예전에는 바인더, 클리어파일, 스크랩북 등을 이용했는데, 정보통신 기술의 발달로 컴퓨터 파일 등을 이용하는 경향이 늘고 있다. 자신의 실력을 남에게 보여주기 위한 자료철이기 때문에 자신의 독창성과 능력을 한눈에 알아볼 수 있도록 간단 명료하게 만드는 것이 좋다.

② 경력 포트폴리오의 중요성

2015년 취업 포털사이트에서 인사담당자를 163명을 대상으로 조사한 바에 따르면 '포트폴리오가 채용에 미치는 영향이 있는가?' 라는 설문에 90.8%가 채용에 영향을 미친다고 응답했다. 이와 같이 채용에 있어서 제대로 된 포트폴리오를 가지고 있다는 것은 취업에 유리한 위치를 점하게 된다는 것을 의미한다.

마케팅에서 주로 사용하는 표현으로 자기의 제품이나 브랜드의 위치를 만드는 것을 포지서닝(positioning)이라고 한다. 개인의 포지셔닝은 자신의 정체성과 차별점을 드러내는데 필수적이다. 개인이 포지셔닝을 잘하기 위해서는 자신만의 경력 포트폴리오를 만드는 것이 필수적이다. 경력 포트폴리오는 과거의 경험과 경력에 대한 수집과 정리를 통해 자신의 역량을 보여주는 도구이기 때문이다.

최근 취업에서 강조되는 것은 직무적합성이다. 기업에서는 단순한 스펙을 넘어 '직무에 적합한 사람인가?', '적합한 역량을 가지고 있는가?'를 중시하는 추세이다. 채용의 단계에서 개인의 경력이 담긴 경력 포트폴리오 작성을 통해 자신이 가지고 있는 직무적합성을 보여줄 수 있다. 경력 포트폴리오는 개인의 숨은 역량과 직무적합성을 보여줄 수 있는 도구가 된다.

③ 경력 포트폴리오 작성 방법

경력 포트폴리오를 구성하는데 중요한 것은 전략적으로 작성을 해야 한다는 점이다. 기본적으로 포트폴리오는 개인이 관심을 갖고 희망하는 업종과 관련이 있어야 한다. 예를 들어 스펙을 위해 모든 공모전을 지원하고 준비하는 것 보다는 본인이 관심있는 분야에 대한 조사와 준비를 바탕으로 지원하는 것이 도움이 된다. 커뮤니티 활동이나 아르바이트 활동도 직무와의 연관성을 고려하면 이력서의 경쟁력을 상승시키는 효과를 낼 수 있다. 이 외에도 자격증을 취득하거나 해외 연수 및 활동, 다양한 외부 활동에도 희망하는 직무나 업종과 관련이 있는가를 판단하고 지원하는 것이 필요하다.

경력 포트폴리오 작성의 3W

WHO : 누구에게 보여 줄 것인가? 누가 평가하는가?

WHY : 왜 보여 주는가? 작성의 이유는 무엇인가?

WHAT : 무엇을 보여줄 것인가? 무엇으로 채울 것인가?

경력 포트폴리오의 구성요성으로는 개인적 성향(장. 단점. 성격 등)과 관련 직업에 대한 지식, 경험(아르바이트. 동아리 활동 경험), 요구 기술과 역량, 과거에 이룬 성과 등을 포함시켜야 한

다. 경력 포트폴리오를 만드는 구체적인 방법은 다음과 같다.

㉠ 포트폴리오 작성을 시작하라.

경력 포트폴리오 작성은 일단 시작하는 것이 중요하다. 처음부터 완벽한 결과물이 나오는 것은 아니다. 일단 시작하고 나중에 고치고 보완해 나가는 것이 더 효과적이다.

㉡ 내용을 구체화시켜라.

구체화는 곧 차별화다. 같은 경험을 해도 느낌과 상황이 다르다. 특히 개인만이 가진 독특한 경험은 그 과정에서 어떻게 대처했는지 구체적으로 작성하는 것이 중요하다. 미래에 대한 계획을 담은 경력 포트폴리오를 작성할 때도 구체적으로 개인의 강점과 경험을 어떻게 활용할 것인지 작성하는 것이 필요하다.

㉢ 시행착오를 통한 배움을 반영하라.

과거의 경험에 대한 경력 포트폴리오를 작성하다보면 지나온 과정과 경험이 자신의 뜻대로만 되지 않았다는 것을 깨닫게 된다. 우선 과거의 실패에서 배운 교훈과 깨달음을 구체화하는 것이 중요하다.

무엇보다 시행착오를 통해 무엇을 배웠는지를 기록하고 새로운 경력 포트폴리오 내용에 반영하는 것이 필요하다. 사격이나 양궁을 할 때 서서히 과녁의 가운데로 맞춰가듯 다양한 경험과 계획을 통해 개인경력 목표의 중앙에 이룰 수 있도록 노력해야 한다.

㉣ 효과적으로 포장하라.

개인적 경력 포트폴리오가 아닌 경력 증명을 위한 포트폴리오라면 내용만큼이나 포장이 중요하다. 매력있는 타이틀을 쓴다는 것은 개인의 결과물을 더욱 가치있게 만드는 전략이다. 같은 타이틀이라면 상투적인 표현보다는 보는 사람에게 호기심을 일으킬 수 있는 방식이 좋다.

Level up Mission

☏ 자신만의 경력개발 계획을 세워 보고 정리한 후 이를 팀원들과 공유해 보자.

경력탐색	관심 있는 경력(기업 중심으로)에 대한 정보 수집
환경인식	자신의 이력 및 자격증, 경력사항 정리
경력목표 설정	이루고 싶은 경력목표 설정(단기, 장기)
경력개발 전략	경력목표 달성을 위한 구체적인 행동 계획 설정
기타	

학습평가 Quiz

1. 개인이 평생을 걸친 일이나 직무와 관련한 경험으로 개인의 직업적 발달과 과정을 가르키는 포괄적인 용어를 무엇이라 하는가?

　① 직업　　　　　　　　　　② 진로
　③ 경력　　　　　　　　　　④ 일

2. 경력과 관련된 용어로 내용을 맞게 연결하시오.

　과업(task)　　　•　　　•　일정 시간 종사하는 일. 공통의 특성을 갖는 모든 특정 직업의 총체

　직업(work)　　　•　　　•　work의 한 부분. 정기적으로 보수를 받는 일, 직장, 일자리. 구체적인 일자리에서 특정 기간 동안 근무하는 것

　일(job)　　　　•　　　•　학업을 마친 후 은퇴 시점까지의 활동, 일을 의미

　업무(occupation)　•　　　•　같은 직장에 다니는 다른 사람과의 관계 특히 지위에 따른 업무 차이를 고려한 직업 개념

　직위(position)　　•　　　•　독립된 목적으로 수행되는 하나의 명확한 작업 활동

3. 아래 보기 중 경력개발 및 고용변동의 요인으로 볼 수 있는 것을 모두 고르시오.

> 〈보기〉
> 가. 인구구조 및 노동인구 변화
> 나. 대내외 경제 상황 변화
> 다. 기업 경영전략 변화
> 라. 4차 산업혁명과 과학기술 발전
> 마. 가치관과 라이프스타일의 변화

　① 가, 나, 다　　　　　　　② 가, 다, 마
　③ 가, 나, 다, 마　　　　　④ 가, 나, 다, 라, 마

4. 아래 내용은 고용변동의 요인 중 어디에 해당되는가?

> • 글로벌 경기의 침체
> • 보호무역주의 정책
> • 글로벌 경쟁의 심화
> • 국내 경제의 저성장과 내수시장의 침체

① 대내외 경제 상황 변화
② 4차 산업혁명과 과학기술 발전
③ 기업 경영전략 변화
④ 정부 정책 및 법, 제도 변화

5. 아래 빈칸에 적합은 것은 무엇인가?

> (   )은/는 개인의 실력과 역량을 보여줄 수 있는 작품이나 관련 내용 등을 집약한 자료 수집철 또는 작품집을 말한다. 포트폴리오는 문자적으로 보면 서류가방, 자료 수집철, 자료묶음 등을 의미하지만 실제로는 개인의 이력이나 경력 또는 실력 등을 보여줄 수 있도록 자신이 과거에 만든 작품이나 관련 내용 등을 모아 놓은 자료철 또는 실기와 관련된 경력증명의 자료 묶음을 뜻한다.

① 프로틴 경력   ② 경력 포트폴리오
③ 경력 디자인   ④ 경력 닻

학습내용 요약 Review(오늘의 Key Point)

1. 경력(經歷)은 개인이 평생을 걸친 일이나 직무와 관련한 경험으로 개인의 직업적 발달과 과정을 가르키는 포괄적인 용어이다.

2. 경력개발은 일과 관련한 직업적 또는 전문적 역량과 지식을 개발시키기 위해 개인이 의지를 갖고 체계적인 노력을 하는 것으로 경력계획과 경력관리로 구성된다.

3. 경력개발 및 고용변동의 요인으로는 인구구조 및 노동인구 변화, 산업특성 및 사업구조 변화, 대내외 경제 상황 변화, 기업 경영전략 변화, 4차 산업혁명과 과학기술 발전, 기후변화 및 에너지 부족, 가치관과 라이프스타일의 변화, 정부 정책 및 법, 제도 변화 등이 있다.

4. 최근 취업시장의 이슈로는 직무적합성 강조, 블라인드 채용, 경력직 선호 현상이 있다. 스펙보다는 능력중심의 채용 문화가 확산되고 있다.

5. 경력 포트폴리오(portfolio)는 개인의 실력과 역량을 보여줄 수 있는 작품이나 관련 내용 등을 집약한 자료 수집철 또는 작품집을 말한다. 포트폴리오는 문자적으로 보면 서류가방, 자료수집철, 자료묶음 등을 의미하지만 실제로는 개인의 이력이나 경력 또는 실력 등을 보여줄 수 있도록 자신이 과거에 만든 작품이나 관련 내용 등을 모아 놓은 자료철 또는 실기와 관련된 경력증명의 자료 묶음을 뜻한다.

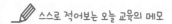 스스로 적어보는 오늘 교육의 메모

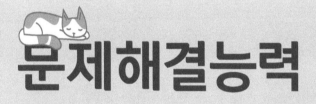

문제해결능력

Contents

PART

2

문제의 정의와
문제해결

Contents

Learning Objectives

1. 문제의 정의를 설명할 수 있다.
2. 문제해결능력을 이해하고 문제의 유형에 따른 특징을 말할 수 있다.
3. 문제의 우선순위를 도출하는 방법을 적용할 수 있다.

7
Chapter

이야기 속으로

2020년 들어 코로나가 전국적으로 확산되면서 하늘빛 어린이집의 운영에도 비상이 걸렸다.

정부의 사회적 거리두기 지침으로 원의 개학이 연기되는 가운데 긴급돌봄과 보육을 문의하는 학부모들의 전화가 빗발치고 있다. 게다가 정상적인 개원이 이루어지지 않다보니 원비 납입도 없는터라 고정비인 월세와 선생님들의 급여, 물품관리 등으로 스트레스가 이만저만이 아니다.

비단 이건 하늘빛 어린이집만의 문제가 아니라 다른 어린이집도 비슷한 상황으로 곤란한 처지에 놓여 운영이 어려운건 마찬가지이다.

출산율 저하로 가뜩이나 입학하는 원생들의 수가 적어 운영비 절감을 위해 기존에 있던 선생님들도 내보내야 할 상황인데 코로나로 앞길이 보이지 않는다.

하늘빛 어린이집은 언제 터질지 모르는 감염확산이라는 불가항력적인 상황과 원생 감소라는 이중고를 겪고 있는데 이러한 어려움 속에서 상황을 타개하고 안정적으로 어린이집을 운영할 수 있는 방법에는 어떤 것이 있을까?

1장에서는 우리의 일상생활에 깊이 파고든 문제에 대한 개괄적인 내용을 학습한다. 문제의 정의와 문제해결능력, 그리고 3가지로 구분되는 문제의 유형과 문제의 우선순위 도출법에 대해 알아본다.

본 챕터를 통해 우리를 둘러싼 문제를 정확하게 이해하고 유형에 따른 접근방법을 찾을 수 있도록 흥미를 갖고 학습에 임해보자.

1. 다음은 무엇에 대한 설명인가?

> 업무를 수행함에 있어서 답을 요구하는 질문이나 의논하여 해결해야 하는 사항을 의미
> 한다. 즉, 해결을 원하지만 실제로 해결해야 하는 방법을 모르는 상태나 얻고자 하는 해
> 답이 있어도 그 해답을 얻는데 필요한 행동을 알지 못하는 상태를 말한다.

① 문제   ② 요구

③ 역량   ④ 목표

2. 다음은 창의적 문제와 분석적 문제에 대한 진술이다. 이 중 창의적 문제에 대한 진술과 분석
   적 문제에 대한 진술을 구분하시오.

   ① 현재의 문제점이나 미래의 문제로 예견되는 문제 탐구로, 문제 자체가 명확함

   ② 분석, 논리, 귀납과 같은 방법을 사용해 해결하는 문제

   ③ 정답의 수가 많으며, 많은 답 가운데 보다 나은 것을 선택

   ④ 객관적, 직관적, 감각적 특징에 의존하는 문제

3. 다음 중 긴급성과 중요성으로 문제의 우선순위를 정할 수 있게 도와주는 도구는?

   ① 지인의 조언   ② 우선순위 매트릭스

   ③ 계획표   ④ To do 리스트

1. 문제 이해하기

1) 문제의 정의

> "문제란 해결해야 하는 과제이다"
>
> '어떻게 하면 성적을 올릴 수 있을까?'
>
> '유치원 원생의 수가 줄고 있다. 무엇이 잘못된 걸까?'
>
> '병원 환자들의 불만이 늘고 있다. 어떻게 해야 할까?'
>
> '매장의 매출이 하락하고 있다. 매출 증대를 위해서 어떤 노력을 해야 할까?

항상 우리 주변에는 다양한 종류의 '문제'가 존재한다. 국가적인 정책이나 사느냐 죽느냐를 논하는 심각한 문제도 있겠지만 '오늘 점심은 뭐로 할까?'와 같은 사소한 문제도 존재한다. 즉, 문제란 해결을 원하지만 실제로 해결해야 하는 방법을 모르는 상태나 얻고자 하는 해답이 있어도 그 해답을 얻는데 필요한 행동을 알지 못하는 상태이다. 이러한 문제들에는 공통적으로 해결책의 수립과 실행이라는 의사결정이 요구된다.

예를 들어, 점심시간이 되어서 메뉴를 고르는 상황이라고 했을 때, 목적은 식사를 함으로써 배고픈 현재 상태를 벗어나 만족스런 포만감을 느끼는 상태로 가는 것을 말한다. 여기에서의 문제는 바라고 있는 포만감을 느끼는 상태와 현재의 배고픈 상태의 차이를 말하며, 가급적이면 비슷한 가격에 선호하는 맛있는 메뉴를 선택해 최선의 상황이 되는 것을 바람직한 문제해결이라고 볼 수 있다.

다음 장의 〈그림 7-1〉에서 보듯이 이상과 현실의 '차이(Gap)'가 바로 문제의 핵심이다.

그림에서 화살표가 위로 올라가면 우리가 원하는 안정적이고 이상적인 상태에 다다를 수 있다. 예를 들어, 학생이라면 "성적 향상", 영업 사원의 경우에는 "매출 실적 상승" 등이 해당할 것이다. 따라서 목표는 이정도면 만족한다는 바람직한 상태를 의미한다.

그런데 '기대수준인 목표'가 멀어져 가고, '현상인 현실의 상태'와의 사이에 '차이'가 생기게 되면 우리는 그 '차이'를 인식하게 되는데, 바로 이 때 사람들은 '문제'를 느끼게 된다. 문제란 이처럼 바로 인식된 '차이'를 말한다.

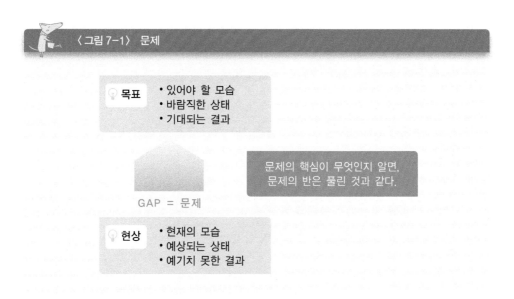

〈그림 7-1〉 문제

그렇다면 현재 내 자신이 가지고 있는 현재의 문제는 최선의 상태와 어떤 차이가 있을까?

☎ 지금 이 순간 내가 가지고 있는 가장 큰 문제를 적어보자.

　　바람직한 내 상태

　　현재의 내 상태

적어 놓고 보니 문제가 제대로 보이는가?

2) 문제를 제대로 알기 위한 3가지 핵심 Key

① 발생한 문제는 '누구'의 문제인가?

병원에서 발생한 진료비 청구서 기록에 오류가 많이 발생하고 있다고 가정해보자.

분명히 문제가 있는데 과연 누구에게 문제가 있는 것일까?

오류를 범하는 업무 담당자에게는 분명히 문제가 있다. 그렇다면 업무 담당자의 문제인가? 만약, 업무 환경이 좋지 않아 불가피한 시스템적 오류가 발생한다면 그런 업무 환경을 그대로 방치한 관리자의 문제가 될 수도 있다. 또한 진료비 청구서를 받은 고객이 조치를 취하지 않았다면 이것을 고객의 문제로 파악 할 수도 있다.

병원 외에도 각종 청구서 기록에 오류가 많고 문제가 있는 상황을 종종 볼 수 있다. 하지만 누가 어떻게 문제를 인식하는가에 따라 문제의 본질이 달라지게 된다.

② '요구되는 상태'는 얼마나 구체적인가?

'요구되는 상태'를 구체적으로 제시한다는 것은 의외로 어렵다.

예를 들어, 어린이집에서 "아이들에게 잘하자" 이것은 기본적인 방침이다. 이것에 대해 요구되는 상태는 "아이들의 질문이나 요청에는 웃으며 밝게 임할 것"과 같이 구체적일 필요가 있다. 이처럼 '요구되는 상태'를 생각하고, 그것을 정확하게 파악하는 습관을 들이는 것만으로도 우리의 생활은 크게 달라질 것이다.

③ '무엇'에 대해 '어떤' 차이가 발생하고 있는가?

어떤 기업에서 고객들의 불만이 증가하고 있는 것을 문제로 고민하고 있다고 가정해보자. 고객의 불만이 없는 것이 '요구되는 상태'이고, '현실 상황'은 서비스에 대한 고객의 불만이 증가하고 있는 상태라면 '차이'가 존재한다고 할 수 있다. 하지만 이것만으로 문제가 정확하게 파악되었다고 할 수는 없다.

서비스에 대한 고객의 불만이 고객 전체에게서 발생하고 있는 것은 아닐까? 그렇다면 어떤 고객들인가? 대상을 분명히 하지 않으면 안 된다. 여성인가? 남성인가? 젊은층인가? 노인층인가? 범위를 더 좁힐 수 있는지 없는지를 처음부터 분명히 해두어야 한다.

그리고 인식되고 있는 '차이'의 불만이란 도대체 무엇인가? 불만에도 여러 가지가 있다. 그렇다면 원인도 여러 가지가 있을 것이고 이에 대한 대책과 해결방안도 각각에 맞게 수립해야 한다. 이렇듯이 '불만'이라는 말로 문제 전체를 파악하기에는 여러 가지 요소가 복합적이기 때문에 문제를 하나하나 나누어 생각하지 않으면 핵심은 분산되어 버린다.

출처 : 문제해결력 트레이닝(나라이 안 지음. 김영철 옮김. 2003) 참고 및 수정

 Level up Mission

문제인식을 통해 나와 학교^(조직) 내에서 발생하는 문제점을 찾아보자.

현재 나에게 발생한 개인적인 (업무상) 문제	우리 과 내에서 발생한 문제 (조직의 문제)
1.	1.
2.	2.
3.	3.

 ## 2. 문제해결능력과 문제의 유형

1) 문제해결능력

문제해결능력이란 직장생활에서 업무수행 중에 발생되는 여러 가지 문제를 창조적, 논리적, 비판적 사고를 통해 그 문제를 올바르게 인식하고 적절하게 해결하는 능력을 말한다.

다시 말해 문제해결이란, 목표와 현상을 분석하고, 도출된 분석결과를 토대로 주요과제를 바람직한 상태나 기대되는 결과가 나타나도록 최적의 해결안을 찾아 실행, 평가해 가는 활동을 의미한다. 이러한 문제해결은 조직과 고객, 그리고 나 자신의 세 가지 측면에서 의미가 있다.

- 조직 : 경쟁사와 대비해 탁월한 우위를 확보하고, 이를 통해 자신이 속한 조직이 관련분야에서 세계 일류 수준을 지향할 수 있도록 하기 위해
- 고객 : 고객이 불편하게 느끼는 점을 찾아 개선하고 이를 통해 고객만족을 높이기 위해
- 자신 : 불필요한 업무를 제거하고 단순화 하여 업무를 효율적으로 처리함으로써 자신을 누구보다 경쟁력 있는 사람으로 만들어가기 위해

이처럼 개인과 조직은 문제해결을 통해 품질과 서비스를 높이고 효율적으로 업무를 추진하여 개인과 조직의 성과를 극대화해 나갈 수 있다.

문제해결을 위해서는 전략적 사고, 분석적 사고, 발상의 전환, 내·외부자원의 활용이 필요하다.

① 전략적 사고

현재 당면하고 있는 문제와 그 해결방법에만 집착하지 말고, 그 문제와 해결방안이 상위 시스템 또는 다른 문제와 어떻게 연결되어 있는지를 생각하는 것이 필요하다.

② 분석적 사고

전체를 각각의 요소로 나누어 요소의 의미를 도출한 다음 우선순위를 부여하고 구체적인 문제해결방법을 실행하는 것이 요구된다. 분석적 사고는 문제가 성과지향, 가설지향, 사실 지향적 세 가지의 경우에 따라 다음과 같이 나누어 해결해볼 수 있다.

- 성과지향의 문제 : 기대하는 결과를 명확히 제시하고 효과적으로 달성하는 방법을 사전에 구상하고 실행에 옮긴다.
- 가설지향의 문제 : 현상 및 원인분석 전에 지식과 경험을 바탕으로 일의 과정이나 결과, 결론을 가정한 다음 검증 후 사실을 경우 다음 단계의 일을 수행한다.
- 사실 지향의 문제 : 일상 업무에서 일어나는 상식, 편견을 타파하여 객관적 사실로부터 사고와 행동을 출발한다.

③ 발상의 전환

기존에 가지고 있는 사물과 세상을 바라보는 인식의 틀을 전환해 새로운 관점에서 바로 보는 사고를 지향한다.

④ 내 ·외부자원의 효과적 활용

문제해결 시 기술, 재료, 방법, 사람 등 필요한 자원의 확보 계획을 수립하고 내·외부 자원을 효과적으로 활용하도록 한다.

다음 각 사례를 읽고 문제해결을 위해 기본적으로 갖추어야 할 사고에 대해 생각해보자.

사 례

사례 1.

전국 여러곳에 체인으로 운영되고 있는 A어린이집은 원아수 부족으로 인해 운영에 있어 위기상황에 처해있다. 이런 상황을 타개하고자 A어린이집은 수서지점을 철수해 비용을 절감하려 하였다. 하지만 A어린이집이 수서지점을 철수한지 얼마 지나지 않아 수서 지역에 SRT고속전철이 들어온다는 발표가 났고, 이후 교통편리성을 높이 평가한 젊은층의 유입이 대거 진행되어 근처의 어린이집은 원아 대기상태에 걸릴정도로 유아인원이 늘어나게 되었다. 결국 A어린이집은 수서지점을 철수한 것이 비용을 절감한 게 아니라 수익을 버린 결과를 초해하게 되었다.

사례 2.

C는 호텔 업체의 신입사원이다. C가 입사한 호텔은 호텔업에서 경쟁업체인 H사보다 고객이용율과 인지도가 떨어지는 호텔이었고, 그 호텔에서 근무하는 사람들은 모두 그러한 현실을 받아들이고 있는 상황이었다. C는 이러한 업계상황을 바꾸기 위해 H 호텔과 자신의 호텔간의 차이를 분석하게 되었다. 그 결과 자신이 근무하는 호텔의 서비스 만족도가 H 호텔보다 떨어진다는 것을 알게 되었고, 상대적으로 H호텔에 비해 자체적인 서비스 교육과 체계적인 시스템이 부족하다는 것을 알게 되었다. C는 요즘은 소비자들이 서비스에 민감하다는 것을 알고 있어서 이러한 결과를 보고서로 제출하였으나 결국 회사 내의 개혁 안건으로 채택되지 못하였다.

사례 3.

척추 전문병원인 N병원은 업계 1위였으나 현재 경쟁업체인 S사에게 그 자리를 빼앗길 위기에 처해있다. N병원에 근무하는 M과장은 업계에 불고 있는 로봇수술 열풍을 감지하고 새로운 기계를 도입해 새로운 시술을 진행해보자는 아이디어를 제시했다. 하지만 병원 측에서는 "로봇 수술을 위한 기계 도입은 돈이 너무 많이 든다", "아직은 기계보다는 사람이 수술하는 것이 낫다"라는 이유로 투자에 미온적인 반응이었다.

사례 4.

외식업을 하고있는 S회사는 마케팅, 서비스, 조리부 등 각 부문의 핵심인력들이 모여 최근에 경험하고 있는 J사의 전투적인 성장세를 따돌리기 위한 회의를 열었다. 마케팅 부서에서는 조리팀의 요리가 진부하다는 지적을 했고, 서비스팀은 높은 가격이 문제라고 말했으며, 조리부는 전체적으로 직원들의 표정이 밝지 않고 서비스의 품질이 떨어진다는 주장을 했다. 결국 이 회의는 회사 내의 내외부적인 자원을 활용하지 못한 채 서로의 문제점만을 지적하고 특별한 해결책을 제시하지 못한 채 끝나고 말았다.

✿ 제시된 사례는 전략적사고, 분석적 사고, 발상의 전환, 내외부자원의 활용 중 어떤 점이 부족해
서 벌어진 경우인지를 구분하고 그 이유를 적어보자.

	부족한 사고	이유
사례 1		
사례 2		
사례 3		
사례 4		

2) 문제의 분류와 문제 유형

① 문제의 분류

일반적으로 문제는 창의적 문제와 분석적 문제로 나뉘며, 이 두 가지 문제는 아래와 같
이 구분된다.

구분	창의적 문제	분석적 문제
문제제시 방법	현재 문제가 없더라도 보다 나은 방법을 찾기 위한 문제 탐구로, 문제 자체가 명확하지 않음.	현재의 문제점이나 미래의 문제로 예견 될 것에 대한 문제 탐구로, 문제 자체가 명확함.
해결 방법	창의력에 의한 많은 아이디어의 작성을 통해 해결	분석, 논리 귀납과 같은 논리적 방법을 통해 결정
해답 수	해답의 수가 많으며, 많은 답 가운데 보다 나은 것을 선택	해답의 수가 적으며, 한정되어 있음.
주요 특징	주관적, 직관적, 감각적, 정성적, 개별적, 특수성	객관적, 논리적, 정량적, 이성적, 일반적, 공통성

일상 생활이나 업무를 추진하는 동안에 문제를 인식한다 하더라도 문제를 해결하려는 의지가 없다면 문제 자체는 아무런 의미가 없다. 그때그때 발생하는 문제를 정확하게 인식하고 문제에 도전하여 해결하는 노력이 동반될 때 개인과 조직의 발전이 있게 된다. 그러므로 문제를 해결하려고 하는 실천적 의지가 무엇보다 중요하다고 볼 수 있다.

② 문제의 유형

문제를 효과적으로 해결하기 위해 문제의 유형을 파악하는 것이 우선시 되어야 한다. 문제의 유형은 그 기준에 따라 다음과 같이 분류 된다.

기능에 따른 문제 유형	제조, 판매, 자금, 인사, 경리, 기술상 문제 등
해결방법에 따른 문제 유형	논리적 문제와 창의적 문제
시간에 따른 문제 유형	과거문제, 현재문제, 미래문제
업무수행 과정 중 발생한 문제 유형	발생형 문제(보이는 문제), 탐색형 문제(찾는 문제), 설정형 문제(미래문제)

일반적으로 문제는 원래의 상태를 회복하고자 하는 유형과 현재 상태보다 개선된 이상적 상태를 추구하는 유형으로 구분할 수 있으며, 기본적으로 아래의 3가지로 크게 구분된다.

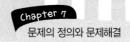

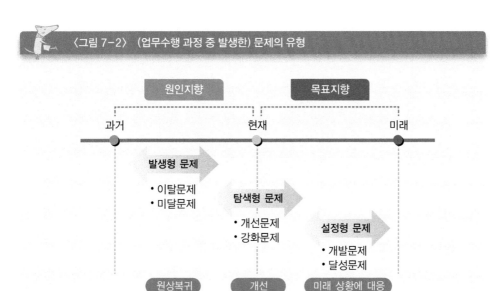

〈그림 7-2〉 (업무수행 과정 중 발생한) 문제의 유형

ㄱ 발생형 문제^(눈에 보이는 문제)

이미 일어난 문제로 우리 눈 앞에 발생되어 당장 걱정하고 해결하기 위해 고민하는 문제를 말한다. 발생형 문제는 어떤 기준을 정함으로써 생기는 일탈문제와 기준에 미달하여 생기는 미달 문제로 대변되며 원상 복귀가 필요하다. 또한 문제의 원인이 내재되어 있기 때문에 원인지향적인 문제라고도 말한다.

사 례

L레스토랑은 국내 매출 3위안에 드는 거대 외식업체이다 하지만 최근 고객들의 방문이 눈에 띄게 줄어들고 매출액 또한 점점 떨어지고 있다. 2019년부터 조금씩 감소하기 시작한 L레스토랑의 매출은 2020년 들어서도 계속 줄어들고 있는 상황이다. 코로나로 인한 불경기이기도 하지만 L레스토랑 본사에서는 고객들의 방문이 줄어드는 이유가 무엇인지 파악하고, 해결책을 마련하기 위해 M과장에게 임무를 주었다. M과장은 현재 L레스토랑과 관련된 모든 분야의 자료를 모아서 분석해 보기로 했고, 경쟁 외식업체의 자료들도 같이 수집해 참고해 보기로 했다.

② 탐색형 문제(찾는 문제)

지금보다 더 잘 해야 하는 문제로 현재의 상황을 개선하거나 효율을 높이기 위한 문제를 말한다. 탐색형 문제는 눈에 보이지 않는 문제로, 문제를 방치하면서 큰 손실이 따르거나 결국 해결할 수 없는 문제로 나타나게 된다. 이러한 탐색형 문제는 잠재문제, 예측문제, 발견문제의 세 가지 형태로 구분된다. 잠재문제는 문제가 잠재되어 있어 보지 못하고 인식하지 못하다가 결국은 문제가 확대되어 해결이 어려운 문제를 의미한다. 이와 같은 문제는 존재하지만 숨어 있기 때문에 조사와 분석을 통해 찾아야 할 필요가 있다

예측문제는 지금 현재로는 문제가 없으나 현 상태의 진행 상황을 예측이라는 방법을 사용해 찾아내 앞으로 일어날 수 있는 문제를 찾아내는 것을 말한다. 발견문제는 현재로서는 담당업무에 아무런 문제가 없지만 유사한 타 기업의 업무방식이나 선진기업의 업무방법 등의 정보를 얻어 보다 좋은 제도나 기법, 기술을 발견해 개선과 향상을 도모할 수 있는 문제를 말한다.

사 례

국내에 위치한 A호텔과 B호텔은 20년 전부터 라이벌 기업으로 항상 경쟁해 오고 있다. 그러나 최근 B호텔은 A호텔에게 다년간 유지해온 업계 1위 자리를 빼앗기고 있는 상황이며 인터넷상에서 이루어지는 고객들의 서비스 평가에서도 조금 뒤쳐진다는 평을 받고 있다. B호텔은 1위 자리를 탈환하기 위해 많은 비용을 들이고 새로운 인력을 투입하고 있지만 A호텔을 따라잡을 수가 없다.

그러던 중 외국의 저가 체인호텔이 국내 시장에 진출하게 되었고, 저렴한 외국 호텔로 인해 B호텔은 더욱더 실적 부진을 겪게 되었다. 하지만 A호텔은 전과 마찬가지로 고객의 이용률과 서비스 만족도가 더욱 올라가고 있는 상황이다.

이런 상황을 이상하게 여긴 B호텔의 경영자는 A호텔이 이와 같이 높은 객실이용률을 기록할 수 있는 이유를 조사해 보았고 상대 호텔을 분석한 결과 A호텔은 외국 저가체인호텔이 들어오기 이전부터 이에 따른 문제를 인식해 국내의 저가체인호텔과 제휴를 통해 공동 마일리지 적립을 시행했고 정가보다 저렴한 가격에 공동마케팅을 시행했다. 또한 저가호텔을 이용하는 주 고객인 젊은층을 위한 차별화된 서비스를 개발해 이에 대한 대책을 마련해 왔다는 것을 알게 되었다.

③ 설정형 문제^(미래문제)

미래상황에 대응하는 장래의 경영전략의 문제로 앞으로 어떻게 할 것인가 하는 문제를 의미한다. 설정형 문제는 지금까지 해오던 것과 전혀 관계없이 미래 지향적으로 새로운 과제 또는 목표를 설정함에 따라 일어나는 문제로서 목표지향적 문제라고 할 수 있다. 따라서 이러한 과제나 목표를 달성하는데 따른 문제해결에는 지금까지 경험한 바가 없기 때문에 많은 창조적인 노력이 요구되는 문제이므로, 설정형 문제를 창조적 문제라고 하기도 한다.

 Level up Mission

 "왜 다를까?"사례를 보면 문제의 유형이 현재 겪고 있는 문제만을 인식하는 기업과, 미래에 발생할지도 모르는 문제도 인식하는 기업에 차이가 있음을 알 수 있다. 문제의 유형은 현재 문제가 일어나 원상복귀가 필요한 보이는 문제, 현재 상황은 문제가 아니지만 더 잘할 필요가 있어 현재 상황을 개선하기 위한 찾는 문제, 장래의 미래 환경 변화에 대응해서 앞으로 발생할 수 있는 미래문제의 세 가지로 구분할 수 있다. 다음에 제시된 각 상황들이 보이는 문제, 찾는 문제 미래문제 중 해당되는 문제에 "O" 표시를 해보고 그 이유를 적어보자.

[상황 A] ○○어린이집의 원장님에게 어린이집 선생님에 대한 학부모들의 클레임이 제기되었다.

[상황 B] ○○호텔의 직원들에게 고객만족도를 5% 올리라는 임무가 떨어졌다.

[상황 C] ○○병원의 마케팅 담당 J에게 중국시장으로 진출하는데 있어서 발생 가능한 문제를 파악하라는 지시가 내려졌다.

[상황 D] ○○호텔은 제주도에 신규 호텔을 지을 때 고려해야 하는 문제들이 무엇인지를 판단해야 하는 상황에 처해 있다.

[상황 E] ○○여행사의 서비스 수준이 자사의 서비스 품질보다 높다는 신문기사가 발표된 후 자사 여행상품의 판매부진이 누적되고 있다.

[상황 F] 유치원 운영에 있어서 자금 흐름이 이대로 두면 문제가 발생할지도 모른다는 판단하에 향후 1년간 어린이집 운영에 있어서 자금 흐름에 대한 예측이 요구되었다.

구분	보이는 문제	찾는 문제	미래문제	이유
상황 A				
상황 B				
상황 C				
상황 D				
상황 E				
상황 F				

 Insight

활동을 통해 현재 직면하고 있는 상황만이 문제가 아니며, 현재 임무를 개선하기 위한 찾는 문제와 앞으로 발생할 수도 있는 미래의 문제도 있으므로, 문제의 유형이 보이는 문제, 찾는 문제, 미래 문제의 3가지로 구분됨을 보여준다.

활동에 제시된 각 상황에 해당하는 문제의 유형과 그 이유는 다음과 같다.

[상황 A] 보이는 문제

[상황 B] 찾는 문제

[상황 C] 미래문제

[상황 D] 보이는 문제

[상황 E] 찾는 문제

[상황 F] 미래문제

상황 A, D는 현재 직면하고 있으면서 바로 해결해야 하는 문제이므로 보이는 문제에 해당한다. 상황 B, E는 현재 상황은 문제가 아니지만 상황 개선을 통해서 더욱 효과적인 수행을 할 수 있으므로 찾는 문제에 해당한다. 상황 C, F는 환경변화에 따라 앞으로 발생할 수 있는 문제로 미래문제에 해당한다.

3. 문제의 우선순위 도출

우리 주변에 여러 개의 문제가 있을 때에는 어떤 것부터 시작하면 좋을까? 효율적인 일 처리를 위해서는 우선순위를 정한 후에 문제에 접근하는 것이 좋다. 일반적으로 문제의 우선순위를 판단하기 위해서는 문제상황의 '긴급성'과 '중요성'이라는 두 가지 기준으로 평가하는 것이 좋다. 즉 중요하면서 긴급한 문제부터 접근하는 것이 좋다는 것이다. 이와 는 반대로 중요하지 않으면서 급하지도 않은 문제는 이후에 처리해도 큰 지장이 없다.

그동안 우리는 알게 모르게 일상생활에서 우선순위를 정하는 방식을 이미 잘 활용하며 살아왔다. 예를 들어, 친구들과 운동을 하다가 몸을 다치게 되면 바로 병원으로 간다. 이런 문제는 저녁식사라던가 스마트폰 게임보다 우선적으로 처리해야 하는 문제인 것이다.

〈 그림 7-3〉 우선순위 매트릭스

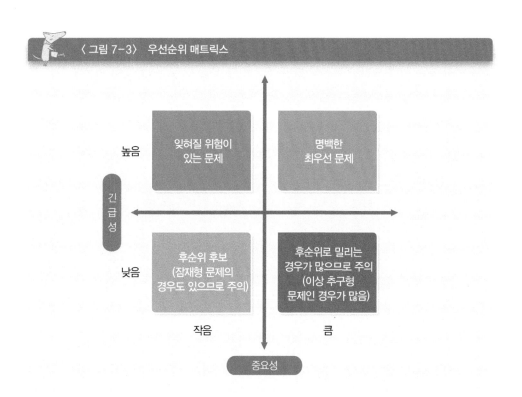

출처 : 맥킨지 문제해결의 이론(다카스기 히사타카 지음. 현창혁 옮김. 2009) 참고

하지만 실제 생활속에서의 문제해결은 위에서 본 도표처럼 간단하지 않다. 비상사태라면 누구나 문제의 중요성과 긴급성을 기준으로 해서 문제를 판단하겠지만 우리가 경험하는 대부분의 문제는 이렇게 분명하게 구분되어지지 않는다.

예를 들어, 결혼 배우자를 선택하는 일이라던가 평생을 다녀야 하는 직장의 선택 등은 중요성의 측면에서 볼 때 무엇보다 중요한 일에 들어갈 것이다. 하지만 지금 당장 선택해야 할 긴급한 문제의 범주에 들어간다고 보기는 어렵다. 오히려 지금 점심을 먹으러 들어간 식당에서 메뉴를 고른다거나 고장난 노트북을 고치는 것이 더 우선시 될 수 있다.

이렇듯 우리의 일상생활을 둘러싼 중요하지만 급하지 않은 것들에게는 특징이 있는데 이러한 일에 전혀 신경을 쓰지 않으면 눈앞에 닥친 일들을 처리하는데 급급하다가 자신도 모르게 중요한 일들을 뒤로 미루게 될 가능성이 크다.

예를 들어, 호텔의 경우라면 현재 영업이 잘 되고 있으면 시설 확충과 리모델링에 소홀하게 될 가능성이 크다는 얘기이다. 경영자나 관리자들은 이러한 문제를 미리 예상해서 혹시 모를 문제상황이 발생하지 않도록 주의해야 한다. 또한 문제의 중요성을 평가할 때 주의할 점은 현재 드러난 문제점 뿐만 아니라 앞으로 확대될 가능성을 염두에 두고 생각해야 한다는 것이다. 이미 드러난 문제점이 악화될수록 중요성과 긴급성은 더 커진다. 또한 잠재형 문제에서는 미래에 문제점이 발생할 가능성을 미리 방지하는 예방책과 더불어 실제로 문제상황이 발생했을때 손실을 최소로 줄이는 대응책이 중요과제라 볼 수 있다. 따라서 잠재형 문제의 경우에는 예방책과 더불어 대응책의 긴급성을 꼼꼼하게 판단하고 실행에 옮기도록 한다. 평상시에 잠재형 문제에 대한 대처방법을 미리 준비해놓지 않으면 중요도와 긴급도의 기준에서 어떤 것을 먼저 처리할지 결정하지 못하는 경우가 생겨날 수 있다. 따라서 여유있게 초기단계에서 잠재형 문제의 우선순위를 먼저 염두에 두고 일처리를 하는 것이 좋다.

학습평가 Quiz

1. 다음중 문제의 유형이 올바르게 연결된 것을 고르시오.

> 앞으로 어떻게 할 것인가 하는 문제

① 설정형 문제　　　　　　　　　② 탐색형 문제
③ 발생형 문제

2. 현재의 상황을 개선하거나 효율을 높이기 위한 문제는 어디에 해당하는가?

① 발생형 문제　　　　　　　　　② 설정형 문제
③ 탐색형 문제

3. 다음 중 빈 칸에 알맞은 것을 고르시오.

> 업무수행과정에서 발생하는 문제의 유형으로는 보이는 문제, 찾는 문제, (　　　　　)
> 의 3가지가 있다.

① 숨어있는 문제　　　　　　　　② 현재문제
③ 과거문제　　　　　　　　　　　④ 미래문제

4. 업무수행과정 중 발생할 문제는 발생형, 탐색형, 설정형 3가지로 나뉘는데 이는 문제를 크게
   두가지 관점 (　　　　　) 지향과 (　　　　　) 지향으로 구분해 분류한 것이다.

5. 우선순위 매트릭스의 관점에서 볼 때 잠재형 문제에 대한 접근방법을 서술하시오.

학습내용 요약 Review(오늘의 Key Point)

1. 문제란 업무를 수행함에 있어 해결하기를 원하지만 실제로 해결해야 하는 방법을 모르거나, 해답을 얻는데 필요한 일련의 행동을 알지 못하는 상태를 말한다.

2. 문제의 정의는 "있어야 할 모습과 바람직한 상태, 기대되는 결과인 목표와 현재의 모습과 예상되는 상태인 현상과의 차이(GAP)"이다. 이러한 문제의 핵심이 무엇인지 아는 것이 문제해결의 열쇠이다.

3. 문제는 발생형 문제, 탐색형 문제, 설정형 문제의 세 가지 유형으로 분류할 수 있다.

   · 발생형 문제 : 우리가 직면해 걱정하고 해결하기 위해 고민하는 이미 일어난 문제

   · 탐색형 문제 : 현재의 상황을 개선하거나 효율을 높이기 위해 더 잘해야 할 문제

   · 설정형 문제 : "어떻게 할 것인가"가 핵심으로 장래의 경영전략을 생각하며 미래 상황에 대응하는 문제

4. 문제의 우선순위를 판단하기 위해서는 문제상황의 '긴급성'과 '중요성' 이라는 두 가지 기준으로 평가하는 것이 좋다. 또한 문제의 중요성을 평가할 때 주의할 점은 현재 드러난 문제점 뿐만 아니라 앞으로 확대될 가능성을 염두에 두고 생각해야 한다는 것이다. 이미 드러난 문제점이 악화될수록 중요성과 긴급성은 더 커진다.

 스스로 적어보는 오늘 교육의 메모

창의적 사고와
개발방법

Contents

Learning Objectives

1. 창의적 사고의 의미와 특징을 설명할 수 있다.
2. 창의적인 사람의 특징을 이해하고 말할 수 있다.
3. 창의적 사고의 장애요인을 말할 수 있다.
4. 창의적 사고 개발방법의 개념에 대해 설명할 수 있다.

8
Chapter

S대학병원에서 전 직원을 대상으로 의료기기 아이디어 공모전을 진행했다. 여러 임직원들이 그룹을 만들어 아이디어 회의를 진행했다.

A그룹에서는 그룹의 리더가 구성원들에게 좋은 아이디어를 제시해 보라고 하였고, 사람들은 "위생과 안전을 동시에 충족시킬 수 있는 제품이 좋겠습니다.", "자주 교체되는 장비의 소모품들 위주로 개발하는 것이 좋을 것 같습니다." 등등 이런 저런 아이디어를 제시하기 시작했다.

회의는 여러 가지 아이디어가 제시되면서 열띠게 진행되었다. 그러나 회의가 끝날 무렵, 아이디어는 많이 제시된 것 같은데 정리할 수가 없었다.

반면, B팀은 얼마 전 창의력 개발과정에 참여한 부서장을 중심으로 차트와 포스트잇, 필기구를 준비하여, 다양한 아이디어 개발방법을 사용하여 회의를 진행하였다. 그들은 우선 생각나는 대로 자유롭게 아이디어를 제시하게 하고, 각 아이디어를 포스트잇에 하나씩 적어나갔다. 그리고 포스트잇에 적힌 아이디어를 종합해서 관련성이 있는 아이디어끼리 묶어 가는 과정을 통해서 새로운 의료기기의 개발 방향, 방법, 적용 등에 대한 결론을 내릴 수 있었다.

흔히 사람들은 업무를 수행할 때 기존과 같은 생각과 방법으로 해결하려는 경향이 있다. 그러나 같은 문제에 직면하더라도 얼마나 다양한 아이디어를 얻느냐에 따라 그 성과에는 많은 차이가 난다.

8장에서는 업무 성과를 높일 수 있는 창의적 사고와 이를 개발하기 위한 다양한 방법들에 대해 학습한다.

1. 다음 중 빈 칸에 들어갈 알맞은 말을 고르시오.

> (   )는 발산적(확산적) 사고로서, 아이디어가 많고, 다양하며, 독특한 것을 의미한다.

① 논리적 사고   ② 창의적 사고
③ 비판적 사고   ④ 분석적 사고

2. 다음 중 창의적 사고의 핵심요소가 아닌 것은?

① 유창성   ② 일관성
③ 독창성   ④ 정교성

3. 개선점을 구하기 위하여 모든 질문을 설정하고 하나씩 점검하면서 아이디어를 내는 발상법은 무엇인가?

① 브레인스토밍   ② 체크리스트
③ NM법   ④ 마인드 맵

1. 창의적 사고의 의미와 특징

"골프공 표면의 구멍은 몇 개일까?"

위 질문에 어떻게 대답하면 좋을까? 다소 엉뚱하고 황당해 보이는 이 질문은 국내외 대기업에서 추구하는 창의적 인재를 채용하기 위해 면접에서 실제 사용했던 질문이다. 이와 같은 질문을 던진 이유는 질문에 따른 정확한 답을 확인하고자 함이 아니다. 문제를 해결해 나가는 과정에서 요구되는 지원자의 창의력과 발상전환능력을 확인해 보고자 하기 위한 것이다. 예전에는 기업에서 어떤 사람을 원했을까? 학력? 학점? 아니면 높은 어학점수? 다양한 자격증? 이렇듯 개인이 가지고 있는 화려한 스펙에 초점을 두었다. 그러나 이제는 그러한 스펙보다 실제 일을 하면서 직면하는 여러 장애나 과제들을 현명하게 해결할 수 있는 능력이 필요하게 되었다. 21세기 지식정보화 사회에서 개인의 경쟁력, 기업의 경쟁력 나아가 국가의 경쟁력을 갖추기 위해 필요한 창의적 사고의 의미와 특징을 확인해 보자.

1) 창의적 사고의 의미

문제를 빠르게 해결했다고 해서 그 사람을 창의적이라고 할 수는 없다. 안 풀리는 문제, 해답이 많은 문제, 때로는 정답이 없는 문제를 해결하는 사람이야말로 창의적인 사람이라고 할 수 있다. 이렇듯 창의적인 사고란 당면한 문제를 해결하기 위해 이미 알고 있는 경험과 지식을 해체하여 다시 새로운 정보로 결합함으로써 가치 있고 참신한 아이디어를 산출하는 사고 다음과 같은 의미를 포함하고 있다.

- 창의적인 사고는 발산적(확산적) 사고로 아이디어가 많고, 다양하고, 독특한 것을 의미한다.
- 창의적인 사고는 새롭고 유용한 아이디어를 생산해내는 정신적인 과정이다.
- 창의적인 사고는 통상적인 것이 아니라 기발하거나, 신기하며 독창적인 것이다.
- 창의적인 사고는 유용하고 적절하며, 가치가 있어야 한다.
- 창의적인 사고는 기존의 정보(지식, 상상, 개념 등)들을 특정한 요구조건에 맞거나 유용하도록 새롭게 조합시킨 것이다.

2) 창의적 사고의 특징

창의적 사고는 다음과 같은 세 가지 특징을 보인다.

첫째, 창의적 사고란 정보와 정보의 조합이다. 여기에서 말하는 정보에는 주변에서 발견할 수 있는 지식(내적정보)과 책이나 밖에서 본 현상(외부정보)의 두 종류가 있다. 이러한 정보를 조합하고 그 조합을 최종적인 해답으로 통합해야 하는 것이 창의적 사고의 첫 걸음이다.

둘째, 창의적 사고는 사회나 개인에게 새로운 가치를 창출한다. 창의적 사고는 개인이 갖춘 창의적 사고와 사회적으로 새로운 가치를 가지는 창의적 사고의 두 가지로 구분된다. 아이들의 창의적 사고는 어른들이 보기에는 보잘 것 없어 보일 수도 있다. 하지만 아이들에게는 새로운 가치가 될 수 있는 것이다. 그리고 개인이 갖춘 창의력은 계발을 통해서 그 능력을 키울 수 있다. 따라서 단순히 사회에 대한 영향력이라고 하는 것 외에도 개인이 창의적 사고를 얼마나 발전시킬 수 있는가 하는 점도 생각할 필요가 있다.

셋째, 창의적 사고는 창조적인 가능성이다. 이는 '문제를 사전에 찾아내는 힘', '문제해결에 있어서 다각도로 힌트를 찾아내는 힘', 그리고 '문제해결을 위해 끈기 있게 도전하는 태도' 등이 포함된다. 다시 말해서 '창의적 사고'에는 사고력을 비롯해서 성격, 태도에 걸친 전인격적인 가능성까지도 포함된다.

이러한 창의적인 사고는 창의력 교육훈련을 통해서 개발할 수 있으며, 모험심, 호기심, 적극적, 예술적, 집념과 끈기, 자유분방적인수록 높은 창의력을 보인다.

창의력이란 무엇인가?

- 당신이 만약 쇳덩어리 하나를 있는 그대로 그냥 팔면 5달러 정도 받을 것이다.
- 만약 당신이 그 쇳덩어리를 가지고 말발굽을 만들어 판다면 10달러 50센트로 가치를 높여 팔 수 있을 것이다.
- 그런데 말발굽 대신 바늘을 만들어 팔면 3,285달러를 받을 수 있을 것이고
- 혹은 시계의 부속품인 스프링을 만들어 판다면 25만 달러 정도까지 그 값어치를 높일 수 있을 것이다.
- 5달러와 25만 달러와의 차이, 이것이 바로 창의력인 것이다.

 Tip　　창의적 사고의 핵심요소

유창성 (Fluency)

유창성은 아이디어의 양적인 측면을 강조한다. 즉 아이디어를 생성해 낼 수 있는 양을 의미한다. 제한된 시간 안에 나는 얼마의 아이디어를 생각해 낼 수 있는가? 이것이 유창성의 핵심이다. 유창성을 향상시키는 방법은 의외로 간단하다. 하나의 사물의 용도를 다양하게 생각해 봄으로써 쉽게 유창성을 향상시킬 수 있다.

융통성 (Flexibility)

융통성은 내가 생성해 낸 아이디어의 범주의 수를 의미한다. 사물 또는 사건을 볼 때 하나의 관점에서 보는 것이 아니라 다양한 관점으로 다양하게 볼 수 있는 능력을 의미한다. 앞에서 연필의 용도를 20개 생각했다고 가정하자.

독창성 (Originality)

창의적 사고를 하기 위해서는 나만의 사고를 할 수 있어야 한다. 독창성은 남들을 따라하지 않고 독특한 아이디어를 생성해 낼 수 있는 능력을 의미한다. 내가 낸 아이디어가 남들과 다를수록 나의 독창성이 높아진다. 유창성이 아이디어의 양적인 측면과 관계가 있다면 독창성은 아이디어의 질적인 측면과 관계가 있다.

정교성 (Elaboration)

정교성은 내가 생각해 낸 아이디어가 얼마나 구체적인지를 나타낸다. 하나의 아이디어를 보다 구체적으로, 그리고 세부 사항을 추가하여 아이디어를 발전시키는 능력을 의미한다. 피상적으로 사고하는 것보다 깊이 있는 사고를 하면 아이디어가 더 창의적일 가능성이 높다. 유창성과 독창성을 기반으로 제시된 아이디어를 보다 완전한 것으로 다듬고 확대시켜 나가는 능력을 '정교화'라고 말한다.

〈그림 8-1〉 창의적 사고의 핵심요소

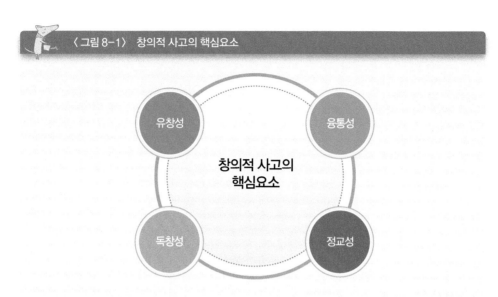

 Level up Mission

☆ 유창성 연습하기

1. '검은색'하면 떠오르는 것을 자유롭게 적어 보자.

2. '주사기'의 용도를 자유롭게 적어 보자.

175

☎ 유창성 연습하기 : '검은색'하면 떠오르는 것들에 대한 아이디어를 보고 유사한 것들 끼리 묶어 보자.

범주 1	
범주 2	
범주 3	
범주 4	
범주 5	
범주 6	
범주 7	

☎ 융통성 연습하기

'검은색'하면 떠올랐던 것을 다른 사람들과 비교하여 나만이 생각할 수 있는 독특한 아이디어가 무엇인지 찾아보자.

☎ 독창성 연습하기

'검은색'하면 떠올랐던 것들 중에서 하나를 선택하여 하나의 이야기를 만들어 보자.

2. 창의적인 사람의 특징

창의적인 사람들과 그렇지 않은 사람들의 특징은 무엇인가? 비록 창의적인 사람들이 가지는 공통적인 특징은 없지만 보통 사람들과는 다른 그들만이 가지고 있는 특징이 있다. 이 장에서는 창의적인 사람들이 가지고 있는 대표적인 몇 가지 특징에 대해서 살펴보자.

1) 창의적인 사람들의 6가지 특징

① 독립성 : 창의적인 사람은 다른 사람의 시선을 의식하지 않는다.

창의적인 사람은 강한 독립심을 가지고 있다. 다른 사람들과 구별되는 것을 두려워하지 않으며 사회적 요구에 순응하지도 않는다. 다른 사람들의 시선과 평가에 초점을 두기보다는 나 스스로의 내적 기준으로 판단하고 생각하려고 한다. 이러한 특징은 창의적인 사람을 조금은 괴짜 또는 특이한 사람으로 인식하도록 할 수 있지만 자신만의 규칙을 가지고 행동한다. 그리고 이러한 성향이 강한 사람은 혼자만의 시간을 가지며 새로운 아이디어를 생각하려고 한다. 하지만 나는 어떤가? 타인의 시선을 의식하여 타인의 기준에 날맞추고 있지는 않은가? 조금은 다른 사람의 시선에서부터 자유로워져 나만의 생각을 할 필요가 있다.

② 호기심 : 창의적인 사람은 매사에 관심이 많다.

창의적인 사람은 새로운 것에 흥미를 느끼고 가까이 하려고 한다. 호기심은 실험적이고 탐구적인 태도의 기반이 된다. 우리는 무언가 새로운 일을 하려고 하면 두려움을 느끼게 된다. 당연한 것이다. 가장 일반적으로 새로운 음식점에서 새로운 음식을 먹는 것에도 두려움을 가지는 사람들이 많다. 하지만 호기심이 많은 사람들은 새로운 것의 부정적인 면에 대한 두려움에 초점을 두지 않고 긍정적인 면에 초점을 두고 즐겁게 생각하고 겸허히 받아들인다.

③ 상상력 : 창의적인 사람은 무언가를 생각하기를 좋아한다.

창의적인 사람은 엉뚱한 상상을 하는 것을 즐긴다. 상상을 통해서 전혀 관계가 없는 것들을 연결하기도 하고, 상관이 없어 보이는 사물들 간의 공통점을 발견하기도 한다. 상상을 통해서 일상 생활에서 할 수 없는 제약조건을 깨거나 하나의 상황을 다양한 관점에서 보기도 한다. 남들이 봤을 때는 하찮은 생각일지 모르지만 이들은 상상하고 상상한다. 상상한다는 것은 끊임없이 생각한다는 것이다. 끊임없이 생각하다 보면 자신만의 생각을 할 수 있게 된다. 상상을 할 때는 긍정적으로 생각해야 한다. 나쁜 생각은 없다. 어떤 것도 거부하지 말고 자연스럽게 생각할 수 있는 모든 것들을 생각해 보자.

④ 개방성 : 창의적인 사람은 새로운 것을 받아들일 준비가 되어 있다.

개방성이란 새로운 것을 기꺼이 수용하고 시도하려는 태도이다. 창의적인 사람은 새로운 경험이나 느낌을 좋아한다. 그들은 독립적이기 때문에 다른 사람의 생각을 받아들이려고 하지 않을 것이라 오해받는 경우가 많지만, 사실 창의적인 사람은 다른 사람들의 생각을 기꺼이 수용한다. 고정관념을 깨고 모든 것에서 수용적인 태도를 보인다. 창의적인 사람은 사물을 다양한 관점에서 보기 위해 노력하고, 매사에 다양한 관점에서 생각하려 하기 때문에 다른 사람의 관점에서 생각할 수 있는 능력을 가지고 있다. 그래서 자신과 생각이 다른 사람들과도 잘 어울릴 수 있다. 이 특징은 호기심과도 연결 된다.

⑤ 도전정신 : 창의적인 사람은 실패를 두려워하지 않는다.

창의적인 사람들은 실패를 두려워하지 않고 오히려 위험을 감수하려고 한다. 우리는 창의적 아이디어로 성공한 사람들의 화려한 외면에 쏠려 그들이 걸어온 길에 대해서는 크게 관심을 가지지 않는다. 하지만 창의적 인물이 가지고 있는 화려한 겉모습 이면에는 엄청난 실패가 자리잡고 있음을 알아야 한다. 결과에 개의치 않고 새로운 것을 시도하며 실패에 기꺼이 대처하고 실패할지라도 긍정적으로 상황을 벗어나려고 노력한다. 이번이 마지막 기회가 아니라 기회는 얼마든지 있다는 것을 명심하자.

오늘 점심메뉴는 무엇인가? 오늘은 새로운 식당에서 새로운 메뉴를 시켜서 먹어 보자. 맛이 없으면 다음에는 다른 것을 먹으면 되고 맛이 있다면 다행이다.

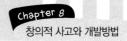

> "한번도 실수해 보지 않은 사람은 한 번도 새로운 것을 시도한 적이 없는 사람이다."
>
> – 알버트 아인슈타인

⑥ 자기 확신과 열정 : 나 스스로를 믿는다.

창의적인 사람들은 인정이나 보상 같은 외적인 것에 끌리기보다는 자기가 좋아서 하는, 즉 내적 동기가 강한 사람이다. 그들은 자기가 좋아하는 것이 무엇인지 분명하게 알고 있으며 그것에 자발적으로 참여하려고 한다. 가끔 자기가 하는 일에 대해 밤새 몰입하는 모습을 보이기도 한다. 또한 실패하더라도 스스로가 잘해 낼 수 있을 것이라고 믿기 때문에 쉽게 포기하지 않는 끈기를 가지고 있다.

2) Check creativity

창의적인 사람들은 어떤 특징을 가지고 있을까? 창의적인 사람들의 공통적인 특징이 있을까? 내가 알고 있는 가장 창의적인 사람을 생각해 보자. 그런 후 다음의 표에 제시된 항목들을 점검해 나가면서 그 인물에게 해당되는 내용에 체크해 보자.

번호	문항	체크
1	독립적으로 작업하기를 좋아한다.	
2	'만약 ~라면, 어떻게 될까?'라는 질문을 좋아한다.	
3	상상을 좋아한다.	
4	융통성 있는 사고를 한다.	
5	끈기와 인내심이 있고, 쉽게 포기하지 않는다.	
6	일상적인 일에는 쉽게 싫증을 낸다.	
7	특별한 외적 자극이 없어도 많은 시간을 지루하지 않게 보낼 수 있다.	
8	옷을 자주 갈아 입는다.	
9	어떤 결과가 일어나는지를 알기 위해 직접 실험을 해보려고 한다.	

번호	문항	체크
10	자신이 발견하거나 발명한 것에 대해 말하기를 즐긴다.	
11	주어진 과제 이상의 것을 하려고 한다.	
12	같은 일을 표준적인 절차와는 다른 방법으로 할 수 있는 지를 찾는다.	
13	새로운 일을 시도하는 것을 두려워하지 않는다.	
14	남과 다르게 보이는 것에 대해 별로 신경쓰지 않는다.	

출처 : 창의적인 사람들의 일반적인 특성 中, Torrance, 1981

3. 창의적 사고의 장애요인

캠릿브지 대학의 연결구과에 따르면, 한 단어 안에서 글자가 어떤 순서로 배되열어 있는가 하것는은 중하요지 않고, 첫째번와 마지막 글자가 올바른 위치에 있것는이 중하요고 한 다. 나머지 글들자은 완전히 엉진창망의 순서로 되어 있지을라도 당신은 아무 문없제이 이 것을 읽을 수 있다. 왜하냐면 인간의 두뇌는 모든 글자를 하나 하나 읽것이이 아니라 단어 하나를 전체로 인하식기 때이문다.

창의적 사고를 위해서는 여러 가지 심적 장애를 극복해야 한다. 크게는 총 5가지의 장 애로 나눠볼 수 있다.

① 잘못된 가정

　㉠ ○○는(은) 창의적이지 못하다.

ⓛ 지적인 사람은 훌륭한 사고를 한다. 바꿔말하면 많이 아는 사람이 창의적인 사고
를 한다?

ⓒ 놀이는 무가치하다.

② 습관장애

ㄱ 정답은 유일하다는 식의 습관적 사고방식으로 폭넓은 생각의 기회를 스스로 박
탈한다.

ⓛ 분리된 문제로 인식한다.

ⓒ 규칙을 따라야 한다.

③ 문화적 장애

ㄱ 틀에 박힌 인식

ⓛ 무사안일

④ 감정적 장애

ㄱ 실패를 두려워함.

ⓛ 문제의 애매함에 불편(잘 정의된 문제의 익숙)

ⓒ 부정적, 비관적 사고

⑤ 환경적 장애

ㄱ 아이디어 불모지(변화를 추구하지 않는 분위기)

4. 창의적 사고 개발방법

1) 자유연상법

자유연상법은 어떤 생각에서 다른 생각을 계속해서 떠올리는 작용을 통해 어떤 주제에

서 생각나는 것을 계속해서 열거해 나가는 발산적사고 방법이다.

① 브레인스토밍(Brainstorming)

브레인스토밍은 미국의 알렉스 오즈번이 고안한 그룹발산기법으로, 창의적인 사고를 위한 발산 방법 중 가장 흔히 사용되는 방법이다. 브레인스토밍은 집단의 효과를 살려서 아이디어의 연쇄방응을 일으켜 자유분방한 아이디어를 내고자 하는 것으로, 진행 방법은 다음과 같다.

📋 진행방법

① 주제를 구체적이고 명확하게 정한다.

② 구성원의 얼굴을 볼 수 있는 좌석 배치와 큰 용지를 준비한다.

③ 구성원들의 다양한 의견을 도출할 수 있는 사람을 리더로 선출한다.

④ 구성원은 다양한 분야의 사람들로 5-8명 정도로 구성한다.

⑤ 발언은 누구나 자유롭게 할 수 있도록 하며, 모든 발언 내용을 기록한다.

⑥ 아이디어에 대한 평가는 비판해서는 안 된다.

📋 4대원칙

① 비판엄금(Support)

브레인스토밍의 특징은 개방에 있다. 비판은 커뮤니케이션의 폐쇄와 연결된다. 평가 단계 이전에 결코 비판이나 판단을 해서는 안 되며 평가는 나중까지 유보한다.

② 자유분방(Silly)

무엇이든 자유롭게 말한다. 이런 바보 같은 소리를 해서는 안 된다는 등의 생각은 하지 않아야 한다.

③ 질보다 양(Speed)

질에는 관계없이 가능한 많은 아이디어들을 생성해내도록 격려한다.

④ 결합과 개선(Synergy)

서로 조합하면 재미있는 아이디어가 될 것 같은 생각이 들면 즉시 조합시킨다.

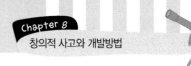

 Level up Mission

🐾 클립은 종이 몇 장을 묶어두는 평범한 사무용품이다. 당신의 창의력으로 클립의 용도를 나열해 보시오.

② 브레인라이팅(Brainwriting)

브레인라이팅 기법은 브레인스토밍 기법이 지닌 단점을 보완하기 위해 개발된 기법이다. 브레인스토밍 기법은 자칫 목소리가 큰 사람이나 발언이 많은 사람에게 이끌려갈 가능성이 크다. 목소리가 작은 사람이 오히려 독특한 아이디어를 많이 가지고 있는 경우가 많다.

브레인라이팅은 이런 브레인스토밍의 단점을 제거하고자 하여 독일의 Holliger가 창안한 기법이다. 브레인라이팅 기법은 초기에는 6-3-5법이라고 불리었다. 6-3-5는 다음의 의미를 내포하고 있다.

6 : 6인의 참가자가.

3 : 3개씩의 아이디어를.

5 : 5분마다 계속 생각해 낸다는 것이다.

브레인라이팅 기법은 이와 같이 소그룹 단위로 아이디어를 생각해 보는 기법인데, 이 기법의 첫 번째 특징은 침묵을 지키면서 집단사고를 진행시킨다는 것이다.

두 번째 특징은 집단사고를 하면서도 개인사고의 이점을 최대한 살릴 수 있다는 것이다.

단계별 FLOW는 아래 그림8-2와 같다.

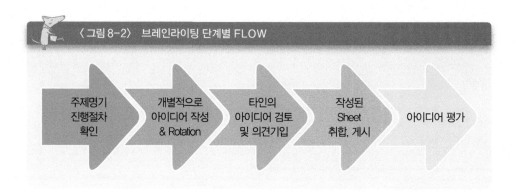

〈그림 8-2〉 브레인라이팅 단계별 FLOW

| 주제명기
진행절차
확인 | 개별적으로
아이디어 작성
& Rotation | 타인의
아이디어 검토
및 의견기입 | 작성된
Sheet
취합, 게시 | 아이디어 평가 |

③ 마인드맵(Mind Map)

마음속에 지도를 그리듯이 줄거리를 이해하며 정리하는 아이디어 발상기법이다.

영국의 두뇌학자 토니부잔(T. Buzan)은 1970년대 초, 두뇌 활동이 주로 핵심 개념들을 상호 관련시키거나 통합하는 방식으로 이루어진다는 연구 결과를 바탕으로 시각적 사고 기법인 마인드 매핑(mind mapping)을 개발하였다.

사 례

마인드 맵을 활용한 건강한 삶을 유지하기 위한 방법

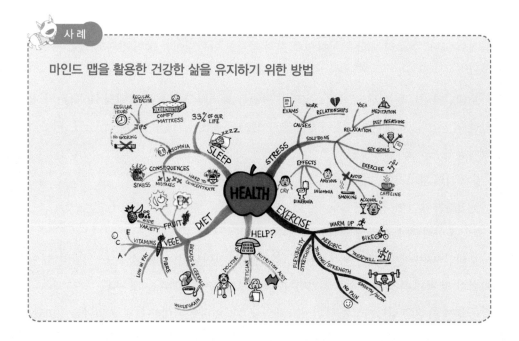

2) 강제연상법

강제연상법은 각종 힌트에서 강제적으로 연결지어서 발상하는 방법이다.

① 결점열거법

대상의 단점을 열거하여 제거함으로써 개선방법을 찾아내는 아이디어 발상 기법이다. 결점열거법은 해결책을 손쉽게 찾아내는 방법이긴 하지만, 현상에만 초점을 두어 혁신적인 해결책을 생각하기 어려울 수 있다는 단점도 있다는 것을 유의해야 한다.

😺 주제: 볼펜

결점 열거	개선점 열거
1. 사용하면 잉크가 닳아진다.	1.
2. 볼펜을 떨어뜨려 볼이 상하면 사용할 수가 없다.	2.
3. 거꾸로 기울여서는 글씨를 쓸 수 없다.	3.
4.	4.
5.	5.
6.	6.
7.	7.
8.	8.
9.	9.
10.	10.

② 희망열거법

위에서 언급한 "결점열거법"이 불편함을 개선하기 위한 소극적 방법이었다면 "희망열거법"은 '~되었으면 좋겠다. ~이면 좋겠다.' 라고 하는 희망사항들을 열거하고 적극적으로 개선책을 찾아나가는 방법이다.

③ 체크리스트법

체크리스트법은 아이디어를 발산하기 위해 단서를 제공해 주는 기법이다. 이 기법은 사고를 꼼꼼하게 하기 위한 도구이며 미처 생각하지 못한 것을 생각하게 하는 방법이다. 즉, 어떤 기준을 세워놓고 이에 따라서 생각해보는 것이 곧 체크리스트법이다.

사례

오즈본 9 체크리스트의 활용 사례: 성냥

1. 전용(put to other uses) – 다른 용도로 사용하면 어떤가?
   (불붙이기용 → 귀 후비게)

2. 응용(adapt) – 다른 비슷한 것은 무엇인가?
   (끝부분을 세움 → 원통형 성냥)

3. 변경(modify) – 의미, 색, 움직임, 음, 향기, 양식, 형태를 변화시킨다.
   (사각 → 원형 혹은 삼각형 성냥)

4. 확대(magnify) – 확대해 보면 어떤가?
   (생일 케익에 들어 있는 큰 성냥)

5. 축소(minify) – 축소해 보면 어떤가?
   (미니 성냥)

6. 대체(substitute) – 다른 것으로 대체하면 어떤가?
   (나무 → 종이 성냥)

7. 재배열(rearrange) – 순서/공간/시간 등을 바꾸면 어떤가?
   (축을 넣는 장소 변경)

8. 역전(reverse) – 뒤집어 보면 어떤가?
   (초호화 성냥)

9. 결합(combine) – 결합해 보면 어떤가?
   (점치는 성냥)

④ 스캠퍼(SCAMPER)

알렉스 오스본의 스캠퍼는 '체크리스트 법'에 속하는 것이라고 볼 수 있다. 위 사례의 9가지 오스본 체크리스트를 보완하고 발전시켜 7가지로 정리한 것이다.

사 례

기법	예시
S(대체)	은행창구의 인원을 감소 → 무인자동화 시스템 도입 알약 형태의 비타민 → 마시는 비타민
C(조합)	등산칼 : 칼+드라이버+병따개+송곳+손톱 정리기 등
A(적용)	돌고래 → 잠수함 개발 수은 체온계 → 디지털 체온계
M(변경, 확대, 축소)	수박의 형태를 변경 → 사각수박으로 운반 용이 확대로 인한 색다른 마케팅 → 볼링장 외부 대형 볼링핀 절개를 축소한 수술법 → 카메라와 수술도구가 부착된 내시경
P(다른 용도)	가정용 베이킹 파우더 → 탈취제 및 세탁용 세제 잘 붙지만 잘 떨어지는 접착제 → 포스트잇
E(제거)	복잡한 유통단계 제거 → 온라인 거래 항공사의 과다한 서비스 제거 → 사우스 웨스트의 원가절감 방식
R(재배열)	화장은 꼭 여자만? → 남성용 화장품 개발

3) 비교발상법

비교발상법은 주제와 본질적으로 닮은 것을 힌트로 하여 새로운 아이디어를 얻는 방법이다.

① NM법

창조적인 인간이 자연적으로 거쳐가는 숨겨진 사고의 프로세스를 시스템화, 스텝화하여 그 순서에 따라 이미지 발상을 해가는 발상법이다. 나카야마 마사카즈(Nakayama, M.)가

고든(Gorden, S. E.)의 시넥틱스(Synectics)와 파블로프(Pavlov, I. P.)의 조건반사이론, 뇌의 신호계 모델의 가설을 바탕으로 고안한 유비(類比)에 의한 발상법으로서 NM은 나카야마 마사카즈(Nakayama, M.)의 영문 머릿글자이다.

NM법은 순서가 명확하고 매우 사용하기 쉬우므로 가벼운 기획의 아이디어 발상에 효과적이다. 기법의 전개는 다음과 같다.

㉠ 과제를 설정한다. 즉 연상을 위한 첫 단계이며 사고의 방향을 제시하기 위한 것이다.

㉡ 키워드를 결정한다.(KW:Key Word) 연상을 위한 첫 단계이며 사고의 방향을 제시하기 위한 것이다.

㉢ 키워드와 관련하여 연상되는 것을 적어나간다. (QA:Question Analogy)

㉣ 배경을 조사한다. (QB:Question Background 즉 표현된 것에 대한 구조나 요소를 알아 본다.)

㉤ 컨셉을 짜낸다. (QC:Question Conception) 배경에서 발견한 구조나 요소 등을 테마에 연결시켜 해결을 위한 컨셉을 구해 나간다.

㉥ 컨셉을 유효하게 조립한다.

학습평가 Quiz

1. 다음의 빈칸에 알맞은 말을 적으시오.

> (   )란 개인이 가지고 있는 경험과 지식을 통해 새로운 가치 있는 아이디어
> 로 다시 결합함으로써 참신한 아이디어를 산출하는 힘을 말한다.

2. 다음 중 창의적 사고에 대한 설명이 아닌 것은?

① 정보와 정보의 조합

② 발산적 사고

③ 새롭게 유용한 아이디어를 생산해 내는 정신적 과정

④ 기존의 정보를 객관적으로 분석하는 일

3. 다음은 창의적 사고를 개발하는 방법과 구체적인 기법에 대한 설명이다. 서로 관련이 있는 것
   끼리 짝지어라.

자유연상법 •　　　　　　　　　• NM법

강제연상법 •　　　　　　　　　• 체크리스트

비교발상법 •　　　　　　　　　• 브레인스토밍

4. 다음 중 창의적 사고를 개발하는 방법 중 각종 힌트에서 강제적으로 연결 지어서 발상하는 방
   법은?

① 자유연상법　　　　　　　　② 강제연상법

③ 비교발상법　　　　　　　　④ 마인드맵

5. 강제연상기법을 2가지 이상 쓰시오.

학습내용 요약 Review(오늘의 Key Point)

1. 창의적인 사고는

   · 발산적^(확산적) 사고로서, 아이디어가 많고, 다양하고, 독특한 것을 의미한다.

   · 새롭고 유용한 아이디어를 생산해내는 정신적인 과정이다.

   · 통상적인 것이 아니라 기발하거나, 신기하며 독창적인 것이다.

   · 유용하고 적절하며, 가치가 있어야 한다.

   · 기존의 정보^(지식, 상상, 개념 등)들을 특정한 요구조건에 맞거나 유용하도록 새롭게 조합시킨
     것이다.

2. 창의적 사고의 핵심요소, 창의적인 사람들의 특징 및 심적장애

   · 핵심요소 : 유창성, 융통성, 독창성, 정교성.

   · 특징 : 독립성, 호기심, 상상력, 개방성, 도전정신, 자기 확신과 열정.

   · 심적장애 : 잘못된 가정, 습관장애, 문화적 장애, 감정적 장애, 환경적 장애.

3. 자유연상법은 어떤 주제에 대해 다른 생각을 계속해서 떠올리는 작용을 통해 어떤 주제에서
   생각나는 것을 계속해서 열거해 나가는 발산적 사고방법이다. 구체적인 방법으로는 브레인스
   토밍, 브레인라이팅, 마인드맵 등이 있다.

4. 브레인스토밍 참여자들이 지켜야할 4대 원칙으로, 비판엄금, 자유분방, 질보다 양, 결합과 개
   선이 있다.

5. 브레인라이팅은 브레인스토밍이 가진 결함을 보완해 주는 발상법이다.

6. 마인드맵은 생각의 지도란 뜻으로 자신의 생각을 지도 그리듯 이미지화 해서 사고력, 창의력,
   기억력을 한단계 높이는 아이디어 발산 기법이다.

7. 강제연상법은 각종 힌트에서 강제적으로 생각을 연결하는 발상법이다. 구체적인 방법으로는
   결점열거법, 희망열거법, 체크리스트법, SCAMPER 등이 있다.

8. 비교발상법은 주제와 본질적으로 닮은 것을 힌트로 하여 새로운 아이디어를 얻는 방법이다.
   구체적인 방법으로는 NM법이 있다.

논리적 사고와
개발방법

Contents

Learning Objectives

1. 논리적 사고의 개념과 구성요소를 설명할 수 있다.
2. 논리적 사고 개발방법을 제시하고 설명할 수 있다.
3. 논리적으로 정리 및 구성하는 기술을 설명할 수 있다.

9
Chapter

이야기 속으로

옛날 그리스에는 소크라테스나 플라톤, 아리스토텔레스 같은 훌륭한 철학자들이 많았다. 반면 철학을 내세워 말장난이나 하는 엉터리 철학자들도 많았다. 이런 사람들을 '궤변론자'라고 한다. '궤변'이란 앞뒤도 안 맞는 얘기를 그럴싸하게 꾸며 마치 맞는 얘기처럼 만든 주장을 말하는데 이를테면 이런 식이다.

어떤 궤변론자가 젊은 제자를 불러 놓고 물었다.

"만일 자네가 신발을 잃어버리지 않았다면, 그 신발은 자네에게 있겠지?"

"그렇습니다."

"만일 자네가 돈을 잃어버리지 않았다면, 그 돈은 자네에게 있겠지?"

"그렇습니다."

"그럼, 자네가 잃어버리지 않은 물건은 자네에게 있는 셈이지?"

"예, 그렇습니다."

"그럼, 자네 혹시 머리에 달린 뿔을 잃어버렸는가?"

"아닙니다. 저는 뿔을 잃어버리지 않았습니다."

그러자 스승은 껄껄 웃으며 말했다.

"자네가 뿔을 잃어버리지 않았다니, 자네는 뿔을 가지고 있구만! 하하하, 자네는 머리에 뿔이 달린 사람이야!"

"예?"

제자는 그제야 스승한테 놀림을 당했다는 사실을 알아차리고 은근히 화가 났다.

며칠 뒤 , 제자는 궤변론자 스승을 찾아갔다.

"스승님, 혹시 지난번에 제가 맡겨 둔 금팔찌를 잃어버리지 않으셨습니까? 아무리 찾아봐도 없더군요." 느닷없는 질문에 스승은 어리둥절해 졌다.

"아니, 나는 잃어버리지 않았어." 그 말을 듣고 제자는 말했다.

"제가 맡겨 둔 금팔찌를 잃어버리지 않으셨다니, 그러면 스승님께서 가지고 계신 게 틀림없군요. 어서 되돌려 주십시오!" 스승은 화가 났다.

"예끼, 이놈아! 네가 언제 금팔찌를 나한테 맡겼다고, 그걸 되돌려 달라고 하느냐?"

"그렇습니다. 애당초 맡기지 않은 금팔찌는 잃어버릴 수도 없는 것이지요. 그렇다면 애당초 제 머리에 뿔이 없는데, 어떻게 그걸 제가 잃어버릴 수 있겠습니까?"

논리란 생각의 이치를 뜻한다. 멀쩡한 사람에게 뿔리 달렸다는 말에 "말도 안 돼!"하고 외치는 것보다는, 그것이 어째서 틀린 생각인지 이치를 따져 조목조목 설명한다면 상대방도 꼼짝 못 할 것이다. 직장생활 중에 논리적으로 자신의 계획이나 주장을 수립하고 다른 사람을 설득시켜야 하는 경우가 있다. 이때 필요로 하는 것이 논리적 사고이다.

9장에서는 논리적 사고에 대해 알아보도록 하자.

1. 아래 빈칸에 해당하는 말은 무엇인가?

> (　　　　)를 하기 위해서는 생각하는 습관, 상대 논리의 구조화, 구체적인 생각, 타인에 대한 이해, 설득의 5가지 요소가 필요하다.

2. 다음 중 빈 칸에 들어갈 알맞은 말을 고르시오

> (　　　　)는 보조 메시지들을 통해 주요 메인 메시지를 얻고, 다시 메인 메시지를 종합한 최종 적인 정보를 도출해 내는 방법으로 병렬형 구조와 해설형 구조가 있다.

① 피라미드 구조　　　　　　　　② MECE
③ LISS　　　　　　　　　　　　④ So What 구조

3. 갖고 있는 데이터 전체 혹은 그룹핑된 데이터 중에서 과제에 비추어보아 대답할 수 있는 엑기스를 추출하는 작업은?

① So What　　　　　　　　　② Why So
③ So How　　　　　　　　　④ How So

1. 논리적 사고의 개념과 구성요소

1) 논리적 사고의 개념

> ### 상황
>
> A : 20대에 제안할 수 있는 일이란 어떤 것일까? 작은 업무 개선이라도 좋지 않을까?
>
> B : 일전에 어떤 경영자와 이야기했을 때, "이익을 내게 할 수 있었음에도 회사 안에서, 담당할 사람이 없다는 이유로 착수하지 못한 일이 있었어. 그것을 찾아내서 구체적으로 제안할 걸"이라는 말을 들었는데…
>
> C : 그렇지만 같은 제안이라도 제안하는 사람에 따라 받아들여질지 어떨지 분명하지가 않아. 어떤 친구에게 기회가 돌아가도록 상사로 하여금 생각이 들게 하려면, 기본적인 일을 실수 없이 처리하고, 새로운 관점의 제안을 들고 왔을 때, 가능하지 않을까?
>
> B : 아마도 젊을 때는 모두 틀에 짜인 일을 하게 되는 경우가 많아서 귀찮다고 생각하는 일이 많겠지? 그래서 모순점이 생기는 것은 아닐까? "더욱 일을 하고 싶어 하는 마음"을 가지고 있으면서도 사람은 귀찮은 일을 하지 않으려고 하지.
>
> C : 그렇게 생각하면 충분히 그럴 수 있다고 생각하는데, 스스로 아주 귀찮아한다든지, 누구든 했으면 좋겠다고 생각하는 일을 "간단한", "누구라도 할 수 있는" 일로 바꿔 갈 수 있는 계획을 생각한다면 좋지 않을까?

① 세 사람은 무엇에 대해서 이야기 하고 있는지 이 대화에서 가장 중심이 되는 이슈를 적어보자.

_____

② 1번 질문에 대해서 이 대화 다음, 당신이 세 사람을 향하여 "결국 지금까지 이야기 하고 있었던 것은" [...는 ...이다]라는 것인가?"라고 질문을 한다면, 어떠한 질문을 할 것인가?

_____

③ 2번 질문에 스스로 대답한다면 어떻게 대답할 것인가? 자신의 의견과 그 이유를 간략하게 제시해 보자.

_____

논리적 사고는 직장생활 중에서 지속적으로 요구되는 능력이다. 논리적인 사고력이 없다면 아무리 많은 지식을 가지고 있더라도 자신이 만든 계획이나 주장을 주위 사람에게 이해시켜 실현시키기 어려울 것이며, 이 때 다른 사람들을 설득 하여야 하는 과정에 필요로 하는 것이 논리적 사고이다.

사례에서 제시되는 상황은 직장생활에서 흔히 겪게 되는 상황으로, 논리적인 사고의 중요성을 일깨워준다. 논리적 사고는 사고의 전개에 있어서 전후의 관계가 일치하고 있는가를 살피고, 아이디어를 평가하는 능력을 의미한다. 이러한 논리적 사고는 다른 사람을 공감시켜 움직일 수 있게 하며, 짧은 시간에 헤매지 않고 사고할 수 있게 한다. 또한 행동을 하기 전에 생각을 먼저 하게 하며, 주위를 설득하는 일이 훨씬 쉬워진다.

2) 논리적 사고의 구성요소

논리적인 사고를 하기 위해서는 다음 그림과 같이 생각하는 습관, 상대 논리의 구조화, 구체적인 생각, 타인에 대한 이해, 설득의 5가지 요소가 필요하다.

〈그림 9-1〉 논리적 사고의 구성요소

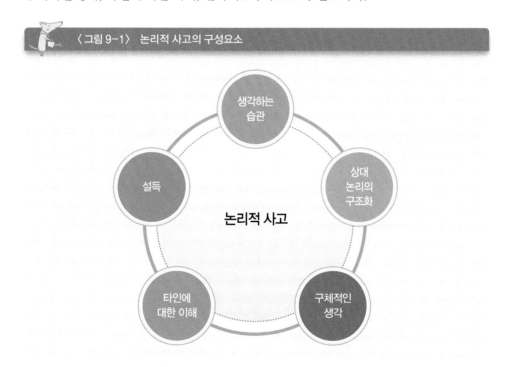

① 생각하는 습관

논리적 사고에 있어서 가장 기본이 되는 것은 늘 생각하는 습관을 들이는 것이다. 생각할 문제는 우리 주변에 쉽게 찾아볼 수 있으며, 특정한 문제에 대해서만 생각하는 것이 아니라 일상적인 대화, 회사의 문서, 신문의 사설 등 어디서 어떤 것을 접하든지 늘 생각하는 습관을 들이는 것이 중요하다. "이것은 조금 이상하다", "이것은 재미있지만, 왜 재미있는지 알 수 없다"라는 의문이 들었다면, 계속해서 왜 그런지에 대해서 생각해보아야 한다. 특히 이런 생각은 출퇴근길, 화장실, 잠자리에 들기 전 등 언제 어디에서나 의문을 가지고 생각하는 습관을 들여야 한다.

② 상대 논리의 구조화

상사에게 제출한 기획안이 거부되었을 때, 자신이 추진하고 있는 프로젝트를 거부당했을 때 왜 그럴까, 왜 자신이 생각한 것처럼 되지 않을까, 만약 된다고 한다면 무엇이 부족한 것일까 하고 생각하기 쉽다. 그러나 이 때 자신의 논리로만 생각하면 독선에 빠지기 쉽다. 이때에는 상대의 논리를 구조화하는 것이 필요하다. 상대의 논리에서 약점을 찾고, 자신의 생각을 재구축한다면 분명히 다른 메시지를 전달할 수 있다. 자신의 주장이 받아들여지지 않는 원인 중에 상대 주장에 대한 이해가 부족하다고 하는 것이 있을 수 있다.

③ 구체적인 생각

상대가 말하는 것을 잘 알 수 없을 때는 구체적으로 생각해보아야 한다. 업무 결과에 대한 구체적인 이미지를 떠올려 본다든가, 숫자를 적용하여 표현을 한다든가 하는 방법을 활용하여 구체적인 이미지를 활용하는 것은 단숨에 논리를 이해할 수 있는 경우도 많다.

④ 타인에 대한 이해

상대의 주장에 반론을 제시할 때에는 상대 주장의 전부를 부정하지 않는 것이 좋다. 동시에 상대의 인격을 부정해서는 안 된다. 예를 들어, "당신이 말하고 있는 것의 이 부분은 이유가 되지 못한다."고 하는 것은 주장의 부정이지만, "이런 이유를 설정한다면 애당초 비즈니스맨으로서는 불합격이다."라고 말하는 것은 바람직하지 못하다. 반론을 하든 찬성을 하든 논의를 함으로써 이해가 깊어지거나 논점이 명확해지고 새로운 지식이 생기는 등 플러스 요인이 생기는 것이 바람직하다.

⑤ 설득

논리적인 사고는 고정된 견해를 낳는 것이 아니며, 더구나 자신의 사상을 강요하는 것도 아니다. 자신이 함께 일을 진행하는 상대와 의논하기도 하고 설득해 나가는 가운데 자신이 깨닫지 못했던 새로운 가치를 발견하고 생각해 낼 수가 있다. 또한 반대로 상대에게 반론을 하는 가운데 상대가 미처 깨닫지 못했던 중요한 포인트를 발견할 수 있다.

설득은 공감을 필요로 한다. 설득은 논쟁을 통하여 이루어지는 것이 아니라 논증을 통해 더욱 정교해진다, 이러한 설득의 과정은 나의 주장을 다른 사람에게 이해시켜 납득 시키고 그 사람이 내가 원하는 행동을 하게 만드는 것이며 이해는 머리로 하고 납득은 머리와 가슴이 동시에 공감 되는 것을 말하고 이 공감은 논리적 사고가 기본이 된다.

2. 논리적 사고 개발방법

논리적인 사고를 개발하는 방법은 상위 개념으로부터 하위 개념을 분류해 나가는 방법과 하위 개념으로부터 상위 개념을 만들어가는 방법이 있다. 이 때 논리적 사고를 위해서는 상·하위 개념 간에 비약이나 오류가 없어야 한다. 예를 들어, 경비 삭감의 방법을 찾으라는 업무를 맡을 경우, 다음과 같은 논리적 사고 과정을 거칠 수 있다.

🐾 주어진 예를 참조하여, 현재 자신이 맡고 있는 분야에서 겪고 있는 문제상황 한 가지를 선정해 서 논리적인 사고의 과정을 만들어 보자.

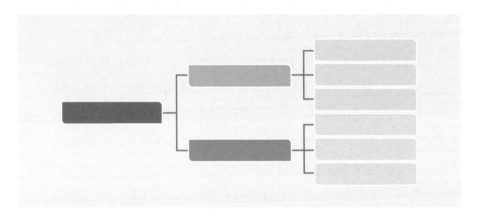

 ## 3. 논리적으로 정리 및 구성하는 기술

    타인에게 무언가를 전할 경우 우선 답변할 과제를 확인하고, 그것을 전달함으로써 상대방에게 어떤 반응을 얻고 싶은지 확인한 후 자신이 응답할 답변은 무엇인지를 생각한다. 그때 '결론'이 떠오르지 않는다면 그것은 과제에 대한 답을 풀지 못한 것이기 때문에 타인에게 이야기를 어떻게 전달해야 할지의 문제는 아니다.

    전해야 할 결론은 확실히 알고 있다. 그러나 자신에게는 산처럼 많은 정보와 자료가 있다. 이것들을 어떻게 정리해야 상대방이 보았을 때 자신의 결론이 훌륭하다고 생각될 수 있도록 설명할 수 있을까?

    "나의 결론은 A입니다. 왜냐하면 다음과 같은 세 가지 관점에서 A라는 결론이 도출되었기 때문입니다."라는 식으로 논리 정연하게 설명하고 싶다. 그러나 가지고 있는 자료를 어떻게 정리하면 '다음과 같은 세 가지의 관점'으로 정리할 수 있을까? 당신의 근거를 상대방이 납득할 수 있는 '다음과 같은 세 가지의 관점'으로 정리하려면 어떤 측면에서 생각하는 것이 좋을까? 나아가 가령 X, Y, Z라는 '세 가지 관점'이 발견되었다 하더라도 "X, Y, Z 따라서 A라는 결론입니다."라고 말할 때 상대방은 이 '따라서'를 납득해줄 것인가.

이러한 고민은 건전한 것이다. 상대에게 전하고 싶다, 이해시키고 싶다는 커뮤니케이션 마인드를 가지고 있다는 증거라 할 수 있다. 그렇다면 어떻게 해야 좋을까. 그 답은 'MECE', So What? / So Why? 라는 두 가지 기술을 습득하는데 있다.

1) MECE : 중복, 누락, 착오를 막는 기술

MECE는 Mutually Exclusive, Collectively Exhaustive의 머리글자를 모아 만든 말이다. 상호 배타적이면서 모였을 때는 완전히 전체를 이루는 것을 의미한다.

이를테면 '겹치지 않으면서 빠짐없이 나눈 것'이라 할 수 있다. 예시는 〈그림9-2〉와 같다.

〈그림 9-2〉 MECE 사례

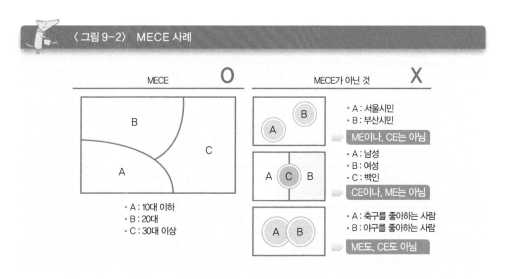

왜 MECE가 필요한가? 그것은 이야기가 세부적으로 전개되기 전에 전달자가 말하고 싶은 내용의 '전체'와 그것이 어떤 '부분'으로 구성되어 있는지가 명시되어 있기 때문이다. ^{(전}체집합과 그것을 구성하는 부분집합)

"우리 부서로 들어오는 정보를 전체집합으로 보면 '정기정보'와 '부정기정보'라는 부분

집합으로 나누어진다"는 것처럼 어떤 과제와 개념을 전체집합으로 보고 그것을 누락이나 중복, 착오가 없는 부분집합으로 나누어 생각하는 것이 MECE 사고방식이다.

☎ 다음을 MECE하게 나누어 보시오.

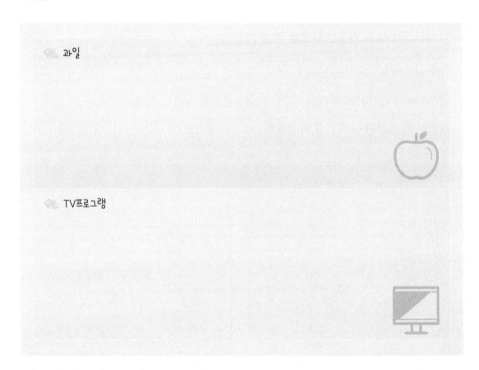

2) MECE한 그룹핑

그룹핑(Grouping)이란 많은 정보가 산재해 있을 때 MECE적인 기준을 발견하고, 전체상을 파악하기 쉽도록 몇 개의 그룹으로 분류하는 것이다. 결론을 뒷받침하는 근거가 될 만한 정보를 수집했다 하더라도 어떻게 정리하면 좋을지 고민한 적이 많이 있을 것이다. 그럴 때 그룹핑은 위력을 발휘하고 대단히 효율적으로 정보를 정리할 수 있다.

여기에서 주의해야 할 것은 가지고 있는 요소를 단순히 '누락, 중복 없이 분류한다고 좋은 것은 아니라는 점이다. 거기에만 머물면 단순한 정보 나누기에 지나지 않는다. 다시 말하지만 그룹으로 나뉜 정보를 살펴보고 각각의 그룹마다 타이틀(이름)을 부여한 뒤 다시 타이틀을 모두 모으면 전체를 MECE로 구분한 것이 된다는 점이 중요하다. 또, 어떤 MECE의 기준에서 정리해보니 2개 이상의 그룹에 동시에 속해 있는 정보나 거꾸로 어떤 그룹에도 속하지 않는 정보가 나온다면 그것은 그 MECE의 기준이 적절하지 않다는 것을 뜻한다. 그때에는 다른 MECE의 기준에서 시도해보자.

실제 비즈니스의 경우에는 잡다한 정보가 분명하게 MECE로 분류되는 일은 매우 드물다. 어느 쪽 그룹에 넣어야 할지 혼란스러운 경우가 더 많을지도 모른다. 어느 쪽 그룹에 넣어야 할지 혼란스러운 경우가 더 많을지도 모른다. 그러나 대부분의 경우 엄밀히 정보를 나누는 것에 의미가 있는 것이 아니라 우선 크게 묶고서 타이틀을 붙여 전체를 보기 쉽게 하는데 의미가 있는 것이다. 즉 부분 집합과 그 집적으로서의 전체 집합을 명시하는 데 그룹핑의 의의가 있는 것이다.

Tip

Tip: 100% MECE하게 분류하기는 어려우므로 LISS의 개념을 적용한다. 🌱🌱

〈그림 9-3〉 MECE와 LISS

MECE
(Mutually Exclusive Collectively Exhaustive)

LISS
(Linearly Independent Spanning Set)

둘 다 동일차원에서 개념상의 중복이 없는 것이 조건

· MECE는 빠진 것이 없는 것
· LISS는 중요과제의 명확화가 특징

 Level up Mission

🐱 한국병원 서울 지점 앞에는 고객의 소리를 듣기 위한 여론함이 설치되어 있다. 여론함에서 수집된 의견은 다음과 같다. MECE로 분류해보자. (만족, 불만족, 하드웨어, 소프트웨어, 휴먼웨어 등 여러 가지 기준으로 그룹핑이 가능할 것이다.)

고객의 소리

1. 고객응대가 활기 있어 기분이 좋다.
2. 구비된 잡지가 오래됐다.
3. 안내데스크 여직원의 설명이 명확하다.
4. 접수창구가 적어서 오래 기다리게 된다.
5. 소파가 더럽다.
6. 병원캐릭터가 귀엽다.
7. 한국병원만의 차별화된 서비스가 없다.
8. 병원 내 비치된 ATM의 기종이 낡았다.
9. ATM의 기다리는 시간이 짧아서 빠른 이용이 가능함.
10. 주차장이 넓어서 편리하다.
11. 화장실이 청결하다.
12. 전화응대가 불친절하다.
13. 대기 시 안내가 잘 되지 않는다.

---

3) So What? / Why So? - 이야기의 비약을 막는 기술

So What?이란 현재 가지고 있는 정보나 재료 중에서 "결론적으로 무엇인가?를 추출하는 작업이다. 바꿔 말하면 '의해서', '따라서', '이와 같이'의 앞부분에 진술된 정보나 데이터 속에서 자신이 답변해야 할 과제에 비추어보아 대답할 수 있는 중요한 엑기스를 추출하는 작업인 것이다. '의해서', '따라서', '이와 같이'의 뒷부분에 나오는 사항은 앞에 있는 정보를 So What?한 것이 된다.

중요한 것은 So What?한 것에 대해서 "왜 그렇게 말할 수 있지?" "구체적으로는 뭐야?"

라고 검증,확인하는 것이 Why So?이다. 〈그림9-4〉로 설명해보자. X, Y, Z라는 정보를
So What?한 것이 A라면 A에 대해 Why So?라고 질문을 던졌을 때 X, Y, Z가 다시 그 답변
이 되는 관계를 만드는 것이 이야기의 비약을 없애는 비결이다. 결론과 근거, 결론과 방
법, 또는 근거나 방법 가운데 몇 가지 레벨이 있다고 한다면 그 레벨 사이의 관계를 이러
한 합치되는 관계로 만드는 것이다. So What? / Why So?는 결론과 근거라는 답변 요소
간의 관계뿐만 아니라 한 장의 도표 또는 하나의 문장 단위에서도 활용할 수 있는 기술이
다. 간단한 도표로 So What? / Why So?의 감각을 익혀보자.

- So What? : 갖고 있는 데이터 전체 혹은 그룹핑 된 데이터 중에서 과제에 비추어보아 대답할
  수 있는 엑기스를 추출하는 작업

- Why So? : 'So What?'한 요소의 타당성이, 갖고 있는 데이터 전체 혹은 그룹핑 된 요소에 의
  하여 증명된다는 것을 검증하는 작업

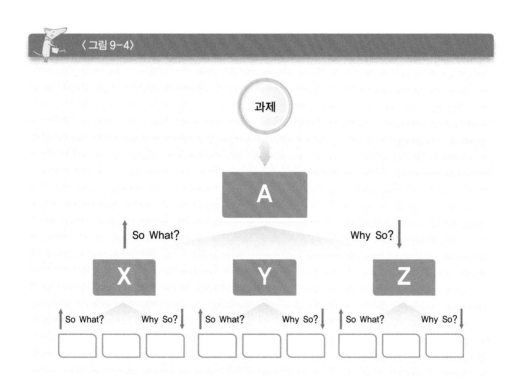

〈그림 9-4〉

4) 피라미드 구조화 방법

논리적 사고를 구성하기 위한 방법은 여러 가지가 있으나, 그 중 가장 흔히 사용되는 방법은 피라미드 구조를 이용하는 방법이 있다. 피라미드 구조는 하위의 사실이나 현상부터 사고함으로써 상위의 주장을 만들어가는 방법으로, 다음 그림과 같이 표현할 수 있다.

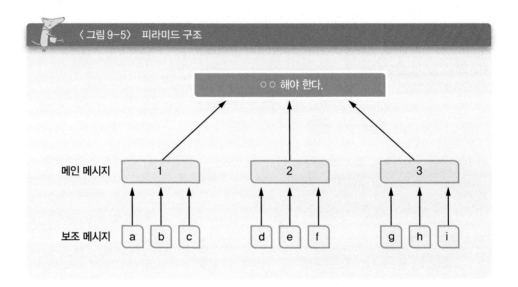

〈그림 9-5〉 피라미드 구조

① 병렬형 피라미드 구조

병렬형 논리 패턴은 기본 구조 그 자체라고 해도 좋다. 동일 계층 내에 있는 복수의 요소가 상위요소에 대하여 MECE한 관계가 된다.

병렬형에는 근거 병렬형과 방법 병렬형이 있다.

㉠ 근거 병렬형

위 논리의 과제는 "하드웨어, 소프트웨어, 휴먼웨어의 측면을 고려한 서비스 개선방안"이고, 결론은 "고객서비스는 하드웨어, 소프트웨어, 휴먼웨어의 측면을 고려하여 개선되어야 한다."라는 것이다. 그리고 그것은 왜인가?(Why So)라고 물으면 "하드웨어, 소프트웨어, 휴먼웨어라는 3개의 관점에서 근거가 있다."는 것이다. 하드웨어, 소프트웨어, 휴먼웨어는 서비스를 MECE하게 파악하는 기준의 하나이다.

〈그림 9-6〉 병렬형 피라미드 구조

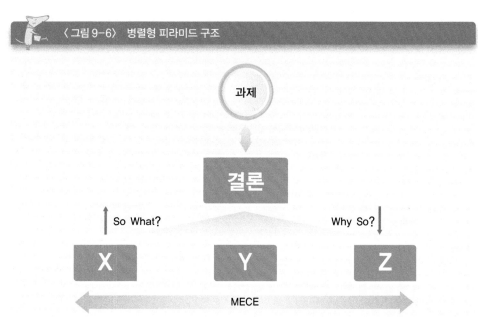

〈그림 9-7〉 근거 병렬형

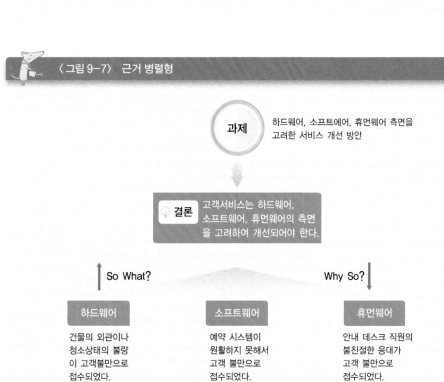

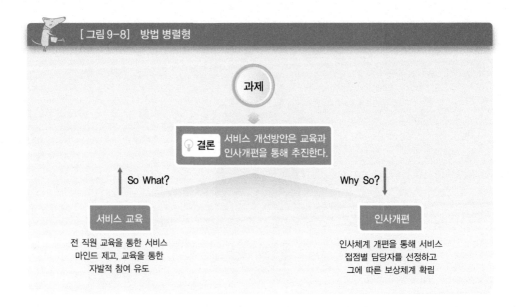

[그림 9-8] 방법 병렬형

과제

결론 서비스 개선방안은 교육과
인사개편을 통해 추진한다.

↑ So What?   Why So? ↓

서비스 교육

전 직원 교육을 통한 서비스
마인드 제고, 교육을 통한
자발적 참여 유도

인사개편

인사체계 개편을 통해 서비스
접점별 담당자를 선정하고
그에 따른 보상체계 확립

ⓒ 방법 병렬형

〈그림9-8〉의 방법 병렬형은 〈그림9-7〉의 과제를 한걸음 더 진행시켜 "하드웨어, 소프트웨어, 휴먼웨어 측면을 고려한 서비스 개선방안을 구체적으로 어떻게 진행시킬 것인가"의 답변을 설명하기 위한 구조이다. 결론은 교육과 인사개편을 통해 추진하는 것이고 그 방법은 전 직원 서비스 교육을 통한 서비스 마인드 제고와 인사개편을 통한 접점별 담당자 선정 및 보상이 있다. 즉 구체적인 방법을 열거하여 결론을 설명한다는 논리 구성으로 되어있다.

② 해설형 피라미드 구조

이 구조는 〈그림9-9〉처럼 결론을 정점에 두고 그것을 지지하는 여러 개의 근거가 세로 방향으로는 병렬형과 마찬가지로 So What? / Why So?의 관계에 있다. 한편 여러 개의 근거에는 항상 세 종류의 요소(사실, 판단기준, 판단내용)가 있고, 그것들이 가로 방향으로 나열되어 있다.

〈그림9-10〉은 고객 불만을 해소하는 방법이라는 과제에 대해 결론은 "하드웨어, 소프트웨어, 휴먼웨어의 3가지 측면에서의 개선이 필요하다"이다. 이 결론에 이르기까지 사실과 판단기준과 판단내용으로 이어지는 근거가 뒷받침 하고있다. 이와 같은 사실, 판단기준, 판단내용의 세 가지 근거 전체가 결론에 대해 Why So?라고 물었을 때의 답변이 되

며, 거꾸로 이들 세 가지를 So What?한 것이 결론이 된다.

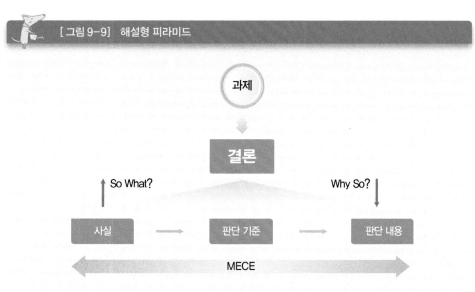

[그림 9-9] 해설형 피라미드

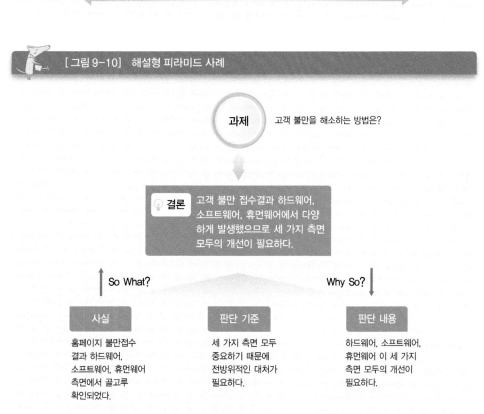

[그림 9-10] 해설형 피라미드 사례

학습평가 Quiz

1. 아래 빈칸에 해당하는 말은 무엇인가?

> 논리적 사고를 구성하는 다섯 가지 요소는 생각하는 습관, (   ), 구체적인
> 생각, 타인에 대한 이해, (   )이다.

2. 논리적인 사고의 구성요소에서 자신의 사상을 강요하지 않고 자신이 함께 일을 진행하는 상
   대와 의논해 나가는 가운데 자신이 깨닫지 못했던 새로운 가치를 발견하고 생각해 낼 수 있는
   과정은?
   ① 타인에 대한 이해   ② 설득
   ③ 고정 관념   ④ 논리의 구조화

3. 논리적 사고를 개발하는 방법에서 "so what?"기법을 설명하는 내용으로서 적절한 표현이 아
   닌 것은?
   ① "어떻게 될 것인가?"   ② "그래서 무엇이지?"
   ③ "왜 그렇지"   ④ "어떻게 해야 한다

4. 아래 빈칸에 해당하는 말은 무엇인가?

> (   )는 상호 배타적이면서 모였을 때는 완전히 전체를 이루는 것을 의미한다.

5. 방법 병렬형 피라미드 구조에 대해 설명하시오.

학습내용 요약 Review (오늘의 Key Point)

1. 논리적 사고란 사고의 전개에 있어서 전후의 관계가 일치하고 있는가를 살피고, 아이디어를 평가하는 사고능력을 의미한다.

2. 논리적인 사고를 하기 위해서는 생각하는 습관, 상대 논리의 구조화, 구체적인 생각, 타인에 대한 이해, 설득의 5가지 요소가 필요하다.

3. 논리적인 사고를 개발하는 방법은 상위 개념으로부터 하위 개념을 분류해 나가는 방법과 하위 개념으로부터 상위 개념을 만들어가는 방법이 있다.

4. MECE는 Mutually Exclusive, Collectively Exhaustive의 머리글자를 모아 만든 말이다. 상호 배타적이면서 모였을 때는 완전히 전체를 이루는 것을 의미한다. 이를테면 '겹치지 않으면서 빠짐없이 나눈 것'이라 할 수 있다.

5. So What? : 갖고 있는 데이터 전체 혹은 그룹핑된 데이터 중에서 과제에 비추어보아 대답할 수 있는 엑기스를 추출하는 작업
   Why So? : So What?한 요소의 타당성이, 갖고 있는 데이터 전체 혹은 그룹핑된 요소에 의하여 증명된다는 것을 검증하는 작업

6. 피라미드 구조는 보조 메시지들을 통해 주요 메인 메시지를 얻고, 다시 메인 메시지를 종합한 최종적인 정보를 도출해 내는 방법으로 병렬형 구조와 해설형 구조가 있다.

 스스로 적어보는 오늘 교육의 메모

213

비판적 사고와
개발방법

Contents

Learning Objectives

1. 비판적 사고의 개념을 설명할 수 있다.
2. 비판 사고 태도 개발 및 구성 요소를 설명할 수 있다.
3. 비판적 사고의 개발방법을 설명할 수 있다.

10
Chapter

이야기 속으로

비판적 사고는 상대방을 모욕하거나 굴복시키기 위해 동의하지 않는 것과는 다르다. 아래 사례를 통해서 비판적 사고의 의미를 알아보도록 하자. 제시된 예에서 A는 비판적 사고를 부정적으로 바라보고 있다. 그러나 비판적 사고는 어떤 문제를 합리적이고 논리적으로 분석하고 평가하는 문제해결을 위한 바람직한 사고이다.

비판하기

P호텔 인사부에 근무하는 A에게 회사 전체의 인사시스템을 구축하라는 업무가 떨어졌다. A는 시간부족과 자료부족의 이유로 제대로 된 분석과 평가 없이 현황만을 제시한 기획서를 제출하였다.

부서 회의 시간에 동료 B로부터 기획서의 부족한 부분에 대한 지적을 받은 A는 감정이 상해서 B에게 너무 부정적인 시각을 가지고 있는 것이 아니냐고 되물었다.

그런데 며칠 뒤 A는 B가 작성한 기획서를 우연히 보게 되었다. B는 어떤 증거나 자료를 충분히 제시하고 객관적, 과학적으로 인사시스템의 현 문제점과 개선방안을 도출하고 있었다. 그제서야 A는 B가 단순히 부정적으로 생각했던 것이 아니라, 비판적 사고를 통하여 문제의식이 체계적이고 논리적인 해결안으로 바뀐다는 것을 깨달았다.

흔히 사람들은 비판적으로 생각하라고 하면, 남의 단점을 찾아내거나 부정적인 생각으로 인식하는 경향이 있다. 이는 합리적이고 논리적인 사고를 위하여 어떤 문제를 분석·평가·분류하는 과정에 필요한 비판적 사고를 잘못 이해하고 있는 것이다. 이번 장에서는 직업인에게 필요한 비판적 사고란 무엇인지 알아보자.

1. 다음 중 빈 칸에 들어갈 알맞은 말을 고르시오.

> 비판적 사고를 위해서 가장 먼저 필요한 것은 바로 (   )이다.

① 문제해결   ② 분쟁해결
③ 문제의식   ④ 고정관념

2. 비판적인 사고를 잘 하기 위해서 다음의 요소 중 필요하지 않는 것을 고르시오.

① 문제의식   ② 편견
③ 고정관념 타파   ④ 합리적 사고

3. 다음 중 비판적 사고 개발방법에 해당하는 것은?

① 브레인스토밍   ② 브레인라이팅
③ 마인드맵   ④ 악마의 변호인법

1. 비판적 사고

1) 비판적 사고의 의미

비판적 사고는 어떤 주제나 주장 등에 대해서 적극적으로 분석하고 종합하며 평가하는 능동적인 사고이다. 이러한 비판적 사고는 어떤 논증, 추론, 증거, 가치를 표현한 사례를 타당한 것으로 수용할 것인가 아니면 불합리한 것으로 거절할 것인가에 대한 결정을 내릴 때 요구되는 사고력이다. 비판적 사고는 지엽적이고 시시콜콜한 문제를 트집 잡고 물고 늘어지는 것이 아니라 문제의 핵심을 중요한 대상으로 한다. 비판적 사고는 제기된 주장에 어떤 오류나 잘못이 있는가를 찾아내기 위하여 지엽적인 부분을 확대하여 문제로 삼는 것이 아니라, 지식, 정보를 바탕으로 한 합당한 근거에 기초를 두고 현상을 분석하고 평가하는 사고이다.

이상적인 비판적 사고자는 첫째, 인지적인 측면에서 비판적 사고 능력(ability)을 가진 사람이다. 둘째, 정의적 측면에서는 비판적 사고를 잘하게 해주는 사고 성향(disposition)을 갖춘 자이다. 고대 그리스의 소피스트들은 비판적 사고 능력은 뛰어난 사람들이었다. 그러나 사람들은 그런 소피스트들을 진정한 비판적 사고자들이라고 평가하지 않는다. 그들은 비판적 사고 성향을 가지고 있지 않았기 때문이다.

2) 비판적 사고의 중요성

비록 신처럼 완전한 사고는 아니라고 할지라도 더 나은 사고를 하기 위해서는, 사고하는 마음의 성향을 성찰해야 한다. 인간의 마음은 본성상 변화를 싫어 하는 경향이 있다. 비록 고통스럽지만 기존의 관습적이고 무비판적 성향을 비판적 사고 성향으로 전환해야 우리는 남들의 견해를 더 잘 이해하고, 일관되고 합리적인 자아를 형성할 수 있다.

나아가 정보를 무작위로 받아들이지 않고 선별하여 논리적으로 생각할 수 있게 한다. 이는 정보의 바다 속에서 올바른 정보를 선택할 수 있는 지혜를 길러 주는 역할을 하기도 한다.

비판적인 사고가 핵심…

"다르게 보라"

연세노벨포럼서 조지 스무트 교수 "학습된 사고는 편협" 강조

"지금 당신이 보고 있는 것은 무엇인가. 그것을 이해하는가. 그것으로 새로운 비전을 이끌어 낼 수 있는가"

가장 최근 노벨상을 수상한 2006년 노벨물리학상 수상자 조지 스무트(사진) 캘리포니아대학 버클리캠퍼스 교수는 11일 진행된 제2회 연세노벨포럼 세 번째 세션의 주제인 '주류를 초월한 시각'이라는 강연에서 청중들에게 이 같은 질문을 던졌다.

스무트 교수는 "무엇을 보고 있는가를 이해하고 새로운 비전을 이끌어내는 것이 중요하다"고 강조했다. 그는 비판적인 사고가 핵심적인 도구임을 거듭 강조하고 사고의 습관으로 인한 편협성으로부터의 탈피를 현장의 학생들에게 요구했다.

스무트 교수는 또 "과거에 집착하지 말고 어디에 있어야 할 것인지 어디를 향해 가는지를 생각하라"며 "중요함에도 간과되고 있는 것이 무엇인지, 어디에 기회가 있는지를 볼 줄 알아야 모든 일을 할 수 있다. 행복한 미래를 꿈꾸며 긍정적, 낙관적 시각을 가지고 열심히 사고하라"고 당부하며 강연을 마쳤다.

이번 강연을 맡은 스무트 교수는 빅뱅(Big Bang) 이후 현대 은하 형성에 대한 씨앗을 제공한 공로로 노벨물리학상을 수상했다. 그는 '우주 배경복사'가 '흑체복사'의 형태를 띠고 있고, 복사 방향에 따라 온도 차이가 있다는 사실을 발견했으며 이 연구는 초기 우주의 모습을 연구하는 데 기여함으로써 은하와 별의 기원에 대한 이해를 넓혔다는 평가를 받았다.

출처 : 한국대학신문. 2007. 9. 11일자
http://www.unn.net/News/detail.asp?nsCode=41581

2. 비판 사고 개발 태도 및 구성요소

비판적 사고를 개발하기 위해서는 지적 호기심, 객관성, 개방성, 융통성, 지적 회의성, 지적 정직성, 체계성, 지속성, 결단성, 다른 관점에 대한 존중과 같은 태도가 요구된다.

① 지적 호기심

여러 가지 다양한 질문이나 문제에 대한 해답을 탐색하고 사건의 원인과 설명을 구하기 위하여 왜, 언제, 누가, 어디서, 어떻게, 무엇을 등에 관한 질문을 제기한다.

② 객관성

결론에 도달하는데 있어서 감정적, 주관적 요소를 배제하고 경험적 증거나 타당한 논증을 근거로 한다.

③ 개방성

다양한 여러 신념들이 진실일 수 있다는 것을 받아들인다. 편견이나 선입견에 의하여 결정을 내리지 않는다.

④ 융통성

개인의 신념이나 탐구방법을 변경할 수 있다. 특정한 신념의 지배를 받는 고정성, 독단적 태도, 경직성을 배격한다. 우리는 모든 해답을 알고 있지는 못하다는 것을 이해하는 것이다.

⑤ 지적 회의성

모든 신념은 의심스러운 것으로 개방하는 것이다. 적절한 결론이 제시되지 않는 한 결론이 참이라고 받아들이지 않는다.

⑥ 지적 정직성

비록 어떤 진술이 우리가 바라는 신념과 대치되는 것이라 할지라도 충분한 증거가 있으면 그것을 진실로 받아들인다.

⑦ 체계성

결론에 이르기까지 논리적 일관성을 유지한다. 논의하고 있는 문제의 핵심에서 벗어나지 않도록 한다.

⑧ 지속성

쟁점의 해답을 얻을 때까지 끈질기게 탐색하는 인내심을 갖도록 한다. 증거, 논증의 추구를 포기함 없이 특정 관점을 지지한다.

⑨ 결단성

증거가 타당할 땐 결론을 맺는다. 모든 필요한 정보가 획득될 때까지 불필요한 논증, 속단을 피하고 모든 결정을 유보한다.

⑩ 다른 관점에 대한 존중

내가 틀릴 수 있으며 내가 거절한 아이디어가 옳을 수 있다는 것을 기꺼이 받아들이는 태도이다. 타인의 관점을 경청하고 들은 것에 대하여 정확하게 반응한다.

비판적 사고는 논리적 사고와는 달리, 추론의 형식뿐만 아니라 내용도 꼼꼼히 따져보는 사고이다. 비판적 사고와 관련된 예를 생각해보자. 미국 사회에서 지속적으로 제기되는 주요 이슈 가운데 하나는 총기 규제 법률에 관한 것이다. 어떤 사람이 총기 규제 법이 필요 없다고 다음과 같은 논변을 폈다고 해보자.

사 례

"총기 소지를 금지하자는 논증은 대개 근거 없는 이야기이다. 지금 우리에게 필요한 것은 더 많은 법률을 만드는 것이 아니라 법을 더 잘 집행하는 것이다. 근거 없는 한 가지 이야기는 대부분의 살인자들이 법을 잘 지키는 보통 시민이라는 주장이다.

이 주장에 따르면, 이들은 총기를 사용할 수 있다는 이유만으로 화가 난 순간에 친척이나 지인을 죽인다는 것이다. 그러나 친족 살해에 관한 모든 연구에 의하면 살인자들 대다수가 일생에 걸쳐 폭력을 저지른 전력이 있는 사람들이라고 한다. 전형적인 살인자들은 평균 최소 6년의 범죄 경력이 있고 4가지 강력 범죄로 체포된 적이 있다. 또 다른 근거 없는 이야기는 총기 소지자들이 폭력을 무분별하게 휘두르는 무지한 백인 하층민이라는 것이다. 그러나 일관된 연구에 의하면 평균적으로 총기 소지자들은 미소유자들보다 교육을 더 잘 받은 사람들이고 더 나은 직업을 가진 사람들이다.

다음의 총기 소지자들^(또는 과거 소지자들)이 총기를 항상 휴대할 수 있도록 허가해 달라는 신청을 했다: 루즈벨터, 리버스, 트럼프, 록펠러. 세 번째 근거 없는 이야기는 총기가 자기방어에 유용하지 않다는 것이다. 그러나 그 반대이다! 모든 연구에 의하면 권총이 범죄에 이용되는 것보다 범죄로부터 방어하는 데 더 자주 사용된다는 것이다.

권총이 연간 대략 581,000건의 범죄에 이용된 반면, 범죄로부터 방어하는 데 사용된 것은 약 645,000건이다. 총기에 관한 법률이 잠재적으로는 총기 관련 범죄를 줄일 수 있겠지만 현재의 법률이 잘 집행된다면 그것으로 충분하다. 법원은 법을 강화하지는 않을 것이라고 했는데 더 강력한 법률인들 무슨 소용이 있겠는가?

출처 : M. 닐 브라운 등, 이명순역, 비판적 사고력 연습, 돈키호테, 2010, p.24~25

이 논증을 듣고 우리는 다음과 같은 것을 의심해 볼 수 있을 것이다.

• 첫 번째 근거 없는 이야기에서, '대다수'나 '전형적인 살인자들'이란 정확히 무엇을 의미하는가? 그리고 화가 난 순간에 우발적으로 친척들을 죽이는 살인자들이 정말로 소수인가?

• 두 번째 근거 없는 이야기에서, 유명한 몇 몇 사람들이 총기를 소지하고 또 항상 휴대할 수 있도록 허가해 달라고 한다고 해서 총기 소지가 바람직하다고 할 수 있는가? 그들은 총기 소유에 관한 전문적인 지식을 가지고 있는 사람들인가?

- 세 번째 근거 없는 이야기에 등장하는 581,000과 645,000이라는 숫자는 다소 정확히 보이지만, 이 숫자는 어떤 근거에서 나온 것인가? 이런 통계적인 숫자로 반대자를 속이려는 것은 아닌가?

- 여기서는 왜 총기 규제가 가져올 이점은 언급하지 않는가? 총기 규제에 관한 부정적인 면만 부각하고, 자기 입장에 반대되는 사례는 고의로 생략한 것은 아닌가?

- 권총을 이용할 수 없었다면 살해되지 않았을 사람들이 매년 권총으로 얼마나 많이 살해되는가? 그것은 취급하지 않아도 좋을 정도로 그리 심각하지 않은 숫자인가?

- 현재 법률이 잘 집행된다면 그것으로 충분하다고 했는데, 왜 법률은 잘 집행되지 않는가? 그것은 노력하면 개선될 수 있는가? 아니면 구조적으로 불가능한가? 개선될 수 있다면 그 방법은 무엇인가?

이렇게 비판적 사고는 다른 사람의 의견이나 주장을 수동적으로 받아들이고 맹목적으로 따르는 사고가 아니라, 적극적으로 그 의견이나 논변에 참여하여 결국 모두에게 이익이 들어가도록 진실을 추구하는 사고이다.

이런 비판적 사고를 체계적으로 파악하기 위해서는 우선 사고의 구성 요소를 분석할 필요가 있다. 폴과 엘더(Richad Paul & Linda Elder)는 '모든 사고는 어떤 목적을 가지고 있고, 전제에 바탕을 둔 관점에서 이뤄지는데, 그러한 생각 속에는 함축 된 것이 있다. 또한 정보와 사실과 경험을 해석하기 위해서, 개념과 아이디어와 이론들을 사용하며, 이를 통해 질문에 답을 하고, 문제와 쟁점을 해결(해석·추론)한다.'고 하여 사고의 8가지 요소를 주장하고 있다. 이런 8가지 요소 이외에 노시치(Jeral M. Nosich)가 제안한 '맥락'이나 '대안'이라는 요소를 더 첨가해볼 수 있을 것이다.

1) 목적(purpose of thinking)

추론이 있는 모든 사고는 목적을 추구한다. 어떤 것에 대해 생각할 때 우리는 되는대로 아무렇게나 생각하는 것이 아니라 우리의 목표, 욕구, 가치, 바라는 결과에 따라 그렇게 생각하고 있다. 사고의 목적이나 목표를 발견하려면 우리가 생각하고 있는 것에 대해 왜 물음(why-question)을 던지는 것이 중요하다. 계속 꼬리를 잇는 왜 물음을 따라가다 보면 궁

극적으로 우리 인생의 궁극 목표와 연결된 물음에까지 이르게 된다.

우리의 사고나 행위의 목적은 우리의 관점, 즉 우리가 세상을 보는 방식에 영향을 미치고 영향을 받는다. 목적은 사물을 보는 방식을 구체화하고, 우리가 사물을 보는 방식은 우리가 추구하는 것을 구체화한다. 각 개인은 그 자신의 관점에서 그의 목적을 표현한다. 사고나 행위 목적은 관점, 즉 세상을 보는 방식에 영향을 미치고 영향을 받는다.

목적은 사물을 보는 방식을 구체화하고, 사물을 보는 방식은 추구하는 것을 구체화한다. 개인은 그 자신의 관점에서 그의 목적을 표현한다.

① 막연한 생각이 아니라 구체적인 사고가 중요

2) 현안문제(question at issue)

"핵심 문제가 무엇인가?", "중점을 두고 다루어야 할 문제가 무엇인가?"

어떤 것에 대해 생각을 할 때마다 우리에게는 답해야 할 물음이나 해결해야 할 문제가 있다. 목적이 달성해야 하는 것이라면, 핵심 문제는 그 목적을 달성하기 위해 답해야 할 좀 더 구체적인 물음이다.

① 핵심 문제가 무엇인지 묻는 것이 중요

3) 가정(assumption)

생각을 시작하는 지점이다. 가정이란 우리가 어떤 것에 대해 생각할 때 미리 당연한 것으로 받아들이거나 전제하는 것이다. 명백하게 진술되는 수도 있지만, 대부분 명시적으로 진술되지 않은 채로 남아 있다.

가정을 확인하는 일은 그 자체로도 중요하지만 나와 다른 사람의 가정을 비교하거나, 증거에 비추어 그 가정들을 평가하기 위해서도 중요하다. 가정을 파악하다 보면 더 큰 맥락, 즉 이 가정들이 길러진 환경이나 문화적 배경을 파악할 수 있다.

4) 증거(evidence)

"이 문제와 관련이 있는 정보는 무엇인가?"

어떤 사실, 자료, 경험 집합 등의 정보를 이용해서 추론을 한다. 정보를 확인하는 일 외에도 우리는 그 정보를 평가하기도 해야 한다. 정보 자체와 정보에 대한 해석이나 함의를 구별하는 것이 중요하다. 정보는 추론의 필수 요소이지만 정보 그 자체만으로 중요한 문제에 대해 결정을 내리기에 충분한 경우는 거의 없다.

정보를 확인하고 평가하는 과정을 통해 우리는 신뢰할 만한 정보의 원천을 발견하고 경험을 비판적으로 다듬어야 한다.

5) 개념(concepts)

생각할 때마다 개념들을 사용한다. 만일 민주주의에 관한 생각을 하고 있다면, 생각 속에는 민주주의 concept이 작동하고 있는 셈이다.

ex) "나의 민주주의 개념은 무엇인가?", "나는 민주주의라는 용어를 어떻게 이해하고 있는가?"

경험의 모든 것을 개념화하고, 그 개념화를 기초로 추리를 한다. 경험한 것에 대해 우리는 개념을 형성하고 그 개념을 적용한다. 우리는 이 과정을 자동적으로 하기 때문에 보통은 우리 자신이 이런 일을 하고 있다는 것을 인식하지 못한다. 가정을 당연시한 것처럼 개념 또한 당연시하는 경우가 많다. 개념을 사용하고 있는지 여부가 문제가 아니라 사용하고 있는 개념이 무엇인지를 명확히 파악하는 일이 중요하다. 어떤 주제에 대해 생각할 때 핵심 개념을 파악하는 것이 무엇보다 중요하다.

6) 추론와 해석(inference and interpretation)

"당신이 끌어낸 결론은 무엇인가?"

어떤 것에 생각하는 것은 그것에 대해 해석하는 것이고, 그것에 관해 결론을 끌어내는 것이다. 어떤 정보를 기초로 결론을 끌어내는 것을 추리(inference)라 한다.

추리와 가정을 구별

추리란 어떤 것이 옳다거나 옳은 것 같다는 사실에 기초하여 다른 어떤 것이 옳다고 결론짓는 정신의 작용이다. (의식적인 정신 활동)

가정이란 우리가 당연시하거나 미리 전제하는 어떤 것이다. 보통 가정은 우리가 전에 배웠거나 너무 뻔한 것이어서 의문시하지 않는 것이다. 가정은 우리의 신념 체계의 일부이다. 우리는 신념들이 옳다고 가정하고, 우리 주변의 세계를 해석하는 데 그 가정을 사용한다.

　ex) 종교적인 믿음 등이 대표적

7) 함의와 귀결(implication & consequence)

생각이 끝나는 곳을 넘어선 지점. 추리를 통해 명시적으로 도출해내는 결론과 달리 함의나 귀결은 보통 그 결론이 암암리에 포함하고 있는 그 이상의 내용을 말한다.

어떤 추론의 귀결에 대해 묻는 것은 "그것으로부터 무엇이 따라 나오지?"라고 묻는 것과 마찬가지다. 결론이 함의하는 귀결은 말이나 글 속에 명시적으로 드러나지 있지 않은 경우가 많다. 그래서 일차적으로 어떤 말이나 행위 함의나 귀결을 확인하는 것이 중요하다. 단순히 확인하는 데서 그치는 것이 아니라 그것들에 대한 평가 또한 중요하다.

8) 관점(point of view)

"우리는 이 문제를 어떤 관점에서 다루고 있는가?"

어떤 것에 대해 생각할 때마다 우리는 어떤 과점이나 준거틀 안에서 그렇게 생각한다. 관점이 사고의 요소라는 말은 모든 사고가 관점 없이 이루어지지 않는다는 뜻이다.

그래서 같은 물음이라도 다른 관점에서 보게 되면 다른 목적, 다른 가정, 다른 결론을 산출할 수 있다. 관점과 관련해서 많은 잠재적 원천이 있음을 깨닫는 것이 중요하다.

개인은 관점의 형성이 어느 정도인지 인지하지 못하는 경우가 대부분이고, 명시적으로 말하지 않는 경우가 많으며, 사물을 보는 방식이 편파적이라는 사실을 쉽게 깨닫지 못한다. 자신의 관점을 공개적으로 명확하게 드러내는 연습을 할 필요가 있다.

9) 맥락(context)

맥락은 문자 그대로 사고의 요소라기보다는 그 사고의 배경이다. 대안은 사고를 할 때 이루어질 수 있는 다른 선택들을 포괄한다. 무언가에 대해 생각할 때는 그 생각이 발생하는 맥락이 있으며, 그 생각을 구체화는 대한들이 있다. 생각은 언제나 어떤 맥락이나 상황

속에서 일어나며, 핵심 물음은 언제나 그 맥락이나 상황 속에서 제기된다. 맥락을 파악하는 것이 중요하다.

10) 대안(alternative)

지금까지 언급한 사고의 요소들 각각에 대해 언제나 대안을 생각해볼 수 있다. 대안을 통해 생각하는 일은 사안의 한 측면만을 보던 상태에서 다각적으로 볼 수 있도록 해준다.

3. 비판적 사고 개발방법

비판적인 사고를 갖추기 위해서는 주변에서 발생하는 사소한 일을 그냥 지나치지 않는 것이 중요하며, 사소한 발견에 대해서 의문을 가지고 지속적인 관심을 갖는 것이 필요하다.

1) 문제의식

비판적인 사고를 위해서 가장 먼저 필요한 것은 바로 문제의식이다. 문제의식이 왜 비판적인 사고에서 중요한지 다음 사례를 통해 알아보자.

 사 례

2002년 노벨상을 수상한 다나카 코이치씨는 평범한 샐러리맨이라는 점에서 큰 화제를 불러일으킨 적이 있었다. 다나카씨의 수상은 아세톤에 금속 분말을 녹여야 하지만 글리세린에 녹여버린 실수로부터 시작되었다. 다나카씨는 잘못 녹인 금속 분말이 아까워서 그대로 레이저에 대고 측정치를 계속해서 관찰하는 활동을 하였고, 그 결과 고분자의 질량분석이 가능한 현상을 발견하였다. 이런 면에서 볼 때 다나카씨의 발견은 우연일지 모르지만, 글리세린에 녹인 금속 분말은 어떻게 될까라는 끊임 없는 문제의식을 통해서 가능한 일이었다.

2) 고정관념 타파

비판적 사고를 위해서는 특정한 문제에 대해서 가능한 많은 아이디어를 산출하고, 이

러한 아이디어를 종합·검토하여, 최선의 아이디어를 도출하는 일이 필요하며, 기존에 가지고 있는 생각의 틀을 벗어나는 것이 중요하다. 다음 제시되는 물건들의 용도를 가능한 많이 찾아서 기록해 보자.

💡 스테이플러	1. 서류 정리	2. 벽에 종이를 고정	3. 세탁소에서 옷을 구분
	4. _____	5. _____	6. _____
💡 드라이어	1. _____	2. _____	3. _____
	4. _____	5. _____	6. _____
💡 칫솔	1. _____	2. _____	3. _____
	4. _____	5. _____	6. _____
💡 스카치테이프	1. _____	2. _____	3. _____
	4. _____	5. _____	6. _____

　　제시된 활동은 고정관념을 버리고 발상의 전환을 통해서 비판적인 사고를 개발하게 하는 활동이다. 활동을 통해서 비판적 사고는 고정관념이나 편견을 가지고 있어서는 안 되며, 문제의식과 발상의 전환이 필요함을 보여준다.

　　위의 활동은 개인의 생각에 따라 각기 답이 다른 것으로 한 가지의 정답은 없지만, 다음과 같은 예를 들 수 있다.

[표 10-1]

상품	본래 용도	새로운 용도
스테이플러	서류 정리	벽에 종이를 고정
드라이어	머리를 말린다.	온풍을 이용해서 어깨 결림을 완화시킨다.
칫솔	양치질을 한다.	빗의 이물질을 제거한다.
스카치테이프	종이를 붙인다.	지문 채취

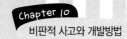
　이렇듯 비판적인 사고를 하기 위해서는 어떤 현상에 대해서 문제의식을 가지고, 고정 관념을 버리는 것이 필요하다.

3) 찬반양론법

　찬반양론법(Dialectical Inquiry)은, 1110년경, 피에르 아벨라르(Pierre Abelard, 1079~1142)가 논점들에 대해 전거(典據)를 들면서 찬성론이나 반대론을 펴는 논쟁들을 정리하는 데 관심을 둔 사상가로서, 자신의 영향력 있는 ≪찬성과 반대 Sic et Non≫에서 대단한 정확도와 능란한 응용력을 발휘하여, 논란이 되고 있는 신학적 주제들을 변증법적으로 다루어냈다.

　찬반양론법은 리더가 공평한 입장에 서서 찬성 또는 반대의 의견을 발하도록, 또 논증(論證)을 가지고 자신의 의견을 보강하도록 출석자에 적용하는 방법을 말한다.

　논제에 따라서는 일정한 제안에 대해 찬성이나 반대의 주장이 발생한다. 리더의 역할은 논제의 질문에 따라 제기된 문제에 대하나 찬성 또는 반대의 의견을 하도록 하고, 그리고 그 논증을 가지고 자신의 의견을 보강하도록 출석자에 적용하는 일이다. 질문을 교묘하게 해서 찬성 반대의 주장을 모두 제시하고 그룹이 그들의 주장을 평가해서 결론을 이끌어 낼 수 있도록 노력한다.

🐾 동성연애에 대한 생각을 찬반양론법을 이용하여 나누어보자.

찬성	반대
1.	
2.	
3.	
4.	

4) 악마의 변호인

집단 의사 결정 방법 중 한 가지로 악마의 변호인(Devil's Advocacy) 또는 '지명 반론자 법'이라고 불리는 방법이다. 천주교에서 성인(saint)으로 추대된 각 후보에 대해 교회가 엄격한 심사를 거쳐서 성인으로서 적격이 아닌 이유를 실증적 자료를 통하여 주장하는 데에서 유래되었다.

집단을 둘로 나누어 한 집단이 제시한 의견에 대해서 반론자로 지명된 집단의 반론을 듣고 토론을 벌여 본래의 안을 수정하고 보완하는 일련의 과정을 거친 후 최종 대안을 도 출하는 방법이다. 지명반론자는 집단일 필요는 없고 집단 내 2~3명 정도가 반론자의 역 할을 담당해도 된다. 반론자들은 고의적으로 본래 안의 단점과 약점들을 지적해야 한다. 이러한 과정을 거쳐 선택된 안은 생각할 수 있는 여러 상황에 대한 대응방안까지를 포함 하고 약점을 보완하게 되므로 좀 더 강력하고 현실적용성이 높아진다. 이 방법의 일반적 과정은 다음과 같다. ① 의사결정에 참여한 집단을 둘로 나누든가 집단구성원 중 몇 명을 택하여 지명반론자로 임명한다. ② 한 집단이 먼저 문제해결에 대한 수렴된 의견을 제시 한다. ③ 수렴된 의견을 지명반론집단 또는 지명반론자에게 설명을 한다. ④ 지명반론집 단에서는 이에 대한 반론을 제시한다. ⑤ 제시된 이견을 바탕으로 최선의 해결책을 찾을 수 있도록 계속 토론을 한다. ⑥ 이와 같은 절차는 최종안이 나올 때까지 계속된다.

📞 안락사에 대한 생각을 악마의 변호인을 이용하여 나누어보자.

찬성의견	반대의견
1.	
2.	
3.	
4.	

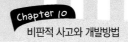

악마의 변호인이 효과를 거두려면?

카톨릭교회에서 사용된 이 방법은 그로부터 500여 년이 지난 오늘날 다른 의견을 권장하기 위해서 사실상 많은 리더들이 사용하고 있다. 즉 다수의 의견에 반대하는 사람을 선정하거나 영입하는 방법이다. 그런데 이 방법이 무작정 통하는 것이 아님을 2012년 찰런 네메스(Charlan Jeanne Nemeth)는 'Minority Influence Theory'라는 제목의 논문을 통해 밝힌 바 있다.

네메스의 연구에서 착안한 한 연구에서 독일의 기업 경영자들과 정부의 고위 관료들 200여 명에게 생산 시설을 해외로 이전할 회사의 대표를 맡도록 하고, 그들에게 두 나라(페루와 케냐라고 하자)를 제시하고, 관련된 자료를 읽게 한 후 한 나라를 선택하게 했다. 페루를 선호한 사람들은 마찬가지로 페루를 선택한 다른 두 명과 함께 한 집단을 만들게 하고, 각 나라에 대해 더 구체적인 정보를 담은 10여 개의 자료를 보게 했다. 자료의 절반은 페루를, 나머지 절반은 케냐를 추천하는 내용이었지만, 그들은 자료를 모두 읽을 시간이 없었다. 조사 결과, 페루를 선호한 실험 대상자들은 페루를 추천한 자료를 26%나 더 많이 읽은 것으로 나타났다. 이는 심리학자들이 말하는 확증 편향(confirmation bias) 현상이다. 즉 사람은 자신에게 어떤 선호도가 있을 때, 자신의 선호도를 뒷받침해주는 정보만 받아들이고 자신의 의견에 반박하는 정보는 무시한다는 것이다. 그렇다면 같은 집단 구성원 가운데 한 사람을 무작위로 선정해 악마의 변호인 역할을 하게 하면 편향성에 변화가 있을까? 그 사람의 역할은 페루를 선호하는 다수의 의견을 반박하면서 페루의 단점을 규명하고, 다수가 내린 가정에 의문을 던지는 일이다.

악마의 변호인이 있는 경우, 실험 대상자들은 이전보다는 좀 더 균형 잡힌 시각을 지니게 되었다. 그들은 케냐를 추천하는 자료보다 페루를 추천하는 자료를 2% 더 많이 읽었다. 그러나 악마의 변호인의 주장은 그들의 생각을 바꾸는 데는 역부족이었다. 실험 대상자들은 읽을 자료들을 고루 선택함으로써 표면적으로는 악마의 변호인의 의견을 존중하는 척했지만, 본래 지니고 있던 선호도에 대한 확신은 겨우 4% 하락했다. 확증 편향에 사로잡힌 그들은 자신의 의견을 뒷받침하는 주장을 더 설득력 있다고 받아들이고, 그렇지 않은 주장은 평가 절하했다. 다수의 편견을 극복하려면 다수의 의견을 뒷받침하는 자료가 아니라 반박하는 자료를 더 많이 읽어야 한다.

악마의 변호인을 지정하는 방법이 효과가 없다면 어떤 방법이 효과가 있을까? 연구자들은 페루를 선호한 실험 대상자 2명과 한 팀이 될 사람을 달리 선정했다. 페루를 선택한 사람 중에 케냐를 변호할 사람을 선정하는 대신, 실제로 케냐를 선호한 사람을 세 번째 구성원으로 선정했다. 그랬더니 집단들은 다수의 선호도를 뒷받침하는 자료보다 반박하는 자료를 14%나 더 많이 선택했다. 그리고 그들이 자신의 본래 선택에 대해 지닌 확신이 15% 감소했다.

악마의 변호인을 지정하는 방법도 유용하지만, 그들을 찾아내면 훨씬 더 효과가 크다. 내부에서 반박하는 역할을 하도록 누군가를 지정하면 그 사람은 단순히 그 역할을 하는 척하게 된다. 여기서 두 가지 문제가 발생한다. 그렇게 지정된 사람은 소수 의견을 더 강력하고 일관되게 주장하지 않고, 집단 구성원들도 그 사람의 주장을 진지하게 받아들이지 않는다. 이에 대해 네메스는 다음과 같이 설명한다.

"반대를 위한 반대는 효과가 없다. 반대하는 척하는 것, 이를테면 역할을 하는 척하는 것도 효과가 없다. 진실을 추구하기 위해서라든지, 최고의 해결책을 찾기 위해서가 아니라 다른 어떤 이유 때문에 악마의 변호인 역할을 할 경우에는 효과가 없다. 그러나 반대하는 사람이 진정성이 있다고 여겨지면 생각이 활성화된다. 생각이 분명해지고 대담해진다." 옛말에 이런 말이 있다. 성공의 비결은 진정성이다. 진정성을 가장할 수 있으면 다 된 셈이다. 그러나 실제로 진정성을 가장하기란 쉽지 않다. 악마의 변호인이 최대한 효과를 거두려면, 악마의 변호인 자신이 자기가 내세우는 주장을 진심으로 확신해야 한다. 그리고 집단도 그가 정말로 확신을 갖고 주장한다고 믿어야 한다.

네메스의 한 실험에서, 진정성 있는 반론자가 포함된 집단은 집단 내에서 지목한 악마의 변호인이 포함된 집단보다 문제에 대한 해결책을 48% 더 많이 내놓았고 해결책도 질적으로 훨씬 우수하다는 결과가 나왔다. 악마의 변호인이 다수 의견에 공감한다는 사실을 그 집단이 알고 있었는지, 또는 그 사람의 실제 생각이 무엇인지 확실히 몰랐는지에 상관없이 이런 결과가 나왔다. 게다가 악마의 변호인이 진정으로 소수의 시각을 믿는 사람이라고 해도, 그가 지정된 악마의 변호인이라고 집단의 구성원들에게 알리기만 해도 변호인의 설득력이 충분히 약화되었다. 지정된 반론자는 사람들로 하여금 의구심을 품게 만들지만, 진정성 있는 반론자는 사람들로 하여금 자신의 견해에 대해 의구심을 갖게 만든다. 지정된 반론자는 진정한 반론자에 비해 효과가 떨어지지만, 반론자에게 보호막을 만들어주기 때문에 솔깃한 방법이기는 하다. 소수 의견을 가진 사람의 입장에서는 기존 체제에 진정으로 반론을 제기하는 것에 대해 불안감을 느낄 수 있다. 하지만 단순히 악마의 변호인 역할을 한다고 주장하면 집단의 비판이나 적대감으로부터 자신을 보호할 수 있다.

그러나 네메스의 실험은 이런 주장을 반박한다. 지정된 반론자와 비교해볼 때 진정한 반론자가 집단 구성원을 훨씬 더 분노하게 만들기는커녕 오히려 집단 구성원들은 그를 약간 더 좋아했다. 진정한 반론자는 적어도 원칙을 지키는 사람이니까 말이다.

출처 : '악마의 변호인'이 효과를 거두려면…, 작성자 솔개(http://confusingtimes.tistory.com/384

5) 어항식 토의법

한 집단이 토의하는 것을 다른 집단이 어항을 보는 듯 토의과정을 자세히 관찰하는 토의법이다. 시간적 여유가 되면 참가한 두 집단의 역할을 바꾸어 준다. 어항식 토의는 집단 토의에서 토의기술 이외에도 관찰기술이나 내용지식의 구축을 돕는다. 학생들이 토의 참여자로서 자신들의 수준이나 자질에 관해 생각하도록 할 수 있다. (Baloche 등, 1993)

- 방법은 한 가지 주제에 대해서 안쪽에 앉은 사람이 먼저 토의를 진행해 나간다.
- 바깥쪽에 서있는 사람은 발언 카드를 한 장씩 들고 있다가 제시할 의견이 있을 때 발언 카드를 내려놓으며 의견을 말한다.
- 제한 시간이 지나면 안과 밖에 있는 사람들을 바꾸어서 토론을 진행한다.

이 방법은 장기나 바둑에서 훈수를 두는 것과 같은 효과가 있다. 훈수는 더 잘 보이게 마련인데 안쪽에 앉아 있는 사람들의 의견을 비판적 시각으로 바라보면서 더 합리적인 의견을 제시할 수 있다는 장점이 있다.

 〈그림 10-1〉 어항식 토의법(Fishbowl)

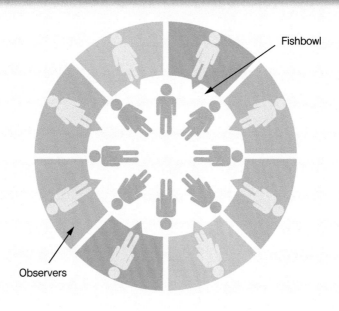

학습평가 Quiz

1. 다음 중 비판적 사고를 발휘하는데 요구되는 태도가 아닌 것은?

    ① 지적 호기심   ② 객관성

    ③ 다른 관점에 대한 반박   ④ 개방성

2. 비판적 사고의 개발 태도 중 결론에 도달하는데 있어서 감정적, 주관적 요소를 배제하고 경험
   적 증거나 타당한 논증을 근거로 하는 태도는?

    ① 지적 회의성   ② 객관성

    ③ 체계성   ④ 결단성

3. 다음의 〈보기〉의 진행절차를 따르는 토의법은 무엇인가?

> • 학생들이 두 개의 원을 지어 앉도록 하고, 내부 원에 앉은 학생과 외부 원에 앉은 학
>   생을 짝지어 준다.
> • 내부 원에 앉은 학생들에게 사고를 불러일으키는 토의 질문(discussion question)을
>   제시한다.
> • 내부 원의 토의가 진행될 때, 외부 원에 앉은 학생들은 내부 파트너의 토의 행위를
>   노트한다.
> • 내부 원에 앉은 학생들의 토의 이후에는 외부 원에 앉은 학생들이 자기의 파트너에
>   게 구성적 피드백을 제공한다.
> • 파트너는 자리를 교환해서 앉고, 새로운 질문을 제시한다.

   ① 악마의 주장법 (devil's advocate method)

   ② U형 토론 포럼(U-debate forum)

   ③ 어항식 토의(fish bowl)

   ④ 의회식 토론(parliamentary debate)

   ⑤ 국가 토론 토너먼트(National Debate Tournament : NDT)

4. 다음 중 비판적 사고를 방해하는 것으로서, 사물을 바라보는 편협적인 시각을 의미하는 것은?

① 문제의식   ② 독창성
③ 고정 관념   ④ 객관성

5. 다음 진술의 (   )에 알맞은 말을 넣으시오.

> [보기] 발상의 전환, 지각의 폭을 넓힘, 정보의 개방성, 사물에 대한 정확한 파악

비판적 사고 개발 태도는 고정관념이나 편견을 가지고 있어서는 안 되며, 문제의식을
갖고 (   )을 통하여 비판적 사고를 개발하여야 한다.

학습내용 요약 Review(오늘의 Key Point)

1. 비판적 사고란 어떤 논증, 추론, 증거, 가치를 표현한 사례를 타당한 것으로 수용할 것인가 아니면 불합리한 것으로 거절할 것인가에 대한 결정을 내릴 때 요구되는 사고능력을 의미한다

2. 비판적 사고 개발 태도에는 지적 호기심, 객관성, 개방성, 융통성, 지적 회의성, 지적 정직성, 체계성, 지속성, 결단성, 다른 관점에 대한 존중이 있다.

3. 비판적 사고의 구성요소에는 목적, 현안문제, 개념, 가정, 증거, 추론과 해석, 관점, 함의와 귀결, 맥락, 대안이 있다.

4. 비판적 사고를 개발하기 위해서는 어떤 현상에 대해서 문제의식을 가지고, 고정관념을 버려야 한다.

5. 찬반양론법은 리더가 공평한 입장에 서서 찬성 또는 반대의 의견을 발하도록, 또 논증을 가지고 자신의 의견을 보강하도록 출석자에 적용하는 방법을 말한다.

6. 악마의 변호인법은 집단을 둘로 나누어 한 집단이 제시한 의견에 대해서 반론자로 지명된 집단의 반론의 듣고 토론을 벌여 본래의 안을 수정하고 보완하는 일련의 과정을 거친 후 최종 대안을 도출하는 방법이다.

7. 어항식 토의법은 한 집단이 토의하는 것을 다른 집단이 어항을 보는 듯 토의과정을 자세히 관찰하는 토의법이다.

 스스로 적어보는 오늘 교육의 메모

문제처리능력과 원인분석

Contents

Learning Objectives

1. 문제처리능력의 개념과 절차를 설명할 수 있다.
2. 문제 인식 및 도출의 의미와 절차에 대해 설명할 수 있다.
3. 원인분석의 의미와 절차를 설명할 수 있다.

11
Chapter

이야기 속으로

S사의 문제처리과정

커피를 판매하는 전 세계적인 프랜차이즈인 S사는 1999년 국내에 입점한 이후 줄곧 국내 커피업계 1위로 선두를 달리고 있었다. 그런데 최근 몇 년 사이에 회사의 매출이 급격히 줄어들고 국내 토종 프랜차이즈들에게 그 자리를 위협받고 있다. 엎친 데 덮친 격으로 타 커피점보다 비싼 가격에 S사 커피를 마시면 '된장녀'라는 조롱을 받기까지 하는 등 대책이 시급한 상황이다. 이에 S사는 이러한 문제를 해결하기 위하여 전략 회의를 열게 되었다.

판매담당자는 "우리 커피는 그동안 고급스러운 커피의 대표주자로 업계 선두를 달리고 있었습니다. 그런데 지금은 국내 새롭게 런칭 된 C사와 E사에게 그 자리를 위협받고 있습니다. 국내 토종브랜드처럼 가격을 인하하는 것이 좋을 것 같습니다."라고 주장했다. 그러자 매장담당자가 "그렇지만 우리 회사는 아직 업계 1위입니다. 국내 저렴한 커피전문점을 따라 가격을 인하한다는 것은 명품커피회사의 자존심상 허락되지 않습니다."라며 반박을 했다.

이후 몇 분간의 논의가 이어진 후 S사는 문제를 해결하기 위한 문제처리 팀을 구성하고 해결방안에 대하여 모색하게 되었다. 그 결과 다음과 같은 결론이 제시되었다.

• 소비자들이 S커피에 발길을 멀리하기 시작한 것은 국내 토종브랜드들이 각종 국내 사회공헌과 같은 애국심 마케팅과 S커피에 대한 된장녀 인식으로 인한 심리적인 요인이 크다.

• S커피의 가격인하가 장기적으로 보았을 때 판매 상승에 큰 도움을 주지는 못한다.

• S커피를 마시면 그 돈의 일부를 국내 결식아동을 위하여 기부를 하고 개인컵을 가져왔을 때 가격의 일부를 할인해 주는 제도를 도입한다면 구매자에게 환경오염방지와 사회공헌을 한다는 인식을 심어주고 가격이 비싸다는 고정관념을 없애 줄 것이다.

• SNS를 통하여 개인컵 할인과 사회공헌, 기존 된장녀에 대한 인식을 바꾸어 줄 새 제도에 대한 적극적인 홍보 마케팅을 실시하고 한 달 후 고객 설문조사를 통하여 이에 대한 평가를 실시한다.

1. 다음 중 빈 칸에 들어갈 알맞은 말을 고르시오.

> (   )이란 목표와 현상을 분석하고 이 분석결과를 토대로 문제를 도출하여 최적의 해결책을 찾아 실행, 평가 처리해 나가는 일련의 활동을 수행하는 능력이라 할 수 있다.

① 문제처리능력   ② 연역추리
③ 귀납추리   ④ 변증법

2. 다음 중 문제해결 절차에 들어가지 않는 것은?

① 문제도출   ② 원인분석
③ 해결안 개발   ④ 수렴적 사고

3. 다음 중 원인을 분석하는데 사용되는 기법은 무엇인가?

① What Tree   ② Why Tree
③ How Tree   ④ When Tree

1. 문제처리능력

문제처리능력이란 목표와 현상을 분석하고 이 분석결과를 토대로 문제를 도출하여 최적의 해결책을 찾아 실행, 평가 처리해 나가는 일련의 활동을 수행하는 능력이라 할 수 있다. 이러한 문제처리능력은 문제해결절차를 의미하는 것으로, 일반적인 문제해결절차는 다음 그림과 같이 문제 인식, 문제 도출, 원인분석, 해결안 개발, 실행 및 평가의 5단계를 따른다.

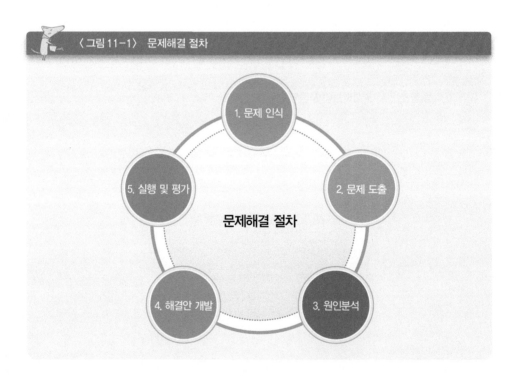

〈그림 11-1〉 문제해결 절차

① 문제인식

해결해야 할 전체 문제를 파악하여 우선순위를 정하고, 선정문제에 대한 목표를 명확히 하는 단계

② 문제도출

선정된 문제를 분석하여 해결해야 할 것이 무엇인지를 명확히 하는 단계

③ 원인분석

파악된 핵심문제에 대한 분석을 통해 근본 원인을 도출하는 단계

④ 해결안 개발

문제로부터 도출된 근본 원인을 효과적으로 해결할 수 있는 최적의 해결방안을 수립하는 단계

⑤ 실행 및 평가

해결안 개발을 통해 만들어진 실행계획을 실제 상황에 적용하는 활동으로 당초 장애가 되는 문제의 원인들을 해결안을 사용하여 제거하는 단계

2. 문제 인식 및 도출의 의미와 절차

문제해결과정 중 가장 먼저 해야 될 일은 해결해야 할 문제를 인식하는 일이다. 그러나 문제를 인식하기 위해서는 현상에 만족하지 않고 전향적인 자세로 개선을 하고자 하는 문제의식과 의욕이 있어야 한다.

1) 문제 인식의 의미와 절차

문제 인식은 문제해결과정 중 "what"을 결정하는 단계로, 해결해야 할 전체 문제를 파악하여 우선순위를 정하고, 선정문제에 대한 목표를 명확히 하는 절차를 거치며, 환경 분석, 주요 과제 도출, 과제 선정의 절차를 통해 수행된다.

다음 그림에서 보듯이 이상과 현실의 '차이(Gap)'가 바로 문제의 핵심이다.

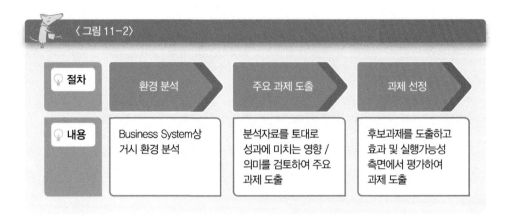

〈그림 11-2〉

절차	환경 분석	주요 과제 도출	과제 선정
내용	Business System상 거시 환경 분석	분석자료를 토대로 성과에 미치는 영향 / 의미를 검토하여 주요 과제 도출	후보과제를 도출하고 효과 및 실행가능성 측면에서 평가하여 과제 도출

(1) 환경 분석

문제가 발생하였을 때, 가장 먼저 고려해야 하는 점은 환경을 분석하는 일이다. 예를 들어, "A상품의 판매 이익이 감소하고 있다"라는 현상이 발견되었다고 한다면, "A상품의 판매 이익을 개선하는 것이 가능할까"라는 것이 주요 과제가 된다. 이 때 주요 과제를 해결하는데 있어서 가장 먼저 실시되는 것이 환경 분석이 된다. 환경 분석을 위해서 주요 사용되는 기법으로는 3C 분석, SWOT 분석방법이 있을 수 있다.

① 3C 분석

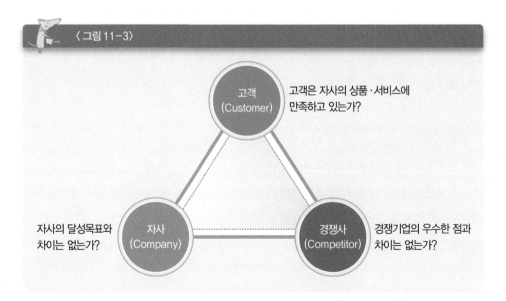

〈그림 11-3〉

고객 (Customer) 고객은 자사의 상품·서비스에 만족하고 있는가?

자사의 달성목표와 차이는 없는가?

자사 (Company)

경쟁사 (Competitor) 경쟁기업의 우수한 점과 차이는 없는가?

사업 환경을 구성하고 있는 요소인 자사, 경쟁사, 고객을 3C라고 하며, 3C에 대한 체계적인 분석을 통해서 환경 분석을 수행할 수 있다.

3C분석에서 고객 분석에서는 "고객은 자사의 상품/서비스에 만족하고 있는지", 자사 분석에서는 "자사가 세운 달성목표와 현상 간에 차이가 없는지"를 경쟁사 분석에서는 "경쟁기업의 우수한 점과 자사의 현상과 차이가 없는지"에 대한 질문을 통해서 환경을 분석하게 된다.

② SWOT 분석

SWOT 분석은 기업 내부의 강점, 약점과 외부환경의 기회, 위협요인을 분석 평가하고, 이들을 서로 연관지어 전략을 개발하고 문제해결방안을 개발하는 방법이다.

SWOT 분석은 내부환경요인과 외부환경요인의 2개의 축으로 구성되어 있다. 내부환경요인은 자사 내부의 환경을 분석하는 것으로 분석은 다시 자사의 강점과 약점으로 분석된다. 외부환경요인은 자사 외부의 환경을 분석하는 것으로 분석은 다시 기회와 위협으로 구분된다. 내부환경요인과 외부환경요인에 대한 분석이 끝난 후에 매트릭스가 겹치는 SO, WO, ST, WT에 해당되는 최종 분석을 실시하게 된다.

〈그림 11-4〉 SWOT 분석

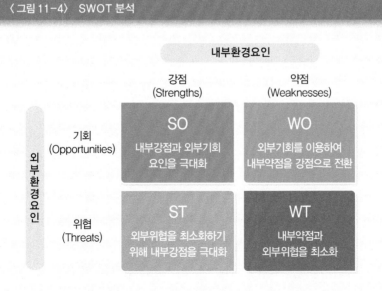

③ SWOT 분석 방법

㉠ **외부환경요인 분석**(Opportunities, Threats)

ⓐ 자신을 제외한 모든 것^(정보)을 기술한다.

ⓑ 좋은 쪽으로 작용하는 것은 기회, 나쁜 쪽으로 작용하는 것은 위협으로 분류한다.

ⓒ 언론매체, 개인 정보망 등을 통하여 입수한 상식적인 세상의 변화 내용을 시작으로 당사자에게 미치는 영향을 순서대로, 점차 구체화한다.

ⓓ 인과관계가 있는 경우 화살표로 연결한다.

ⓔ 동일한 data라도 자신에게 긍정적으로 전개되면 기회로, 부정적으로 전개되면 위협으로 나뉘어진다.

ⓕ 외부환경분석에는 SCEPTIC 체크리스트를 활용하면 편리하다.

　• social^(사회), • competition^(경쟁), • economic^(경제), • politic^(정치),

　• technology^(기술), • information^(정보), • client^(고객)

㉡ **내부환경요인 분석**(Strength, Weakness)

ⓐ 경쟁자와 비교하여 나의 강점과 약점을 분석한다.

ⓑ 강점과 약점의 내용 : 보유하거나, 동원 가능하거나, 활용 가능한 자원^(resources)

ⓒ 내부환경분석에는 MMMITI 체크리스트를 활용할 수도 있지만, 반드시 적용해서 분석할 필요는 없다.

　• Man^(사람), • Materia ^(물자) • Money^(돈) • Information^(정보),

　• Time^(시간), • Image^(이미지)

④ 전략 수립 방법

내부의 강점과 약점을, 외부의 기회와 위협을 대응시켜 기업의 목표를 달성하려는 SWOT 분석에 의한 발전전략의 특성은 다음과 같다.

㉠ SO전략 : 외부환경의 기회를 활용하기 위해 강점을 사용하는 전략 선택

㉡ ST전략 : 외부환경의 위협을 회피하기 위해 강점을 사용하는 전략 선택

㉢ WO전략 : 자신의 약점을 극복함으로써 외부환경의 기회를 활용하는 전략 선택

㉣ WT전략 : 외부환경의 위협을 회피하고 자신의 약점을 최소화하는 전략 선택

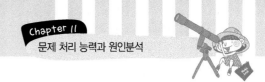

(2) 주요 과제 도출

환경 분석을 통해 현상을 파악한 후에는 분석결과를 검토하여 주요 과제를 도출해야 한다. 과제 도출을 위해서는 한가지 안이 아닌 다양한 과제 후보안을 도출해내는 일이 선행되어야 한다. 주요 과제 도출은 다음 그림과 같은 sheet를 이용해서 하는 것이 체계적이며 바람직하다.

구분	요소 1	요소 2	요소 3
환경			
고객			
경쟁사			
자사			
과제안	1. 2. 3. 4.		

주요 과제 도출에 있어서 과제안을 작성할 때는 과제안 간의 수준은 동일한지, 표현은 구체적인지, 주어진 기간 내에 해결가능한 안들인지를 확인해야 한다.

(3) 과제 선정

과제 선정은 과제안 중 효과 및 실행 가능성 측면을 평가하여 우선순위를 부여한 후 가장 우선순위가 높은 안을 선정하며, 우선순위 평가 시에는 과제의 목적, 목표, 자원현황 등을 종합적으로 고려하여 평가한다. 과제 선정은 다음 그림과 같은 sheet를 활용함으로써 효과적으로 이루어질 수 있다.

과제안	평가기준 1	평가기준 2	평가기준 3	평가기준 4	평가기준 5
과제안 1					
과제안 2					
과제안 3					
과제안 4					

〈그림 11-5〉 과제안 평가기준

특히 과제안에 대한 평가기준은 과제해결의 중요성, 과제착수의 긴급성, 과제해결의 용이성을 고려하여 여러 개의 평가기준을 동시에 설정하는 것이 바람직하다. 또한 과제해결의 중요성에 대한 평가기준은 매출/이익 기여도, 지속성/파급성, 고객만족도 향상, 경쟁사와의 차별화, 자사 내부적 문제해결 등이 있으며, 과제 착수의 긴급성에 대한 평가기준으로는 달성의 긴급도와 달성에 필요한 시간 등이 이용될 수 있다. 과제해결의 용이성에 대한 평가기준은 실시상의 난이도, 필요자원 적정성 등이 있다.

2) 문제도출의 의미와 절차

어떤 이들은 직면한 문제가 어떻게 구성되어 있는지를 제대로 파악하지 못하고 조급하게 해결하려는 경향이 있다. 문제를 효과적으로 해결하기 위해서는 문제의 구조에 따라 세분화하여 문제를 도출하는 것이 필요하다. 그럼 문제를 세분화는 어떻게 이루어질 수 있을까?

문제를 인식한 후에는 선정된 문제를 분석하여 해결해야 할 것이 무엇인지를 명확히 하는 문제도출단계를 거치게 된다. 다음은 문제도출과정을 한 컨설팅 업체에 의뢰한 K사 사례 이다. 사례를 읽고 문제를 도출해 나가는 과정이 무엇인지를 생각해 보자.

 사 례

문제 안에 문제가 있다

막걸리를 판매하는 K사는 최근 자사의 이익이 감소하고 있는 문제상황에 직면하게 되었다. K사는 이익감소라는 문제를 타결하기 위하여 사내의 모든 부서장이 참가하는 긴급회의를 개최하였다.

판매 부서에서는 판매량을 높이기 위하여 유명연예인을 모델로 채용하여야 한다고 주장하였고 개발부서에서는 기존의 노후한 이미지에서 벗어나기 위해 청년층에 인기를 끌 수 있는 다양한 맛의 신제품을 개발하여야 한다고 주장하였다. 또한 생산부서에서는 막걸리의 단점인 짧은 유통기한을 커버할 만한 제품개발이 필요하다고 주장하였다. 몇 시간의 회의가 진행된 후에 논의된 아이디어들을 모두 수집하였지만, 아이디어의 양에 비하여 뚜렷한 대안을 세울 수 없었다. 그래서 고민 끝에 문제해결을 전문으로 하는 컨설팅 업체에 문제도출을 의뢰하였다. 컨설팅 업체의 실무담당자는 회의에 참석하여 아이디어들을 작은 아이디어들로 분해하기 시작하였다.

K사의 막걸리 판매율을 개선하기 위해서 가격상승과 기존의 막걸리이미지를 타파할 만한 신제품개발과 홍보라는 과제들이 선정되었으며, 신제품의 주 타켓을 어느 연령대로 할 것인지, 신제품의 컨셉을 어떻게 잡을 것인지, 홍보의 대상을 누구로 할 것인지에 대한 문제가 도출되었다. 또한 가격상승을 위해 단순히 가격만 올릴 것인지, 새로운 원재료를 첨가하여 가격을 올릴 것인지 등에 대한 세부 문제가 도출되었다. 이를 통해 K사가 할 수 있는 모든 대안들이 도출되었다.

문제를 도출하기 위해서는 해결해야 하는 문제들을 다룰 수 있는 작고 세분화된 문제들로 쪼개 나가는 과정이 필요하다. 이를 통해서 문제의 내용이나 해결안들을 구조화할 수 있다. 다음 보기는 이러한 문제도출과정을 "A상품의 판매이익을 개선하는 것이 가능한가?"라는 문제로부터 세부 문제들을 찾아나가는 과정을 나타낸 것이다. 최근 자신이 수행하고 있는 업무 상황에서 겪은 문제들을 〈그림 11-6〉처럼 세부 문제로 구조화해 보자.

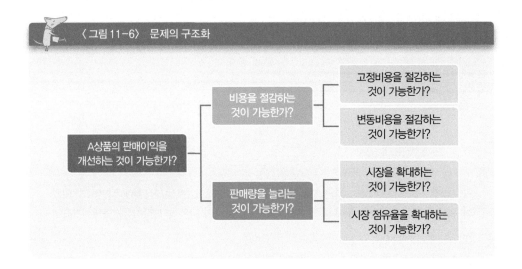

〈그림 11-6〉 문제의 구조화

(1) 문제도출의 의미와 절차

문제도출은 선정된 문제를 분석하여 해결해야 할 것이 무엇인지를 명확히하는 단계로 현상에 대하여 문제를 분해하여 인과관계 및 구조를 파악하는 단계이다. 이러한 문제 도출은 문제구조 파악, 핵심문제선정의 절차를 거쳐 수행된다.

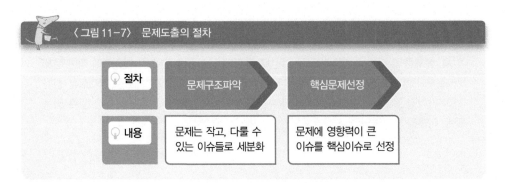

〈그림 11-7〉 문제도출의 절차

(2) 문제구조 파악

전체 문제를 개별화된 세부 문제로 쪼개는 과정으로 문제의 내용 및 미치고 있는 영향 등을 파악하여 문제의 구조를 도출해내는 것이다. 문제구조 파악에서 중요한 것은 본래 문제가 발생한 배경이나 문제를 일으키는 메커니즘을 분명히 해야 한다. 또한 문제구조 파악을 위해서는 현상에 얽매이지 말고 문제의 본질과 실제를 봐야 하며, 한쪽만 보지 말고 다면적으로 보며, 눈앞의 결과만 보지 말고 넓은 시야로 문제를 바라봐야 한다.

(3) Logic Tree

이러한 문제구조 파악을 위해서는 아래 그림과 같은 Logic Tree 방법이 사용된다.

〈그림 11-8〉 문제 구조 파악을 위한 Logic Tree

Logic Tree 방법은 문제의 원인을 깊이 파고든다든지 해결책을 구체화할 때 제한된 시간 속에 넓이와 깊이를 추구하는데 도움이 되는 기술로, 주요 과제를 나무모양으로 분해, 정리하는 기술이다. 이러한 Logic Tree를 작성할 때에는 다음과 같은 점을 주의해야한다.

- 전체 과제를 명확히 해야 한다.
- 분해해가는 가지의 수준을 맞춰야 한다.
- 원인이 중복되거나 누락되지 않고 각각의 합이 전체를 포함해야 한다. 즉, MECE 하게 분기해야 한다. 앞 그림에서는 원인 A와 원인 B는 중복되지 않으면서 '원인 A + 원인 B = 주요과제'라는 수식을 충족해야 한다는 것이다.

① Logic Tree의 이점

Logic Tree의 이점은 논리적인 사고력이 증진된다는 점이다. 논리력은 유사한 말로 체계적 사고라고 쉽게 설명할 수 있다. 논리력은 복잡한 것을 체계적이고 간결한 구조로 정리하여 상대에게 전달하는 것이기 때문에 이해가 쉽고 오랜 기간 기억이 되는 장점이 있다. 또 다른 이점으로는 과제 해결력의 향상을 꼽을 수 있다. 과제의 모든 모습이 정리되어 보이기 때문에 전체상을 쉽게 파악할 수 있고, 요소간의 관계성도 명확해지며, 우선순위 판단도 용이한 장점이 있다.

② Logic Tree의 종류

㉠ What Tree는 과제의 전체 구성 요소를 알아보거나 체크리스트를 작성할 때 사용한다.

㉡ Why Tree는 과제나 문제의 원인이나 이유를 찾을 때 사용한다.

㉢ How Tree는 과제나 문제에 대해서 해결 대안을 찾을 때 사용한다.

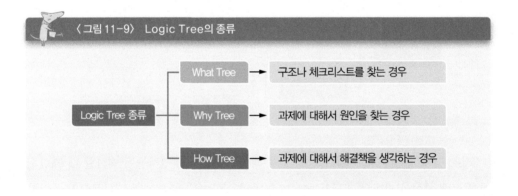

〈그림 11-9〉 Logic Tree의 종류

3. 원인분석

원인을 분석하기 위해서는 문제상황에 대한 원인들을 모두 조사한 후, 주요 원인들로 범주화하는 과정이 필요하다. 이는 근본적인 원인을 찾아나가는 핵심적인 방법으로, 해결방안을 결정하기 위해서 수행해야 하는 절차이다. 다음은 한 부서 내에서 발생한 문제들의 원인들을 모두 찾아내서 기록한 것이다. 이러한 원인들을 종합하여, ①시설 및 장비 문제, ②인력 문제, ③재정 문제의 3가지 문제로 구분하였다. 각 원인들은 어떤 문제의 원인인지를 (   )안에 해당하는 문제의 번호를 적어보자.

1. 냉난방 상 문제가 발생하였다. (   )

2. 요금 청구 절차가 정확하지 않다. (   )

3. 직원들이 업무 절차에 익숙하지 못하다. (   )

4. 소음이 너무 심하다. (   )

5. 업무가 바쁜 시간에는 인력이 충분하지 않다. (   )

6. 수출부진으로 신상품을 개발할 비용이 부족하다. (   )

1) 원인분석의 의미와 절차

원인분석은 파악된 핵심문제에 대한 분석을 통해 근본 원인을 도출해내는 단계이다. 원인분석은 Issue분석, Data 분석, 원인 파악의 절차로 진행되며, 핵심 이슈에 대한 가설을 설정한 후, 가설 검증을 위해 필요한 데이터를 수집, 분석하여 문제의 근본 원인을 도출해 나가는 것이다.

〈 그림 11-10 〉 원인분석의 절차

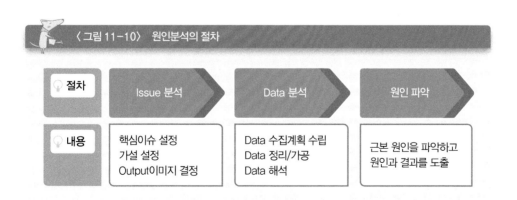

절차	Issue 분석	Data 분석	원인 파악
내용	핵심이슈 설정 가설 설정 Output이미지 결정	Data 수집계획 수립 Data 정리/가공 Data 해석	근본 원인을 파악하고 원인과 결과를 도출

(1) Issue 분석

이슈 분석은 핵심이슈 설정, 가설 설정, output 이미지 결정의 절차를 거쳐 수행된다.

① 핵심이슈 설정

현재 수행하고 있는 업무에 가장 크게 영향을 미치는 문제로 선정하며, 사내외 고객 인터뷰 및 설문조사, 관련자료 등을 활용하여 본질적인 문제점을 파악하는 방법으로 수행된다.

② 가설 설정

핵심이슈가 설정된 후에는 이슈에 대해 자신의 직관, 경험, 지식, 정보 등에 의존하여 일시적인 결론을 예측해보는 가설을 설정한다. 가설 설정은 관련자료, 인터뷰 등을 통해 검증할 수 있어야 하며, 간단명료하게 표현하고, 논리적이며 객관적이어야 한다.

③ Output 이미지 결정

가설 설정 후에는 가설검증계획에 의거하여 분석결과를 미리 이미지화한다.

(2) Data 분석

데이터 분석은 데이터 수집계획 수립, 데이터 수집, 데이터 분석의 절차를 거쳐 수행된다. 데이터 수집 시에는 목적에 따라 데이터 수집 범위를 정하고, 일부를 전체로 해석할 수 있는 자료는 제외해야 한다. 또한 정량적이고 객관적인 사실을 수집하고, 자료의 정보원을 명확히 해야 한다. 데이터 수집 후에는 목적에 따라 수집된 정보를 항목별로 분류 정리한 후 "what", "why", "how" 측면에서 의미를 해석해야 한다.

(3) 원인 파악

원인 파악은 이슈와 데이터 분석을 통해서 얻은 결과를 바탕으로 최종 원인을 확인하는 단계이다. 원인 파악 시에는 원인과 결과사이에 패턴이 있는지를 확인하는 것이 필요하며, 이러한 원인의 패턴은 다음과 같다.

① 단순한 인과관계

원인과 결과를 분명하게 구분할 수 있는 경우로, 어떤 원인이 앞에 있어 여기에서 결과가 생기는 인과관계를 의미하며, 소매점에서 할인율을 자꾸 내려서 매출 share가 내려가기 시작하는 경우가 이에 해당한다.

② 닭과 계란의 인과관계

원인과 결과를 구분하기가 어려운 경우로, 브랜드의 향상이 매출확대로 이어지고, 매출확대가 다시 브랜드의 인지도 향상으로 이어지는 경우가 이에 해당한다.

③ 복잡한 인과관계

단순한 인과관계와 닭과 계란의 인과관계의 두 가지 유형이 복잡하게 서로 얽혀 있는 경우로, 대부분의 경영상 과제가 이에 해당한다.

2) 원인분석 기법

(1) Why Logic Tree를 활용한 원인분석

앞에서 배운 Logic Tree는 근본 원인을 찾아가는 Why Logic Tree 와 해결방안을 도출해 내는 How Logic Tree로 이루어져 있다.

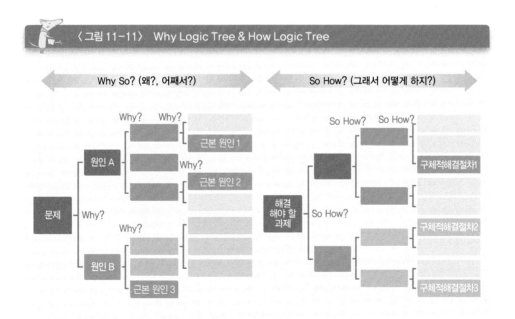

〈그림 11-11〉 Why Logic Tree & How Logic Tree

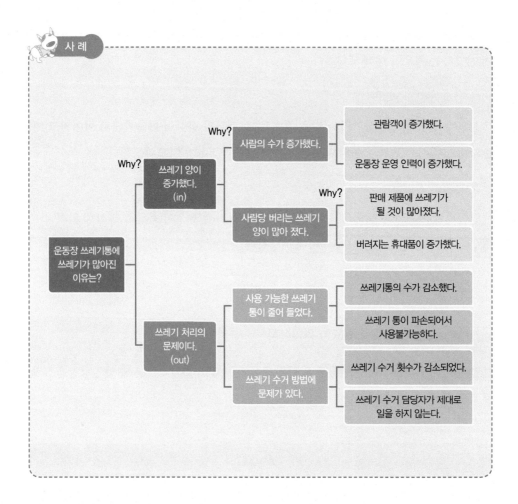

위 사례는 운동장 쓰레기통에 쓰레기가 많아진 이유에 대해 Why Logic Tree를 활용해 원인을 찾아가고 있다. 이때 유의할 점은 Logic Tree를 분기해 나아갈 때 가급적 MECE하게 분기해야 한다는 점이다. 아무렇게나 가지를 치는 게 아니라 MECE하게 가지를 치는 것이 핵심이다.

문제해결에서 가장 중요한 한 가지를 꼽으라면 필자는 원인분석을 꼽고 싶다. 주어진 문제에 대해 근본적인 원인에 접근하면 생각보다 손쉽게 해결방안을 구할 수 있기 때문이다. 보통 문제해결에 실패하는 경우를 들여다 보면 근본적인 원인에 도달하지 못한 채 해결방안을 구하려 하기 때문이다.

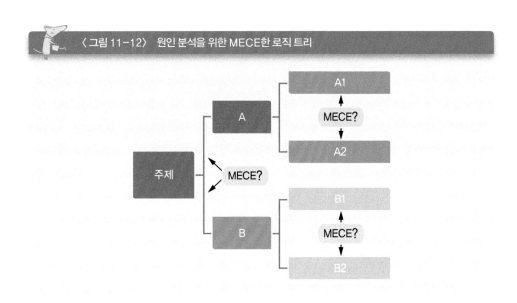

〈 그림 11-12〉 원인 분석을 위한 MECE한 로직 트리

Level up Mission

Why Logic Tree를 활용하여 원인분석을 해 보시오.

1. 최근 체중이 5킬로 증가한 이유는? (레벨3이상의 Why Logic Tree를 그려 보시오)

Tip. 우선 반대개념인 (+)칼로리 섭취, (−)칼로리 소모를 MECE로 사용한다. 칼로리 섭취 증가는 양과 질로 구분한다. 양은 횟수나 식사량과 관련이 있고, 질은 고칼로리 여부와 관련이 있을 것이다. 칼로리 소모 감소는 자신의 직접적 요인과 환경적 요인으로 구분 지을 수 있을 것이다. 직접적 요인은 성격이나 태도로 나눌 수 있고, 환경적 요인은 근무환경의 변화나 업무형태의 변화 등으로 나눌 수 있을 것이다.

(2) 특성요인도^(Cause-Effect Diagram)를 활용한 원인분석

Cause-Effect Diagram은 문제를 세분화해가면서 문제의 원인과 대안을 찾을 수 있는 기법이다. 이 기법은 기법의 구조가 생선의 머리와 뼈처럼 보이기 때문에 Fish Bone Diagram^(Ishikawa Diagrams)으로 알려져 있으며, 품질관리 분야에 널리 이용되고 있다. 이 기법을 사용할 때 여러 부서의 팀원들이 참여한 브레인스토밍 방법을 이용하면 문제의 인과관계와 원인을 쉽게 분석할 수 있다.

이 기법은 여러 부서가 관련한 복잡한 문제와 전략적 문제의 원인과 해결방안을 찾는 데 유용하다.

- 생산성 향상방안 분석
- 신제품 개발의 실패 분석
- 제품의 품질 향상 방안
- 신규 사업의 성공요소 분석

〈적용단계〉

❶ 의사결정자의 문제, 시간, 장소를 큰 종이의 한쪽에 문제를 쓰고, 큰 수평선을 긋는다. 이 선이 생선의 척추^(backbone)처럼 문제의 중심이 된다.

❷ 각 요소에 대해서 생선의 뼈처럼 하나씩 그려가면서 문제와 관련한 중요한 요소^(factor)를 찾아내고, 이름^(label)을 붙인다. 각 요소는 문제에 관련한 사람, 시스템, 장비, 원자재, 외부 환경요인들이 될 수 있다.

❸ 각 요소들의 선에 작은 선을 붙여 가면서 각 요소에 관련된 원인들을 찾아내고, 원인들을 연결시켜간다. 만약에 원인이 크다면 작은 선을 그려서 작은 원인들을 찾아가면 된다.

❹ 이처럼 문제와 관련한 요소 및 원인을 찾아서 그림을 그리면서 문제의 원인을 찾아내고, 추가조사가 필요한 부분을 찾아낸다.

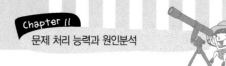

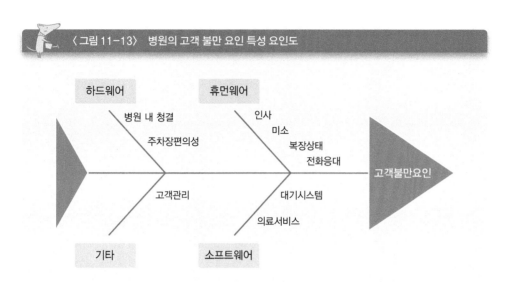

<그림 11-13> 병원의 고객 불만 요인 특성 요인도

〈그림 11-13〉은 병원에서 발생하는 고객 불만 요인을 분석한 특성요인도이다. 시설과 관련된 하드웨어, 사람과 관련된 휴먼웨어, 병원 시스템과 관련된 소프트웨어, 기타 이렇게 4가지로 분류해서 각각의 분야에서 원인을 찾아가고 있다. 보통 휴먼웨어와 소프트웨어는 같은 카테고리로 보기도 한다.

학습평가 Quiz

1. 다음 보기는 문제 인식 절차를 나타낸 것이다. 각 절차를 순서에 맞게 배열해 보자.

> [보기] 과제 선정, 환경 분석, 주요 과제 도출

(①   ) → (②   ) → (③   )

2. 다음 중 환경 분석의 방법으로 사업 환경을 구성하고 있는 자사, 경쟁사, 고객에 대한 분석방법은?

  ① SWOT 분석   ② 3C 분석

  ③ 목표 분석   ④ 심층면접 분석

3. 원인분석의 절차 중 Data 분석 내용 중 옳지 않은 것은?

  ① Data 해석   ② Data 설정

  ③ Data 수집계획 수립   ④ Data 정리/가공

4. Issue 분석 중 가설 설정을 하는 조건 중 옳지 않은 것은?

  ① 창의적 이어야 한다.

  ② 논리적이며 객관적이어야 한다.

  ③ 관련자료, 인터뷰 등을 통해 검증할 수 있어야 한다.

  ④ 간단명료하게 표현 하여야 한다.

5. 특성요인도에 대해 설명하시오.

학습내용 요약 Review(오늘의 Key Point)

1. 문제처리능력이란 목표와 현상을 분석하고 이 분석결과를 토대로 문제를 도출하여 최적의 해결책을 찾아 실행, 평가 처리해 나가는 일련의 활동을 수행하는 능력이라 할 수 있다

2. 문제해결의 절차는 문제인식 → 문제도출 → 원인분석 → 해결안 개발 → 실행 및 평가이다.

3. 문제 인식은 문제해결과정 중 "what"을 결정하는 단계로, 해결해야 할 전체 문제를 파악하여 우선순위를 정하고, 선정문제에 대한 목표를 명확히 하는 절차를 거치며, 환경 분석, 주요 과제 도출, 과제 선정의 절차를 통해 수행 된다.

4. 문제도출은 선정된 문제를 분석하여 해결해야 할 것이 무엇인지를 명확히 하는 단계로 현상에 대하여 문제를 분해하여 인과관계 및 구조를 파악하는 단계이다. 이러한 문제도출은 문제 구조 파악, 핵심 문제 선정의 절차를 거쳐 수행된다.

5. 문제 구조를 파악하는 방법으로는 Logic Tree가 있으며 이는 문제의 원인과 해결안 모두를 도출할 수 있는 도구이다.

 스스로 적어보는 오늘 교육의 메모

대안의 선택과
합리적인 의사결정

Contents

Learning Objectives

1. 문제해결과 의사결정의 의미와 중요성을 이해하고 말할 수 있다.
2. 대안평가에 있어서 여러 가지 기법을 적용할 수 있다.

12
Chapter

2011년 3월 발생한 일본 후쿠시마 원전 사고와 2016년 11월 4일 발효된 온실가스 감축을 위한 파리협정을 볼때, 국가마다 원전에 대한 입장이 다르게 나타나고 있다.

일본은 후쿠시마 사고 직후 54기의 원전을 폐기 혹은 가동중지시켰으나 2012년말 아베 정부 출범 이후 5기의 원전을 재가동했다. 중국은 원전을 빠르게 늘리고 있다. 작년 3월 현재 운전 중인 33기의 원전 외에 22기의 원전을 추가 건설중이며, 국산 원전설비 개발에도 박차를 가하고 있다. 도널드 트럼프 미국 대통령은 네바다주의 유카마운틴 사용후 핵연료 처분장 건설 재개를 추진할 입장인 것으로 알려지고 있다.

우리의 경우는 어떤가. 정부의 제7차 전력수급기본계획에 따르면 원전설비는 2029년도까지 전체 전력설비 용량에서 차지하는 비율이 28.2%로 높아질 전망이다. 그러나 이러한 계획이 순조롭게 달성될지는 미지수다. 사회적으로 반원전 분위기가 만만치 않으며, 특히 후쿠시마 사고와 경주 지진 등으로 원전에 대한 부정적 기류가 확산되고 있기 때문이다. 야권 대선주자를 중심으로 정치인들의 탈원전 주장도 늘고 있다. 하지만 우리의 여건에서 원전을 대체할만한 전원이 존재하는가. 무엇보다 우리나라가 온실가스를 2030년에 시장전망 치(BAU) 대비 37%(3억 1500만톤) 줄이겠다고 한 국제적 공약을 어떻게 지킬 것인지를 생각해 봐야 한다.

원전은 우라늄 농축에서부터 폐로에 이르기까지 전 라이프사이클을 고려해도 온실가스를 거의 배출하지 않아 온실가스 감축에 가장 효과적이다. 경제성 측면에서도 원전의 발전단가는 석탄화력이나 LNG발전, 신재생에너지 등보다 낮다. 때문에 원전을 포기한다면 독일이나 후쿠시마 사고 이후 일본처럼 소비자가 전기요금 급등을 감수할 수밖에 없다. 태양광, 풍력 등 신재생에너지를 대안으로 확대시키면 바람직하겠지만 이들 전원은 아직 경제성이 떨어지고 안정적 전력공급 측면에서 문제를 안고 있다. 특히 신재생에너지는 전력공급의 불안정성에 대비에 백업 전원을 별도로 설치해야 하는 문제도 있다.

결국 우리가 선택할 수 있는 대안은 원전을 기저전원으로서 유지하되 안전성을 강화하는 것이다. 안전성에 조금이라도 허점이 있다면 국토면적당 원전밀집도가 세계 최고 수준인 상황에서 국민이 치명적인 재앙을 당할 가능성을 전혀 배제할 수는 없다. 그러기에 원전은 안전에 안전을 기해야 한다. 사소한 고장이 발생하더라도 이를 신속히 공개하고 이의 조치 상황을 국민에게 충분히 알리는 등 정보전달 체계를 제대로 확립해야 한다. 신뢰확보가 국민의 이해를 구하는 최고 요소이다.

출처 : 경제광장-온기운 숭실대 경제학과 교수, 脫원전 대안은 있는가, 2017.3.9

문재인 정부가 들어서며 우리나라는 탈원전의 행보를 걷고 있지만 위의 사설에서 볼 수 있듯이 대부분의 문제상황은 해결 방법에 있어서 여러 가지 대안을 찾게 된다. 12장에서 우리는 대안의 선택과 합리적인 의사결정에 대해 학습한다. 문제해결과 의사결정 프로세스, 대안 평가 기법등을 통해 보다 합리적으로 문제를 해결해 나가는 방법을 알아보도록 한다.

사전진단. Self Check

1. 다음은 무엇에 대한 설명인가?

> 문제해결 과정의 일부로서 특정의 문제를 해결하기 위한 여러 가지의 대체적 행동 (alternatives) 가운데서 특정 상황에 비추어 가장 바람직한 행동 과정을 선택하는 논리 적인 과정이다.

① 의사결정   ② 창의적 사고

③ 비판적 사고   ④ 대안행동

2. 다음은 무엇에 대한 설명인가?

> · 의사결정의 주체, 즉 의사결정자의 지적, 기술적 능력 및 경험, 가치관, 개성 등의 영 향을 받음
> · 조직구조의 특성, 즉 조직의 목표, 규범, 역할, 의사결정경로 등의 영향을 받는다.
> · 조직이 처해 있는 환경, 즉 정치, 경제, 사회, 문화, 및 미래의 불확실성 정도에 영향 을 받는다.
> · 수집된 정보의 내용에 의해 영향을 받는다

① 대인관계에 영향을 미치는 요인

② 의사결정에 영향을 마치는 요인

③ 대안개발에 영향을 미치는 요인

④ 문제 분석에 영향을 미치는 요인

3. 다음 중 의사결정 프로세스에 해당하지 않는 것은?

① 문제 인식   ② 대안개발

③ 실행   ④ 시장조사

1. 문제해결과 의사결정

1) 문제해결을 위한 의사결정

우리의 삶은 수많은 문제해결과 의사결정으로 이루어져 있다. 문제해결의 본질이 바라는 목표와 현재 사이에 발생한 차이의 원인을 규명하고, 그 차이를 없앨 수 있는 가장 효과적이고 효율적인 방법을 제시해 실천에 옮기는 것이라면 의사결정은 문제해결 과정의 일부로서 특정의 문제를 해결하기 위한 여러 가지의 대체적 행동(alternatives) 가운데서 특정 상황에 비추어 가장 바람직한 행동 과정을 선택하는 논리적인 과정이라 정의할 수 있다. 이때 선택의 기준은 "신뢰할 수 있는 정보에 의한 것인가?, 명확하게 문제를 해결할 수 있는 대안인가?, 논리구성이 명확한가?, 창의적이고 실행 가능한 대안인가?" 등을 들 수 있다.

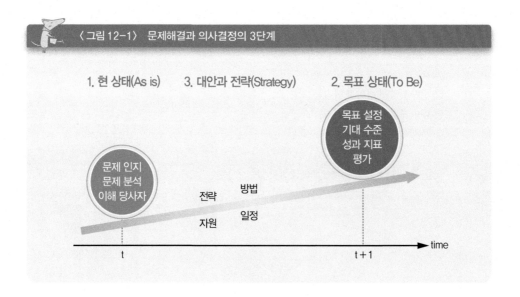

〈그림 12-1〉 문제해결과 의사결정의 3단계

따라서 문제해결과 의사결정 능력은 경쟁력을 결정하는 핵심 요소로서, 사회 구성원 모두가 갖추어야 할 핵심 능력이다. 개인과 기업, 정부에 따라 달라지는 일상적, 전략적 의사결정의 예는 아래와 같다.

〈그림 12-2〉 일상적·전략적 의사결정의 예

개인	• 일상적 의사결정 : 식사 메뉴, 출퇴근길, 교통수단의 선택 • 전략적 의사결정 : 진학, 취업, 결혼, 재테크, 창업 등
기업	• 일상적 의사결정 : 원자재 주문, 생산계획 수립, 고객 주문 처리, 제품 판매, 대금결제 등 • 전략적 의사결정 : 신제품 개발, 생산시설 확장, 해외시장 진출, 인사 시스템 개편 등
정부	• 일상적 의사결정 : 민원 처리, 세무 업무, 치안 활동 등 • 전략적 의사결정 : 행정 수도, 북한 핵, 부동산 정책, 교육 제도, 금융위기, 연금제도, 　　　　　　　　　 국방 시스템 구축 등

2) 의사결정에 영향을 미치는 요인

① 의사결정은 의사결정의 주체, 즉 의사결정자의 지적·기술적 능력 및 경험, 가치관, 개성 등의 영향을 받는다.

② 의사결정은 조직구조의 특성, 즉 조직의 목표, 규범, 역할, 의사결정 경로 등의 영향을 받는다.

③ 의사결정은 조직이 처해 있는 환경, 즉 정치, 경제와 사회, 문화 그리고 미래의 불확실성 정도에 영향을 받는다.

④ 의사결정은 수집된 정보의 내용에 의해 영향을 받는다.

3) 문제해결과 의사결정 유형에 따른 경쟁력

발생한 문제는 개인의 가치관과 조직의 상황에 따라 다른 방식으로 해결될 수 있다. 일반적으로 아래의 그림과 같이 의사결정의 유형과 의사결정 특성에 따라서 개인 및 기업의 경쟁력을 평가해 볼 수 있다.

• 전략적 의사결정이 많은 기업이 상대적으로 동적인 환경에 있을 가능성이 높다.

• 기회 탐색 유형의 의사결정이 많을수록 긍정적인 상황에 있을 가능성이 많다.

• 업무와 직급에 따라서 수행하는 의사결정의 유형과 특성이 다르다.

Q. 나나 우리 학교^(회사)는 어떤 유형의 의사결정을 많이 수행하고 있을까?

〈그림 12-3〉 문제해결과 의사결정 유형에 따른 경쟁력

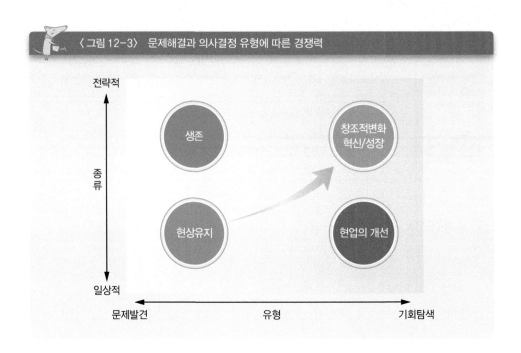

4) 의사결정 프로세스

아래의 그림과 같이 의사결정의 과정은 문제에 대한 인식으로부터 시작해서 문제에 대한 해결안의 시행에 이르는 문제해결(problem solving)이라고도 할 수 있다. 따라서 의사결정은 문제해결과 같은 맥락으로 볼 수 있다.

- Simon의 모델을 기초로 문제해결과 의사결정은 네 단계로 구성된다
- 의사결정은 문제해결의 한 영역이나 문제해결과 의사결정은 동일한 개념으로 사용된다.

Q. 나와 우리 조직은 문제해결과 의사결정을 체계적으로 수행하고 있을까?

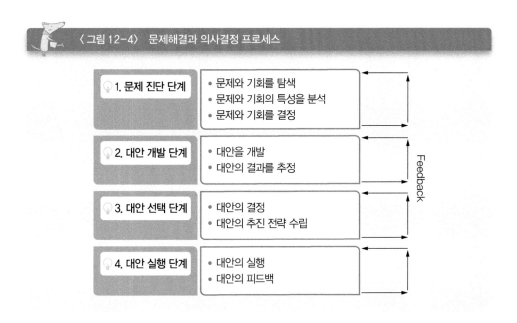

〈그림 12-4〉 문제해결과 의사결정 프로세스

① 문제 탐색 및 환경요인 평가(탐색)

탐색(정보수집)단계는 조직 내에 나타난 문제를 파악하고 이해하는 단계이다. 이 단계에서는 무엇이 문제이며, 왜 이러한 문제가 생기며, 이 문제가 어떤 영향을 미치는가를 이해한다. 문제를 파악하기 위해서는 조직 내부 및 외부의 환경을 지속적으로 모니터하여야 한다.

② 대안 개발(설계)

설계단계는 문제를 해결할 수 있는 가능한 대안을 개발하고 분석하는 단계이다. 경우에 따라 대안이 이미 주어져 있는 경우도 있으며 어떤 경우에는 완전히 새로운 대안을 개발하기도 한다.

③ 합리적인 대안 선택(선택)

선택단계는 가능한 대안 중 한 가지 대안을 선택하는 단계이다. 이 단계에서는 명시적이든 암묵적이든 대안을 선택하는 기준을 마련하고 기준에 따라 각 대안을 평가한다. 설계단계에서 개발된 평가기준 즉, 은행의 경우 예상 수익률, 위험도, 환금성 등의 평가기준에 따라 주식, 채권, 대출 대안 중에서 하나를 선택하여야 할 것이다.

④ 대안 수행(실행)

수행(실행)단계는 선택된 대안을 실행하는 단계이다. 이 단계에서는 선택된 대안이 제대로 효과를 거두고 있는지를 검토하고, 그렇지 않으면 왜 그러한 문제가 생기는가에 대한 분석을 한다.

의사결정 단계에서 대안을 선택할 때에는 아래의 실행 단계에 따라 진행하도록 한다.

STEP 1	목적 명확화	의사결정의 목적이 무엇인지 분명히 기술한다.
STEP 2	선택 기준 설정	여러 가지 대안 중에서 최선의 대안 선택 기준을 만든다.
STEP 3	기준의 가중치 부여	각각의 기준에 가중치를 부여한다.
STEP 4	대안 마련 및 평가	여러 가지 방안을 세우고 평가한다.
STEP 5	위험요인 분석	실행 시 부정적 측면, 위험요소 등을 검토한다.
STEP 6	최종안 결정	선택기준, 가중치 등을 고려해 최종안을 선택한다.

출처 : https://prezi.com/qrvxdhgiojuz/presentation/ 인용 및 참고

2. 대안 평가 기법

1) PMI 기법(Plus/Minus/Interesting Analysis)

① 개념

- PMI 기법(PMI Analysis)은 Plus/Minus/Interesting Analysis의 약자로서 대안의 좋은점과 나쁜점, 관심사를 찾아내고, 이를 점수화해서 대안의 타당성을 평가하고, 대안을 실행에 옮기기 전에 선택한 대안이 의사결정 상황을 얼마나 개선할 수 있는지를 분석하기 위한 기법이다.

- 이 기법은 대안의 결과를 계량화하기 힘들고 정성적인 요소로 특정되는 대안을 비교평가하는 데 유용하다.

  활용 사례) 기업의 인수 합병, 신규 산업 진출, 본사 이전 문제 등

② 적용 단계

〈그림 12-5〉 PMI 기법

1	2	3	4
PMI 테이블 작성	문제의 중요 요소 정의	문제의 하위 요소 정의	문제의 원인분석

③ 활용 사례

지방에서 병원을 운영하고 있는 병원원장은 서울로 본원을 옮길 것을 구상 중이다.

Plus	Minus	Interesting
정보수집 용이 (+5)	높은 임대료 (−6)	네트워크 구축 가능성 (+1)
우수 인력 확보 (+5)	지방 거주 직원의 반대 (−5)	환자 수 증가 (+2)
편리한 교통편 (+4)	작은 사무실 (−5)	손쉬운 문화생활 (+3)
	풍경이 삭막함 (−2)	
	소음공해 (−3)	
+14	−21	+6

2) 의사결정 나무 기법(Decision Tree Analysis)

① 개념

• 의사결정 나무 기법(Decision Tree Analysis)은 대안을 추진했을 때 발생하는 확률과 성과를 측정해서 대안의 기대 이익을 추정하는 기법이다.

• 이 기법은 문제의 대안을 분석하는 데 유용하며, 대안 평가 시에 가장 널리 이용하고 있는 방법 중의 하나이다. 대안의 결과의 발생 확률과 그에 따른 성과를 계량적으로 측정하기 때문에 대안을 객관적으로 분석할 수 있는 장점을 가지고 있다.

활용 사례) 신제품 개발 분석, 해외시장 진출 등

② 적용 단계

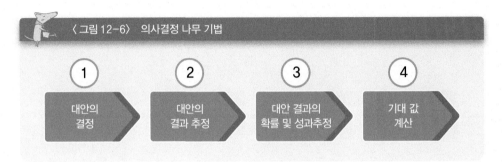

〈그림 12-6〉 의사결정 나무 기법

1 대안의 결정
2 대안의 결과 추정
3 대안 결과의 확률 및 성과추정
4 기대 값 계산

③ 활용 사례

전자제품 회사의 사장은 전년도 판매 부진에 대한 대안을 평가 중 이다.

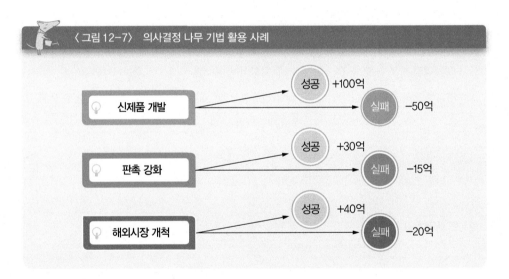

〈그림 12-7〉 의사결정 나무 기법 활용 사례

신제품 개발 — 성공 +100억 / 실패 -50억

판촉 강화 — 성공 +30억 / 실패 -15억

해외시장 개척 — 성공 +40억 / 실패 -20억

3) 이해당사자 대차대조표 기법(Personal Balance-Sheet)

① 개념

• 이해당사자 대차대조표 기법(Personal Balance-Sheet)은 모든 의사결정에는 여러 이해당사자가 있다는 전제 하에 각 이해당사자가 얻는 이익과 손실을 비교해서 대안을 평가하는 것이다.

- 이 기법은 복잡한 의사결정에 관련한 여러 이해당사자들의 입장을 분석하고 평가할 때 유용하게 이용된다.

  활용 사례) 인수합병, 공장이전 문제, 조직구조 개편

② 적용 단계

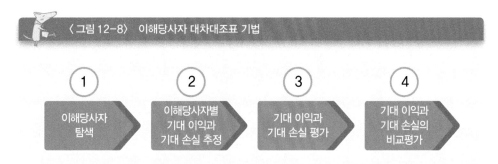

〈그림 12-8〉 이해당사자 대차대조표 기법

③ 활용 사례

신 모델의 부족과 판매가 부진한 국내 자동차 회사 D가 국내 시장에 진출하려는 한 외국 자동사회사로부터 인수 합병안을 제시받아 D 회사의 경영진이 이를 검토 중인 상황

구분	주주		경영진		직원	
	기대 이익	기대 손실	기대 이익	기대 손실	기대 이익	기대 손실
합병 안함		기업가치 감소, 주가 하락	단기적 경영권 유지	기업 경쟁력 약화, 장기적 경영권 상실	단기적 구조조정 없음	장기적 직장의 불안정성 증대
합병 함	기업가치 증대, 주가 상승		기업경쟁력 강화, 일부 경영진 승진	경영권 상실	장기적 직장 안정	일부직원 구조조정, 월급 감봉

3. 대안 선택 기법

• 대안 비교

1) 짝 비교 기법^(Paired Comparison)

① 개념

> • 짝 비교 기법^(Paired Comparison)은 객관적 자료가 부족한 상황에서 대안을 짝으로 비교함으로
> 써 어느 대안이 상대적으로 우수한지를 정성적으로 찾는 방법이다.
> • 이 기법은 한정된 자원을 동시에 필요로 하는 여러 대안을 비교할 때 유용하며, 변형된 형태
> 의 비교평가 기법이 많다.
> 활용 사례) 경쟁전략의 선택, 승진 후보의 비교 평가, 제품 디자인 선택

② 적용 단계

〈그림 12-9〉 짝 비교 기법

| 1 테이블 작성 | 2 대각선 아래 정리 | 3 대안의 비교 | 4 대안 별 점수의 비교 |

③ 활용 사례

병원이 사업 확장을 추진 중이다. 해외 시장 진출, 국내 시장 강화, 고객 서비스 강화,
품질 향상의 네 종류의 전략적인 대안을 비교 검토중인 상황

[1안]

구분	해외시장 개척(A)	국내시장 강화(B)	고객 서비스 강화(C)	품질 향상(D)
해외시장 개척(A)	X			
국내시장 강화(B)	X	X		
고객 서비스 강화(C)	X	X	X	
품질향상(D)	X	X	X	X

[2안]

구분	해외시장 개척(A)	국내시장 강화(B)	고객 서비스 강화(C)	품질향상(D)
해외 시장 개척(A)	X	A, 2	C, 1	A, 1
국내 시장 강화(B)	X	X		B, 1
고객 서비스 강화(C)	X	X	X	C, 2
품질 향상(D)	X	X	X	X

2) 가정 표면화 기법(Assumption Surfacing)

① 개념

• 가정 표면화 기법(Assumption Surfacing)은 대안이 가지고 있는 가정을 분석해서 가정의 관점에서 대안을 비교 평가하는 기법이다.

• 이 기법은 각 대안에 관련되어 있는 이해 당사자들의 가정을 분석해서 타당성을 분석하고, 상황에 따라서 새로운 대안을 개발하는 것이 가능하다.

활용 사례) 신규시장 진출, 신제품 개발, 시스템 개선

② 적용 단계

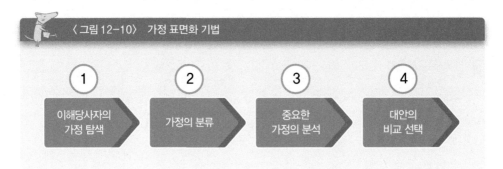

〈그림 12-10〉 가정 표면화 기법

①
이해당사자의
가정 탐색

②
가정의 분류

③
중요한
가정의 분석

④
대안의
비교 선택

③ 활용 사례

국내 경기 침체에 따라 대형 백화점의 매출이 크게 감소하는 추세이며, 이에 따라 백화점 대표는 국내의 지방에 새로운 매장을 건설하는 대안과 중국이나 인도 등 해외에 매장을 건설하는 대안을 고려 중이다.

1. 두 개의 팀으로 나누어 각 팀에 각각 대안을 할당

2. 각 팀은 대안에 관련한 이해당사자들을 찾고 그들에 대한 이해와 목표, 기대수준을 분석
   • 국내의 지방에 건설하자는 대안 : 지방 고객들, 기존 지방 백화점
   • 해외에 건설하자는 대안 : 해외고객, 영업사원, 기존 해외 백화점

3. 각 대안에서 가장 중요한 이해당사자는 고객이고, 중요한 가정은 고객이 이 회사가 원하는 수준의 제품을 구매해 줄 수 있을 것이라 기대함.

4. 최근 고객들의 구매 패턴이 백화점이 아닌 대형 할인점과 온라인 쇼핑으로 변하고 있기 때문에 이해당사자인 고객에 대한 가정이 너무 위험한 것으로 분석됨. 고객에 대한 분석이 부족하다는 것을 인식하고 두 가지 대안을 재검토 할 것을 요청.

5. 이해당사자들의 가정 관점에서 비교 평가해 본 결과, 개발한 대안들이 잘못 될 수 있다는 것을 알 수 있음.

3) 2차원 그리드 기법(Two Dimensional Grids)

① 개념

- 2차원 그리드 기법(Two Dimensional Grids)은 대안의 평가 기준을 여러 개의 2차원 그리드로 만들어서 대안을 시각적으로 평가하는 기법이다.
- 이 기법은 대안을 그림과 도표로 표현해서 시각화 하기 때문에 여러 구성원들의 의견과 생각을 공유하고 수렴해서 대안을 평가하고 선택하는데 유용하다.

  활용 사례) 제품 디자인 선택, 경쟁전략의 선택, 승진 후보의 평가

② 적용 단계

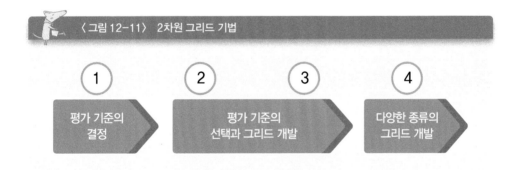

〈그림 12-11〉 2차원 그리드 기법

1 평가 기준의 결정

2 평가 기준의 선택과 그리드 개발

3 다양한 종류의 그리드 개발

③ 활용 사례

전자회사가 사업을 확장하려고 하는데, 해외시장 진출, 국내시장 강화, 고객 서비스 강화, 품질향상의 네 종류의 전략적인 대응을 검토 중이다.

대안평가 기준으로 수익률 불확실성, 타 사업부서와 시너지등을 선정해 2차원으로 비교 분석하였다.

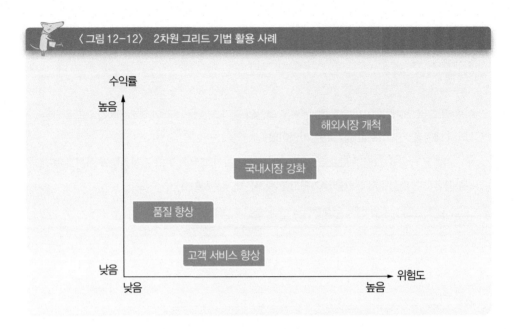

〈그림 12-12〉 2차원 그리드 기법 활용 사례

 4. 대안 결정과 추진기법

1) What if 분석(What if Analysis) : 대안 결정 기법

① 개념

- What if 분석(What if Analysis)은 의사결정 환경, 의사결정 변수, 변수들의 관계, 제약조건의 네 가지 요인의 변화에 따라서 대안의 결과가 어떻게 변화(What if)하는지를 분석해서 대안의 타당성을 분석하는 기법이다.
- 이 기법은 복잡한 대안을 다양한 각도에서 심층적으로 분석하는 데 유용하다.
  활용 사례) 생산시설의 확대, 신제품 개발, 추가 매장 설립, 신규 사업의 타당성

② 적용 단계

〈그림 12-13〉 What if 적용 단계

1 의사결정 변수 변화의 추정 → 2 제약 조건 변화의 추정 → 3 환경 변화의 추정 → 4 변화 관계 변화의 추정

③ 활용 사례

병원이 사업 확장을 추진 중이다. 해외시장 진출, 국내시장 강화, 고객 서비스 강화, 품질 향상의 네 종류의 전략적인 대안을 비교 검토 중인 상황

핸드폰 단말기 제조회사에서 최근 판매량 증가에 따라 생산시설을 확대할 수 있는 대안으로, 현 공장의 증설과 신규공장 건설을 검토 중에 있다. 기본적인 경제성 분석 결과 두 대안 모두 타당성이 있는 것으로 판명된 상태이다.

1. 의사결정의 변수의 변화 : 2교대 라인을 투입/생산시설과 생산 프로세스를 변화시키면 어떻게 될까?
2. 제약 조건의 변화 : 투자예산이 줄어들 경우/인건비가 증가하면 어떻게 될까?
3. 환경 변화 : 현재 가정하고 있는 수요의 감소/수요가 증가하면 어떻게 될까?
4. 변수들간의 관계 변화 : 원가 구조의 변화/생산수율(원재료 또는 주된 원재료 투입량에 대한 제품 생산량의 백분율)이 변화하면 어떻게 될까?

2) 여섯 생각 모자 기법(Six Thinking Hats)

① 개념

• 여섯 생각 모자 기법(Six Thinking Hats)은 선택한 대안을 일상적으로 수행하는 사고 방식을 벗어나 서로 다른 여섯 가지 측면에서 대안을 조명하고 분석하는 기법이다.

② 적용 단계

〈그림 12-14〉 여섯 생각 모자 기법 (Six Thinking Hats) 적용 단계

1. 탐구성 및 기법 설명
2. White Hats의 사고방식의 문제 분석
3. Red Hats의 사고방식의 문제 분석
4. Black Hats의 사고방식의 문제 분석
5. Yellow Hats의 사고방식의 문제 분석
6. Green Hats의 사고방식의 문제 분석
7. Blue Hats의 사고방식의 문제 분석

③ 활용 사례

중견 건설회사의 대표는 신규 오피스 건물을 지을 것인지를 검토 중이다. 회사의 사활이 걸린 중요한 문제이기 때문에 경영진과 임원들이 대안을 다시 한 번 분석 중이다.

1. White Hats의 사고방식 : 오피스 건물의 재고 분석, 경제상황, 오피스 건물 완공 시 수요가 증대될 것으로 분석
2. Red Hats의 사고방식 : 건물의 외양이 불만족스러워 디자인에 대한 검토가 필요하다는 의견 제시
3. Black Hats의 사고방식 : 경기 전망에 대한 정부의 오보 등으로 인해 장기간 미분양 사태가 발생할 가능성이 많다고 분석
4. Yellow Hats의 사고방식 : 경기가 호전되기 시작하고, 오피스 건물과 같은 시설 선호 추세에 따라 프로젝트가 성공할 것이라는 긍정적 의견 제시
5. Green Hats의 사고방식 : 건물의 기능을 다양화하고, 예술적인 요소를 가미해 건물의 가치를 높이자고 주장
6. Blue Hats의 사고방식 : 회의를 주관하는 책임자 입장에서 각 사고방식이 막혔을 때 효율적으로 추진하기 위해 어떻게 하는 것이 좋을지에 대한 아이디어 제시 요구

3) 간트차트 기법(Gantt Chart)

① 개념

- 간트차트 기법(Gantt Chart)은 시간의 축에 따라 업무 일정 계획을 차트를 만들어서 프로젝트의 업무 추진 계획을 수립하는 기법이다.
- 이 기법은 프로젝트의 실제 진행 일정과 계획된 일정을 비교해서 프로젝트 진행을 통제할 때 활용된다.

  활용 사례) 예산계획의 일정 수립, 홍보전략의 일정 수립, 신제품 개발의 일정 수립

② 적용 단계

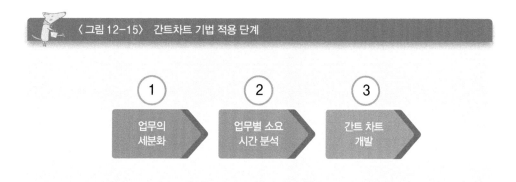

〈그림 12-15〉 간트차트 기법 적용 단계

① 업무의 세분화 ② 업무별 소요 시간 분석 ③ 간트 차트 개발

③ 활용 사례

출판사에서 신작의 판촉방안 추진 계획을 간트차트로 수립할 예정이다.

1. 판촉 방안 추진에 필요한 업무를 구분
2. 각 업무를 추진해야 하는 시점과 종료 시점을 계산
3. 각 업무의 일정 계획을 통합해 간트차트로 구성

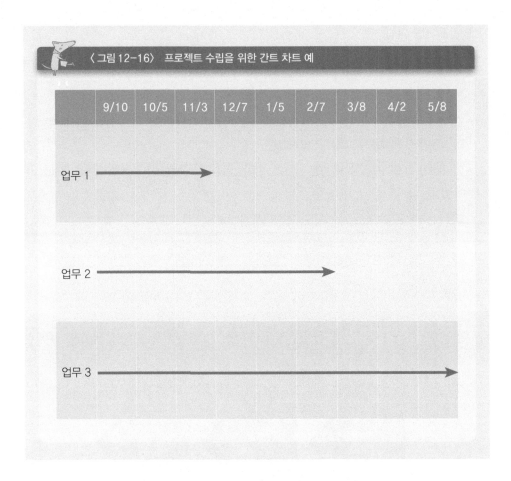

〈그림 12-16〉 프로젝트 수립을 위한 간트 차트 예

	9/10	10/5	11/3	12/7	1/5	2/7	3/8	4/2	5/8
업무 1									
업무 2									
업무 3									

4) 실행 체크리스트 기법(Implementation Checklist) : 대안 추진 기법

① 개념

- 실행 체크리스트 기법(Implementation Checklist)은 대안을 실행하는 과정에 영향을 줄 수 있는 요소들을 중심으로 Checklist를 만든 후, Checklist를 이용해서 대안의 타당성을 분석하고, 추진 관점에서 발생할 수 있는 위험을 줄이는 기법이다.
- 이 기법의 성공여부는 타당성 있는 Checklist를 어떻게 만들어 내느냐에 달려있기 때문에 그룹으로 함께 찾아내는 것이 바람직하다.

활용 사례) 신규사옥 건설, 신제품 개발, 인수합병 등

② 적용 단계

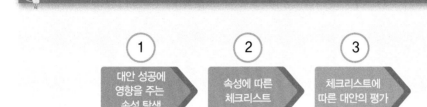

〈 그림 12-16〉 실행 체크리스트 기법(Implementation Checklist) 적용 단계

1 대안 성공에 영향을 주는 속성 탐색

2 속성에 따른 체크리스트

3 체크리스트에 따른 대안의 평가

③ 활용 사례

중견 병원에서 병원의 경쟁력을 높이기 위한 방안의 새로운 경영혁신을 추진하기로 했다. 이 경영혁신을 추진하기 위해서 대안의 타당성을 분석하고, 추진 과정에 예상되는 어려움을 검토하고자 한다.

1. 경영혁신을 추진하는데 필수적인 속성은 경영전략, 의료진의 태도, 병원의 조직문화, 의료 장비 구축, 신 의료기술 개발 등과 같은 요소로 구성

2. 상기 속성들을 중심으로 세부 실행 항목들을 개발하고, 이들 항목들을 중심으로 대안이 추진될 수 있는지를 확인

3. 구체적인 실행 체크리스트를 가지고, 대안의 타당성을 분석하며, 추진과정에서 발생할 수 있는 문제점을 발견

학습평가 Quiz

1. 문제해결과 의사결정의 3단계에 해당하지 않는 것을 고르시오.

　① 현 상태 　　　　　　　② 대안과 전략
　③ 목표상태 　　　　　　　④ 피드백

2. 다음 중 전략적인 조직의 문제해결을 위한 능력에 해당하지 않는 것은?

　① 외부 및 내부 환경 변화를 빠르게 인지하고 분석하는 능력
　② 창의적 아이디어를 개발하는 능력
　③ 아이디어를 체계적으로 추진하는 능력
　④ 의심과 소극적인 태도

3. 대안 실행 기법 중 시간의 축에 따라 업무 일정계획을 차트 만들어서 프로젝트의 업무 추진 계
　획을 수립하는 기법을 무엇이라 하는가?

　① 간트차트 기법 (Gantt Chart)
　② 2차원 그리드 기법
　③ 여섯 생각모자 기법
　④ 실행 체크리스트 기법

4. 다음 중 문제해결과 의사결정 프로세스의 마지막 단계는 어떤 것인가?

　① 문제진단 단계 　　　　　② 대안 실행단계
　③ 대안 개발단계 　　　　　④ 대안 선택단계

5. 문제해결과 의사결정은 의사결정자의 스타일에 따라서 달라지는데 큰 틀에서 두 가지로 구분
　해 보시오.

학습내용 요약 Review(오늘의 Key Point)

1. 문제해결: 바라는 목표와 현재 사이에 발생한 차이의 원인을 규명하고, 그 차이를 없앨 수 있는
　　　　　가장 효과적이고 효율적인 방법을 제시해 실천에 옮기는 것
　　의사결정: 문제해결 과정의 일부로서 특정의 문제를 해결하기 위한 여러 가지의 대체적 행동
　　(alternatives) 가운데서 특정 상황에 비추어 가장 바람직한 행동 과정을 선택하는 논리적인 과정

2. 문제해결과 의사결정 프로세스는 문제를 진단하고 → 대안을 개발한 뒤 대안을 선택하고 →
　대안을 실행하는 단계로 구분되어 있다.

3. 문제해결과 의사결정은 의사결정자의 스타일은 아래의 두 가지로 구분된다.
　• 의사결정자의 스타일 (마음, 태도, 인간 관계)에 따라
　• 의사결정자의 환경(조직 문화, 정치적 힘, 평가와 보상, 전략)에 따라

 스스로 적어보는 오늘 교육의 메모

문제해결안 개발과 해결안 실행

Contents

Learning Objectives

1. 해결안 개발의 중요성을 설명할 수 있다.
2. 해결안 개발의 의미와 절차를 제사할 수 있다.
3. 해결안 도출과 최적안 선정에 있어서의 기준을 제시할 수 있다.
4. 실행안 평가의 중요성을 이해하고 말할 수 있다.

13
Chapter

이야기 속으로

"나는 왜 이성친구가 없을까?"
"왜 취직이 이토록 안 되는걸까?"
"도대체 왜 이렇게 돈이 모이지 않는걸까?"

우리의 삶은 이처럼 수많은 문제로 둘러싸여 있고 인생은 이러한 문제해결의 과정이라고
해도 과언이 아니다. 하루의 일상만 돌아봐도 메뉴 결정과 같은 사소한 것부터 평생을 함께
할 배우자를 만나는 중대한 결정까지 끊임 없는 의사결정의 순간을 맞이한다.

마찬가지로 조직을 운영하는 상황도 자세히 살펴보면 문제해결을 위한 과정이라고 볼 수
있다.

"왜 우리 회사에 불만고객이 늘었을까?"

"왜 경쟁사에 우리 제품이 1위를 빼앗겼을까"

위와 같이 개인과 조직이 해결해야 하는 모든 문제상황에는 원인이 존재하게 마련이다. 그
렇다면 문제해결에 대한 대안이 딱 하나일 때와 여러 가지의 대안이 있을 때 우리의 행동은
어떻게 달라질까? 대안이 있다면 우리는 더 좋은 것을, 그리고 그 중 가장 좋은 해결책을
선택할 수 있을 것이다.

13장에서는 해결안 개발의 중요성과 해결안 실행 방법에 대해서 알아본다. 또한 문제해결을
위한 자기관리에 대한 내용을 흥미롭게 정리했다. 지금까지 배워온 문제해결을 위한 지식을
활용해 이제 눈앞의 상황을 근사하게 해결할 아이디어를 얻어보자.

1. 해결안 개발을 위해서 우선적으로 시행해야 하는 것은?

  ① 가설검증   ② 문제점 도출
  ③ 회의   ④ 여러 해결책 도출

2. 문제해결의 과정 중 해결안 도출, 해결안 평가와 최적안 선정의 절차로 진행된 것은 어떤 단계인가?

  ① 최적안 선정   ② 해결안 개발
  ③ 문제인식   ④ 가설검증

3. 해결안 개발을 통해 만들어진 실행계획을 실제 상황에 적용하는 활동을 무엇이라 하는가?

  ① 실행 및 평가   ② 수정 및 보완
  ③ 요구분석   ④ 모니터링

1. 해결안 개발의 중요성

문제로부터 다양한 원인을 분석한 후에는 근본 원인을 효과적으로 해결할 수 있는 다양한 해결안을 개발하고 개발된 해결안 중 최선의 것을 선택하는 것이 필요하다. 다음은 다양한 해결안 중 최선의 해결안을 선택했을 경우와 원인분석 결과에 따라 해결안만을 도출한 경우, 어느 쪽이 더 좋은 결과를 가져왔는지 보여주는 사례이다. 아래의 글을 읽고 해결안을 개발해 나가는 과정이 과연 무엇인지 생각해보자.

D레스토랑은 최근 왜 특정 이메일을 받은 고객들이 다른 고객보다 더 자주 매장에 식사를 하러 오는지에 대해 의문을 가졌다. 두 달간의 측정과 분석과정을 토대로 그 이유가 광고 이메일 안에 사용된 색상과 디자인, 그리고 고객들이 이메일을 받은 간격과 관계가 있는 것으로 조사되었다.

이에 대한 해결 방안을 만들기 위해 팀 회의가 열렸을 때 A팀에서는 분석된 원인을 바탕으로 고객들에게 더 화려한 색상과 디자인의 광고메일을 매월 마지막 주 일요일에 보내면 된다는 해결안을 제시했다.

하지만 B팀은 색상의 종류, 디자인, 이메일을 받은 간격에 따라 개별적으로 다양한 해결안을 개발해서 아이디어 회의를 했고, 그 결과 고객의 연령과 성별에 따라 원하는 색상과 이메일을 받길 원하는 시기가 다름을 발견했다. 이같은 결론을 통해 여러 색상과 디자인, 이메일 발송시기에 대한 다양한 해결안을 제시했다.

얼마간의 시간이 지난 뒤 이메일 마케팅에 따른 음식점 내방 정도를 조사한 결과, A팀에서 발송한 이메일을 받은 고객보다 B팀의 이메일을 받은 고객들의 방문횟수나 객 단가가 훨씬 높은 것이 밝혀졌다. 그리고 이러한 결과가 나오게 된 이유는 B팀이 다양한 해결안 중에서 중요도와 실현가능성을 고려해서 최적의 해결안을 제시하고 선택했기 때문인 것으로 나타났다.

Insight

앞의 사례는 문제해결 과정 중 해결안 개발 단계의 의미와 절차에 대한 내용이다. 한 가지 해결안만을 선택했을 때와, 다양한 해결안 중 중요도와 실현가능성을 고려해 최선의 해결안을 도출한 경우 어느 팀의 성과가 더 높은지는 자명하다. 따라서 해결안 개발 단계에서 도출된 원인에 따라 최대한 많은 대안을 도출하고 평가해 최적의 해결안을 찾아내는 것이 중요하다.

이처럼 해결안을 개발하기 위해서는 먼저 문제상황에 대한 여러 가지 해결책을 도출하는 것이 필요하다. 도출된 해결책 중에서 중요성과 실현가능성을 고려한 평가를 통해 어떤 해결안을 최종적으로 채택할 것인가를 선택하게 된다. 최근 자신이 진행하고 있는 업무상황에서 겪은 문제점을 어떻게 해결했는지 과정을 되짚어보고, 아래의 빈 칸을 채워보자.

 Level up Mission

해결안 개발단계 수행
1. 최근 수행했던 업무 중 발생한 문제는?

2. 문제를 해결하기 위해 고려했던 해결안들은?

  1.

  2.

  3.

3. 문제해결을 위해서 최종적으로 선택한 해결안은 무엇인가?

4. 여러 가지 대안 중 그 해결안을 선택한 이유는?

2. 해결안 개발의 절차와 최적안 선정

해결안 개발은 문제로부터 도출된 근본 원인을 효과적으로 해결할 수 있는 최적의 해결방안을 수립하는 단계이다. 해결안 개발은 해결안 도출, 해결안 평가와 최적안 선정의 절차로 진행되며, 이러한 해결안 개발 단계의 절차는 그림과 같다.

〈그림 13-1〉 해결안 개발 단계의 절차

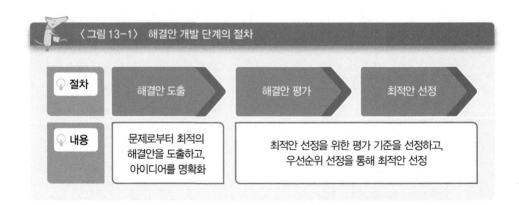

해결안 도출은 근본 원인을 어떤 시각과 방법으로 제거할 것인지에 대한 독창적이고 혁신적인 아이디어를 도출하고, 같은 해결안은 그룹핑하는 과정을 통해 해결안을 정리하는 과정으로 아래와 같은 절차를 거쳐 진행된다.

- 근본 원인으로 열거된 내용을 어떤 방법으로 제거할 것인지 명확히 함.
- 독창적이고 혁신적인 방안을 도출함.
- 전체적인 관점에서 해결의 방향과 방법이 잘 된 것을 그룹핑
- 최종 해결안을 정리

이와 같이 해결안이 도출되면 해결안 평가와 최적안 선정은 문제(what), 원인(why), 방법(how)을 고려해서 해결안을 평가하고 가장 효과적인 해결안을 선정해야 한다. 해결안 선정을 위해서는 중요도와 실현가능성을 고려해 종합평가를 내리고, 채택 여부를 결정하는 과정시에 아래와 같은 sheet를 이용할 수 있다.

해결책	중요도		실현가능성			종합평가	채택여부
	만족도	문제해결	개발 기간	개발 능력	적용가능성		
해결책 1							
해결책 2							
해결책 3							
해결책 4							

3. 해결안 실행 및 평가

1) 실행안 평가의 중요성

발생한 문제의 원인을 찾아내고 다양한 아이디어 발굴을 통해 해결안이 나왔다면 다음으로는 구체적인 실행계획을 수립하고 피드백을 통해 평가하는 단계를 거치게 된다. Action Plan 이라고도 말하는 실행계획은 최종적으로 원하는 목표 달성을 위해 효과적으로 일을 전개해 나가기 위한 세부 항목들을 점진적으로 정리한 것으로 아이디어를 행동으로 옮기는 단계를 말한다. 이런 과정을 통해 해결방안을 수정, 보완할 수 있고, 결국 더 나은 해결방안을 수립할 수 있게 된다. 문제해결에 있어서 마지막 단계인 실행계획 수립과 평가는 실제로 문제를 해결하기 위한 행동에 돌입하는 단계이기 때문에 매우 중요한 부분이다.

다음은 실행과 평가를 통해 이전의 해결방안을 더욱 발전시킨 사례이다. 이를 통해 실행 및 평가의 중요성을 생각해보자.

사례

K외식업체의 조리장은 관리자로서 최근 문제해결 팀을 이끌며 시간당 조리할 수 있는 음식의 개수를 늘리는데 주안점을 두고 작업한 결과 프로세스 개선을 이룰 수 있었다.

조리장은 프로세스를 개선하는데 그치지 않고 조리의 일련과정을 모니터링 할 수 있는 방법을 개발하겠다고 결심했다. 이를 위해 우선 한 달 동안 조리된 음식의 데이터를 분석하고 이전에 주방에서 발생하고 해결했던 여러 가지 문제상황들도 다시 분석하기 시작했다.

비록 이전에 수행했던 해결방안도 성공적이었지만, 계속되는 실행계획수립, 평가를 통해 이전에 수행되었던 문제의 해결방안도 더욱 정교화 할 수 있게 되었다.

Insight

위의 사례는 문제해결 과정 중 해결안 개발 단계의 의미와 절차에 대한 내용이다. 사례에서 조리장은 현재의 해결안에 만족하지 않고, 지속적인 평가와 피드백을 통해 이전의 해결안도 발전시킴으로써 회사에 더 높은 성과를 가져올 수 있었다.

이러한 사례를 통해 실행과 평가 단계에서 해결안을 개발하는 것에 그치지 않고, 실제 해결안의 실행과 거시적인 관점에서 문제점 개선을 위한 노력이 중요하다는 것을 알 수 있다.

 Level up Mission

문제의 원인을 분석하고 해결안을 개발한 후에는 실행계획을 수립해서 실제 실행하는 과정이 필요하다. 이를 통해 실행 결과를 평가하고 문제해결이 원만하게 이루어졌는지 확인할 수 있다. 다음의 체크리스트는 실행과 평과 단계에서 확인해야 하는 사항들이다. 평소 자신이 문제해결 과정을 잘 생각해서 체크리스트에 제시된 내용을 확인하는 편일 대에는 "O" 표를, 확인 할 때도 있고 그렇지 않을 때도 있다면 "△" 표를, 확인하지 않는 편이라면 "X" 표를 해 보자.

[표 13-1] 문제해결 실행 체크리스트

1. 해결안을 실행할 일정표를 만들고 계획을 수립한다.

2. 계획을 수립할 때 예기치 않은 문제에 어떻게 대응할 것인지를 고려한다.

3. 계획을 수립할 때 예산, 자원, 시간 등에 대한 제한 사항을 고려한다.

4. 계획에 따른 실행 결과를 평가한다.

5. 평가 결과를 토대로 해결방안 중 수정해야 하는 점을 파악한다.

6. 수정해야 되는 점을 고려해 새로운 해결방안을 도출한다.

7. 새로운 해결방안을 적용할 때 기존에 문제가 있는 점을 제거한다.

2) 실행 및 평가 단계의 의미와 절차

실행 및 평가는 해결안 개발을 통해 만들어진 실행계획을 실제 상황에 적용하는 활동으로 당초 장애가 되는 문제의 원인들을 해결안을 사용해 제거해 나가는 단계이다. 실행은 실행계획과 수립, 실행, Follow -up의 절차로 진행되며, 이러한 실행 단계의 절차는 아래와 같다.

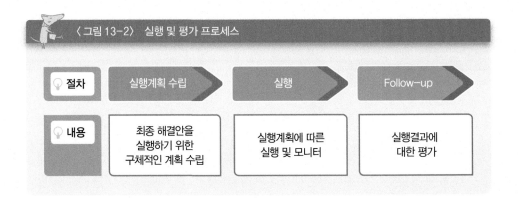

〈그림 13-2〉 실행 및 평가 프로세스

절차	실행계획 수립	실행	Follow-up
내용	최종 해결안을 실행하기 위한 구체적인 계획 수립	실행계획에 따른 실행 및 모니터	실행결과에 대한 평가

① 실행계획 수립

실행계획 수립은 무엇을(What), 어떤 목적으로(Why), 언제(When), 어디서(Where), 누구와(Who), 어떤 방법으로(How)의 물음에 대한 답을 가지고 계획하는 단계로, 자원(인적, 물적, 시간, 예산)을 고려해 수립해야 한다. 실행계획 수립 시에는 세부 실행내용의 난이도를 고려해 가급적 구체적으로 세우는 것이 좋고, 각 해결안별 구체 실행계획서를 작성함으로써 실행의 목적과 과정별 진행내용을 한눈에 파악하도록 하는 것이 좋다.

㉠ 실행계획표 실습

원인을 찾아낸 문제에 대한 해결안 실행을 위해 필요한 업무 과제나 책임 활동 등에 대해 기술하고 각각의 담당자와 완료기간을 설정하도록 한다. 실행계획은 다음과 같이 메인활동 내용, 담당자, 시작과 종료일, 총 예상 소요기간, 비용 등을 구체적으로 작성해야 사후 문제 발생 시 책임자를 찾아 규명하거나 일정 관리를 잘 해낼 수 있다.

사 례

해결방안 실행방법 구체화 사례

해결과제 : 병원 직원간에 정기적인 업무 공유를 통한 자유로운 의견교환의 장 마련

 〈그림 13-3〉 실행계획표

현실 점검

1. 원내에서 잘 되는 점
① 원내 자유로운 의사표현 분위기 조성은 잘 되어 있음.
② 타인의 의견을 존중하는 문화

2. 원내에서 잘 안되는 점
① 파트 별 업무 공유 한계
② 주기적인 논의의 장 마련 어려움
③ 직원간 업무 역량 차이에 따른 아이디어의 질 차이가 큼.

3. 시사점
직원간 업무 노하우 공유의 기회를 늘림.

향후 추진 계획

활동	세부추진내용	일정	담당자
1. 정기적인 업무 공유를 위한 토론의 장 마련	① 주 1회 매주 목요일 ② 자료 없이 자유롭게 의견을 개진하는 프리 톡 장 마련 ③ 논의 결과는 사내 인트라넷에 당일 올려서 빠른 공유와 피드백이 이루어지도록 함.	(월/일)	유재석
2. 업무역량 개발을 위한 선후배 멘토링 제도 도입	① 전문지식이 있는 멘토단 선정 ……		
3. 지원 필요사항	① 진료 파트 : ② 의료진 스케줄의 … 행정 파트 : 적극적인 참여를 위한 …		

　　논의를 통해 선택한 해결안이 있다면 실행을 위해 필요한 맡은바 역할이나 활동을 기술하고 담당자들과 협의해 마감기한을 설정해 보자.

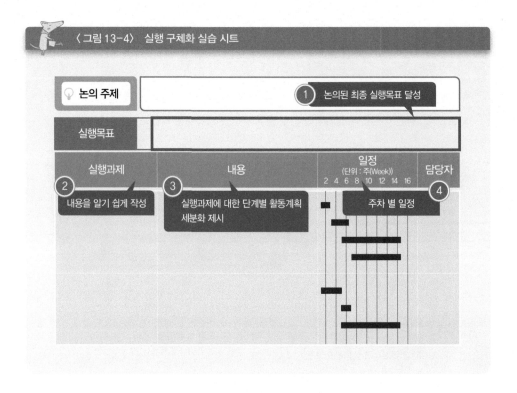

〈그림 13-4〉 실행 구체화 실습 시트

② 위기관리

문제해결을 위해 실행 계획을 잘 세웠어도 계획이 뜻대로 진행되지 않을 가능성은 늘 존재한다. 따라서 본격적인 문제해결 실행에 들어가기 이전에 혹시 모를 상황에 대비하기 위한 상황별 대처계획을 미리 세워놓으면 보다 당황하지 않고 문제해결에 임할 수 있다.

위기관리는 실행계획서의 순서대로 문제상황을 구체적으로 나눈 뒤에 각각의 상황에 대한 대응 계획을 수립하면 된다. 영화에서는 이런 모습을 Plan B라고 이야기 한다.

이 때 우리가 고민해 볼 수 있는 아이디어는 아래와 같다.

• 계획이 실행될 때 발생가능한 위협이나 기회에는 어떤 것이 있는가?
• 계획 실행 중에 발생한 위협과 기회에 어떻게 대응할 것인가?

이처럼 문제해결에 있어서 다양한 아이디어 가운데 최적의 실행안을 찾아냈다 해도 예상치 못한 또 다른 위협에 봉착한다면 문제해결이 어려워 질 뿐 아니라 해결에 대한 의지도 떨어지게 된다. 따라서 문제해결이 마무리되기 전까지는 진행과정에서 늘 변수와 상황변화를 염두에 두고 진행해야 한다.

 사례

위기관리 사례

다음의 사례는 유치원 재롱잔치시의 실행계획에 따른 위기 관리표이다.

시작 할 때 학부모 회장단의 축사가 예정되었는데 상황이 생겨서 회장이 나오지 못하게 되었을 경우를 가정하고 이에 대한 대책을 세운다던가, 진행 중에 원아가 아플 경우, 외부 공연시에 비가 오는 경우 등의 위기상황에 대한 대응책을 미리 계획하여 실제 문제상황이 발생했을 때 당황하지 않고 상황에 잘 대처할 수 있도록 대비하는 것이 바로 위기관리이다.

실행계획	잠재적 문제	가상의 원인	예방책	긴급대책	대안
오전 8시 최종사항 확인	• 회장단이 나타나지 않아 축사 진행이 안됨.	• 회장단이 아픔 • 오는 길에 사고 • 깜빡 잊은 경우	• 당일날 아침. 공연 1시간전에 미리 확인 전화	• 원장님이 대신 축사를 진행	• 공연시작 10분전까지 도착하지 않을 경우 주임 선생님이 원장님께 전달
오전 9시 회장단 인사	• 외부공연 중 갑자기 비가 와서 공연 불가 상황		• 일기예보 확인	• 공연장 주변으로 비가림막 텐트 설치	• 비가 15분 이상 지속될 경우 실내공연 먼저 진행
오전 9시 10분 공연시작	• 공연 중 부상 아동 발생	• 공연장의 세트 무너짐 • 원아들끼리 공연중 부딪힘 • 무대에서 낙상	• 공연 세트의 안정성 체크 • 공연 지도 시 원아들에게 주의사항 당부	• 양호선생님 대기 • 가까운 근처 병원 탐색	• 양호선생님이 원아의 상태를 보고 판단

③ 실행 및 Follow-up

실행 및 Follow-up 단계에서는 가능한 사항부터 실행하며, 그 과정에서 나온 문제점

을 해결해 나가면서 해결안의 완성도를 높이고 일정 수준에 도달하면 전면적으로 전개해 나가는 것이 필요하다. 즉 Pilot test를 통해 문제점을 발견하고, 해결안 보완 후 대상의 범위를 넓혀서 전면적으로 실시해야 한다. 특히 실행상의 문제점과 장애요인을 신속히 해결하기 위해서 Monitoring 체제를 구축하는 것이 바람직하며, 모니터링을 할 때에는 다음과 같은 사항을 고려해야 한다. 이러한 모니터링은 문제를 계획하고 실행하는 단계에서 원하는 결과를 얻고, 차후 더 발전된 방향으로 업무를 추진하기 위해서 매우 중요한 과정이다.

- 바람직한 상태가 달성되었는가?
- 문제가 재발하지 않을 것을 확신할 수 있는가?
- 사전에 목표한 기한 및 비용은 계획대로 지켜졌는가?
- 진행시에 담당자의 어려움은 없었는가?
- 혹시 문제해결 과정 중에 또 다른 문제를 발생시키지 않았는가?
- 해결책 실행 후의 결과물은 만족스러운가?
- 해결책이 주는 영향은 무엇인가?

실행계획					
과제 / 활동	담당자	기간	실행여부	결과물	최종 평가
비품준비	K	6/30	O	공연 소품	우수
·					
·					
·					

4. 문제해결을 위한 자기관리

문제해결 방법을 찾아내는 것 이상으로 중요한 것이 바로 문제를 해결하는 사람의 마음가짐이다. 마주한 문제의 사안이 심각하고 클수록 문제해결자에게는 냉정함이 필요하다. 따라서 문제해결에 있어서 가장 중요한 스킬의 하나는 자신의 문제해결능력을 충분히 발휘할 수 있는 심리적 중압감을 관리하는 능력이 될 것이다.

평점심을 잃을만한 상황을 예로 들자면 기업 차원의 경우 공장에서 일어난 화재가 될 수도 있고, 개인이라면 교통사고와 같은 일상적 사건사고라던가 도둑을 만나서 위험에 처한 경우 등을 들 수 있다. 이렇게 큰 사고가 아니어도 이성친구와의 다툼, 상사로부터의 질책 등 우리의 심리를 압박하는 사건은 수없이 많이 있다.

이러한 압박감을 관리하는 능력은 마인드컨트롤에 해당한다. 올림픽에 출전한 국가대표 선수들을 보면 체력 운동 외에 꼭 병행하는 것이 있는데 그게 바로 자신의 감정을 통제하고 원하는 방향으로 나아갈 수 있도록 도와주는 마인드컨트롤이다.

1) 평상심을 잃었을 때 빠지기 쉬운 심리적 함정 3가지

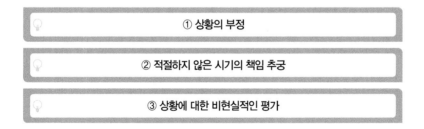

출처 : 맥킨지 문제해결의 이론(다카스기 히사타카 지음. 현창혁 옮김. 2009. 일빛) 인용

① 상황의 부정

'이런 문제는 절대로 일어날 리가 없다'거나 '이런 일이 있어서는 안 된다'는 절대적인 기준을 요구하는 심리로, 문제가 발생했다는 사실 자체를 인정하지 않으려는 심리이다.

실제로 외국의 자동차 회사도 급발진이라던가 연비를 속여서 판매 후 '우리 회사에서 절대로 있을 수 없는 일'이라고 변명으로 일관하다가 결국은 CEO 공개사과와 대량 리콜에 들어간 적이 있다.

상황을 부정하면 문제해결만 늦어지고 기업의 이미지 실추로 이어진다. 그리고 해결책이 지연되면 당연히 추가적인 문제가 발생하거나 상황의 악화로 연결된다. 그렇기 때문에 문제가 발생하면 여러 가지 가능성을 열어놓고 보다 적극적으로 문제해결을 위한 노력을 행하는 것이 좋다.

② 적절하지 않은 시기의 책임 추궁

문제가 발생하면 흔히 책임을 따져서 '누구의 잘못인가?'를 밝혀내는 것이다. 물론 책임 규명을 통한 명확한 사태 해결과 수위에 따른 징계 문제를 놓고 볼 때 책임을 따지는 것은 중요한 일이다.

하지만 문제가 발생한 후에 문제 해결에 대한 의지를 보이지 않고 책임자를 찾아 비난하는 일에만 몰두한다면 어떻게 될까? 문제해결이 더욱 멀어지고 때로는 주객이 전도되는 상황을 초래할 것이다. 그렇기 때문에 문제상황이 발생하면 무엇보다 빠른 인정과 사태파악이 중요하다. 책임소재를 따지고 재발을 방지하는 것은 그 이후의 일이다.

③ 상황에 대한 비현실적인 평가

문제상황을 "견딜 수 없는 최악의 일이 발생했다"고 생각하게 되면 마음은 평상심을 잃게 될 뿐만 아니라 상황이 비극적으로 전개될 가능성이 크다. 혹은 공포감으로 인해 모든 것을 포기하게 될 수도 있다. 어려운 일이 닥쳤을 때 일수록 냉정함을 유지해 상황을 빠르게 인정하고 조속한 문제해결을 통해 평정심을 되찾도록 하자.

2) 문제해결자로 거듭나는 바람직한 사고방식

그렇다면 어떻게 하면 문제가 생겼을 때 평정심을 유지할 수 있을까?

결론은 상황을 인정하고 보다 나은 방향을 위한 미래 지향적인 사고방식을 갖는 것이다. 과거에 집착하거나 자신, 혹은 누군가를 자책하는 것이 아니라 바람직한 사고방식을 추구하는 것이 좋다. 좀 더 구체적으로 보면, 원상회복형 문제의 경우라면 특정 문제가 일어나지 않도록 생각하고 행동하는 것이고, 잠재형 문제라면 특정 문제가 일어나지 않았으면 좋겠다고 희망적으로 생각하는 것을 들 수 있다.

위에서 살펴본 바와 같이 문제해결이 어려워지는 근본적인 이유는 '어떤 문제가 절대로 일어나면 안 된다고 생각하는 절대로 요구' 때문에 문제발생 상황을 최악의 상황으로 인식하는 것이다. 하지만 감정에 휩싸이게 되면 아무리 탁월한 문제해결 프로세스가 있다 해도 이를 건설적으로 수행해 나가기는 매우 어려워진다.

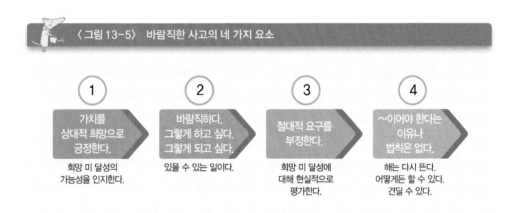

〈그림 13-5〉 바람직한 사고의 네 가지 요소

출처 : 맥킨지 문제해결의 이론(다카스기 히사타카 지음. 현창혁 옮김. 2009. 일빛) 인용

우리는 문제상황에 부딪혔을 때 위에서 제시한 바람직한 사고를 함으로써 상황의 개선을 가져올 수 있는 적절한 감정을 선택하는 것이 중요하다. 예를 들면, 염려, 슬픔, 안타까움 등의 감정을 갖는 것이다. 이러한 부정적 감정이 적절한 감정으로 활용 될 수 있는 이유는, 이러한 감정들이 문제해결을 위한 긍정적인 행동으로 연결되기 때문이다.

좋은 부정적 감정이라면 염려는 준비로, 슬픔은 함께 나누며 힘이 되어주는 상황으로 이어진다거나, 안타까움은 참여나 협상으로 이어지기 쉽다. 문제해결을 위한 방법을 익히는 것뿐만 아니라 능력과 기술을 충분히 발휘할 수 있는 버팀목으로서 평상심을 유지하는 습관을 갖는 것은 매우 중요한 요소가 된다.

Level up Mission

☎ 최근에 발생한 문제상황을 적어보고 위에서 제시한 [바람직한 사고의 네 가지 요소]의 프로세스에 따라 자신의 문제상황을 다시 재구조화 해 보자.

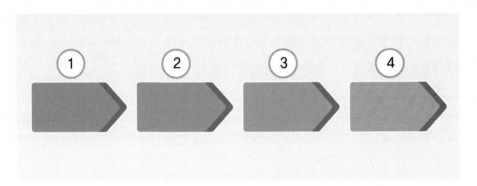

학습평가 Quiz

1.다음 중 빈칸에 들어갈 알맞은 것을 고르시오.

> 해결안 개발시에 도출된 해결책 중에서 (   )과 (   )을 고려해서
> 최종적인 해결안을 선택하도록 한다.

① 중요성   ② 긴급성
③ 실현가능성   ④ 경제성

2. 무엇을(What), 어떤 목적으로(Why), 언제(When), 어디서(Where), 누구와(Who), 어떤 방법으로(How)
의 물음에 대한 답을 가지고 계획하는 단계는 문제해결의 과정 중 어디에 해당하는가?

① 문제 인식   ② 실행계획 수립
③ 해결안 도출   ④ 피드백

3. 다음 중 해결안을 평가하고 채택할 때 실현 가능성의 평가 기준이 아닌 것은?

① 개발 기간   ② 개발능력
③ 고객만족   ④ 적용 가능성

4.다 음의 빈 칸에 들어갈 알맞은 단어는 무엇인가?

> 문제로부터 도출된 근본 원인을 효과적으로 해결할 수 있는 최적의 해결방안을 수립
> 하는 단계를 (   )단계라고 한다.

5. 해결안 개발은 문제로부터 도출된 근본 원인을 효과적으로 해결할 수 있는 최적의 해결방안을
수립하는 것을 말한다. 해결안 개발 단계의 절차를 서술하시오.

학습내용 요약 Review(오늘의 Key Point)

1. 해결안 개발은 문제로부터 도출된 근본 원인을 효과적으로 해결할 수 있는 최적의 해결방안을 수립하는 단계이다. 해결안 개발은 해결안 도출, 해결안 평가와 최적안 선정의 절차로 진행된다.

2. 해결안 평가와 최적안 선정은 문제(what), 원인(why), 방법(how)을 고려해서 해결안을 평가하고 가장 효과적인 해결안을 선정해야 한다. 해결안 선정을 위해서는 중요도와 실현가능성을 고려해 종합평가를 내려 높은 정보를 얻을 수 있다.

3. 해결안 개발 단계는 문제로부터 도출된 근본 원인을 효과적으로 해결할 수 있는 최적의 해결방안을 수립하는 단계를 말한다.

4 실행 및 평가 단계는 해결안 개발을 통해 만들어진 실행계획을 실제 상황에 적용하는 활동으로 당초 장애가 되는 문제의 원인들을 해결안을 사용해 제거해 나가는 단계를 말한다.

5. 문제해결방법을 찾아내는 것 이상으로 중요한 것이 바로 문제를 해결하는 사람의 마음가짐이다. 마주한 문제의 사안이 심각하고 클수록 문제해결 시에는 냉정함이 필요하다. 따라서 문제해결에 있어서 가장 중요한 스킬의 하나는 자신의 문제해결능력을 충분히 발휘할 수 있는 심리적 중압감을 관리하는 능력이 될 것이다.

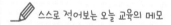 스스로 적어보는 오늘 교육의 메모

사후평가 : PART 1. 자기개발 능력

✓ 체크리스트

자기개발능력을 학습한 것을 토대로 다음 표를 이용해 자신의 수준에 해당되는 칸에 ✓표 해보세요.

구분	문항	매우 미흡	미흡	보통	우수	매우 우수
자기개발 능력	1. 나는 자기개발의 의미를 설명할 수 있다.	1	2	3	4	5
	2. 나는 자기개발능력의 의미를 설명할 수 있다.	1	2	3	4	5
	3. 나는 자기개발의 특징을 설명할 수 있다.	1	2	3	4	5
	4. 나는 현대사회에서 자기개발이 필요한 이유를 설명할 수 있다.	1	2	3	4	5
	5. 나는 자아인식의 개념을 설명할 수 있다.	1	2	3	4	5
	6. 나는 자기관리의 개념을 설명할 수 있다.	1	2	3	4	5
	7. 나는 경력개발의 개념을 설명할 수 있다.	1	2	3	4	5
	8. 나는 자기개발을 방해하는 장애요소를 해결할 수 있다.	1	2	3	4	5
	9. 나는 자기개발 계획의 수립전략을 설명할 수 있다.	1	2	3	4	5
	10. 나는 자기개발 계획 수립이 어려운 이유에 대해서 설명할 수 있다.	1	2	3	4	5
	11. 나는 브랜드의 조건을 설명할 수 있다.	1	2	3	4	5
	12. 나는 자신을 브랜드화 하기 위한 전략을 설명할 수 있다.	1	2	3	4	5
	13. 나는 브랜드를 PR하는 방법을 설명할 수 있다.	1	2	3	4	5
자아인식 능력	1. 나는 직장생활에서 나를 아는 것이 왜 중요한지 설명할 수 있다.	1	2	3	4	5
	2. 나는 자아인식의 개념을 설명할 수 있다.	1	2	3	4	5
	3. 나는 나를 알아가는 방법에는 어떠한 것이 있는지 설명할 수 있다.	1	2	3	4	5
	4. 나는 조 해리의 창에서 자아를 구분하는 두 가지 기준을 설명할 수 있다.	1	2	3	4	5

구분	문항	매우 미흡	미흡	보통	우수	매우 우수
자아인식 능력	5. 나는 다른 사람과의 커뮤니케이션을 통해서 나를 발견할 수 있다.	1	2	3	4	5
	6. 나는 나의 직업흥미를 알고 있다.	1	2	3	4	5
	7. 나는 나의 적성을 알고 있다.	1	2	3	4	5
	8. 나는 흥미와 적성을 개발하는 방법을 설명할 수 있다.	1	2	3	4	5
	9. 나는 자신을 인식하는데 있어서 자기성찰이 왜 필요한지 설명할 수 있다.	1	2	3	4	5
	10. 나는 자기성찰을 연습하는 방법을 설명할 수 있다.	1	2	3	4	5
자기관리 능력	1. 나는 자기관리와 자기관리능력에 대한 개념을 설명할 수 있다.	1	2	3	4	5
	2. 나는 자기관리 단계에 따라 자기관리 계획을 수립할 수 있다.	1	2	3	4	5
	3. 나는 어떠한 과제를 우선적으로 수행해야 되는지 설명할 수 있다.	1	2	3	4	5
	4. 나는 인내심을 가지고 일을 할 수 있다.	1	2	3	4	5
	5. 나는 긍정적인 마음을 가지기 위한 방법을 설명할 수 있다.	1	2	3	4	5
	6. 나는 업무수행 성과를 높이기 위한 전략들을 설명할 수 있다.	1	2	3	4	5
	7. 나는 합리적인 의사결정의 개념을 설명할 수 있다.	1	2	3	4	5
	8. 나는 합리적인 의사결정 과정을 설명할 수 있다.	1	2	3	4	5

구분	문항	매우 미흡	미흡	보통	우수	매우 우수
경력개발 능력	1. 나는 경력의 개념을 설명할 수 있다.	1	2	3	4	5
	2. 나는 경력개발의 개념을 설명할 수 있다.	1	2	3	4	5
	3. 나는 경력개발의 중요성을 설명할 수 있다.	1	2	3	4	5
	4. 나는 경력단계가 어떻게 진행되는지 설명할 수 있다.	1	2	3	4	5
	5. 나는 나의 경력단계가 지금 어디에 해당하는지 설명할 수 있다.	1	2	3	4	5
	6. 나는 경력개발 계획 수립단계에 따라 나의 경력개발 계획을 수립할 수 있다.	1	2	3	4	5
	7. 나는 경력개발 목표에 따른 적절한 전략을 수립할 수 있다.	1	2	3	4	5
	8. 나는 나의 경력개발과 관련된 최근의 이슈를 설명할 수 있다.	1	2	3	4	5

☑ 평가방법

체크리스트의 문항별로 자신이 체크한 결과를 아래 표를 이용하여 해당하는 개수를 적어보자.

학습모듈	점수		총점	총점 / 문항 수	교재 (장)
자기개발능력	1점 ×( )개			총점 / 8 = ( )	1장
	2점 ×( )개				
	3점 ×( )개				
	4점 ×( )개				
	5점 ×( )개				
자아인식능력	1점 ×( )개			총점 / 8 = ( )	2~3장
	2점 ×( )개				
	3점 ×( )개				
	4점 ×( )개				
	5점 ×( )개				
자기관리능력	1점 ×( )개			총점 / 8 = ( )	4~5장
	2점 ×( )개				
	3점 ×( )개				
	4점 ×( )개				
	5점 ×( )개				
경력개발능력	1점 ×( )개			총점 / 8 = ( )	6장
	2점 ×( )개				
	3점 ×( )개				
	4점 ×( )개				
	5점 ×( )개				

☑ 평가결과

평가 수준이 '부족'인 학습자는 해당 학습모듈의 교재 파트를 참조해서 다시 학습하도록 합니다.

	3점 이상	3점 미만
모듈별 평균 점수	우수	부족

☑ 체크리스트

문제해결능력을 학습한 것을 토대로 다음 표를 이용해 자신의 수준에 해당되는 칸에 √표 해보세요.

구분	문항	매우 미흡	미흡	보통	우수	매우 우수
문제해결 능력	1. 나는 문제처리능력의 중요성을 설명할 수 있다.	1	2	3	4	5
	2. 나는 문제해결 절차를 설명할 수 있다.	1	2	3	4	5
	3. 나는 문제 인식의 의미와 절차를 설명 할 수 있다.	1	2	3	4	5
	4. 나는 문제 도출의 의미와 절차를 설명할 수 있다.	1	2	3	4	5
	5. 나는 원인분석의 의미와 절차를 설명할 수 있다.	1	2	3	4	5
	6. 나는 해결안 개발의 의미와 절차를 설명할 수 있다.	1	2	3	4	5
	7. 나는 실행 및 평가의 의미와 절차를 설명할 수 있다.	1	2	3	4	5
	8. 나는 문제해결 절차에 따라 실제 발생하는 문제를 해결할 수 있다.	1	2	3	4	5
사고력	1. 나는 창의적 사고의 의미를 설명할 수 있다.	1	2	3	4	5
	2. 나는 창의적 사고의 개발 방법을 설명할 수 있다.	1	2	3	4	5
	3. 나는 논리적 사고의 의미를 설명할 수 있다.	1	2	3	4	5
	4. 나는 논리적 사고의 개발 방법을 설명할 수 있다.	1	2	3	4	5
	5. 나는 비판적 사고의 의미를 설명할 수 있다.	1	2	3	4	5
	6. 나는 비판적 사고의 개발 방법을 설명할 수 있다.	1	2	3	4	5
	7. 나는 사고력을 발휘해 실제 발생하는 문제에 대한 다양한 의견을 제시할 수 있다.	1	2	3	4	5
	8. 나는 사고력을 발휘해 실제 발생하는 문제를 해결할 수 있다.	1	2	3	4	5

구분	문항	매우 미흡	미흡	보통	우수	매우 우수
문제처리 능력	1. 나는 문제처리능력의 중요성을 설명할 수 있다.	1	2	3	4	5
	2. 나는 문제해결 절차를 설명할 수 있다.	1	2	3	4	5
	3. 나는 문제인식의 의미와 절차를 설명할 수 있다.	1	2	3	4	5
	4. 나는 문제 도출의 의미와 절차를 설명할 수 있다.	1	2	3	4	5
	5. 나는 원인분석의 의미와 절차를 설명할 수 있다.	1	2	3	4	5
	6. 나는 해결안 개발의 의미와 절차를 설명할 수 있다.	1	2	3	4	5
	7. 나는 실행 및 평가의 의미와 절차를 설명할 수 있다.	1	2	3	4	5
	8. 나는 문제해결 절차에 따라 실제 발생하는 문제를 해 결할 수 있다.	1	2	3	4	5

☑ 평가방법

체크리스트의 문항별로 자신이 체크한 결과를 아래 표를 이용하여 해당하는 개수를 적어보자.

학습모듈	점수		총점	총점 / 문항 수	교재 (장)
문제해결능력	1점 ×( )개			총점 / 8 = ( )	1~2장
	2점 ×( )개				
	3점 ×( )개				
	4점 ×( )개				
	5점 ×( )개				
사고력	1점 ×( )개			총점 / 8 = ( )	3~8장
	2점 ×( )개				
	3점 ×( )개				
	4점 ×( )개				
	5점 ×( )개				
문제처리능력	1점 ×( )개			총점 / 8 = ( )	9~13장
	2점 ×( )개				
	3점 ×( )개				
	4점 ×( )개				
	5점 ×( )개				

☑ 평가결과

평가 수준이 '부족'인 학습자는 해당 학습모듈의 교재 파트를 참조해서 다시 학습하도록 합니다.

	3점 이상	3점 미만
모듈별 평균 점수	우수	부족

참고문헌

자기개발능력

구본형 변화경영연구소(2008), 나는 무엇을 잘할 수 있는가, 고즈윈.

국립국어원(2008), 표준국어대사전, 두산동아.

김권수(2017), 내 삶의 주인으로 산다는 것, 책들의 정원.

김병완(2011), 48분 독서법, 미다스북스.

김주영·김윤영·허소현·도재우(2017), NCS 직업기초능력 향상을 위한 대학생활과 자기개발. 아카
　　　데미아.

김주환(2011), 회복탄력성, 위즈덤하우스.

김주환(2013), 그릿, 샘앤파커스.

김홍국(2000), 경력개발의 이론과 실제, 다산출판사.

그린하우스·칼라난·고드샥, 탁진국 역(2002), 경력개발 및 관리, 시그마프레스.

라즐로 복, 이경식 역(2015), 구글의 아침은 자유가 시작된다, 알에치코리아.

리차드 빅스, 이강선 역(2002), 일과 인생의 균형잡기 밸런스, 팜파스.

마커스 버킹엄, 한근태 역(2009), 강점에 집중하라, 21세기 북스.

박일순(2016), 자기계발과 인성함양, 한올.

박정효(2013), 인생디자인북, 알키.

브라이언 트레이시, 정범진 역(2003), 목표 그 성취의 기술, 김영사.

선대인(2017), 선대인의 대한민국 경제학, 다산북스.

스티븐 코비, 김경섭 역(2013), 성공하는 사람들의 7가지 습관, 김영사.

안젤라 더크워스, 김미정 역(2016), 그릿, 비즈니스 북스.

양창삼(2005), 인간관계의 이해, 창지사.

에마 세팔라, 이수경 역(2017), 해피니스트랙. 한국경제신문.

이미연(2017), 진로코칭 워크북, 한올.

이재희(2016), 리더십 프레임, 한올.

이주호(2016), 제4차 산업혁명에 대응한 대학 개혁, 4차 산업혁명 대비 대학교육 혁신방안 발표자료.

이형국·권오관·강기원(2013), 경력개발과 취업전략, 한올.

임경희·박미진·정민선·한수미·이종범·김진희·홍지영·문승태·김수리·최인화·조봉환·이인혁(2015),
    (직업기초능력 향상을 위한) 자기개발과 진로설계. 학지사.

장원섭(2011), 인적자원개발 이론과 실천, 학지사.

존 카터, 유영만 역(2017), 하던 대로나 잘 하라고?, 김영사.

캐롤 드웩, 정명진 역(2011), 성공의 새로운 심리학, 부글북스.

켈리 맥고니걸, 신예경 역(2015), 스트레스의 힘, 21세기북스.

피터 드러커, 이재규 역(2010), 프로페셔널의 조건. 청림출판.

하워드 가드너, 우경재·문용린 역(2007), 다중지능, 웅진지식하우스.

하이럼 스미스, 김경섭·이경재 역(1998), 성공하는 시간관리와 인생관리를 위한 10가지 자연법칙,
    김영사.

하정연·오정희(2015), NCS기반의 인성과 진로. 동문사.

한국고용정보원(2017), 2017 고용 전망. 한국고용정보원.

한국교육심리학회(2000), 교육심리학용어사전, 학지사.

한국기업교육학회(2010), HRD 용어사전, 중앙경제.

한국산업인력공단(2012), NCS직업기초능력 자기개발능력 워크북 학습자용.

한국산업인력공단(2012). NCS직업기초능력 자기개발능력 워크북 교수용.

한상희·허현자·정은희·윤성은(2017). NCS기반의 자기개발(긍정심성), 양서원.

SERICEO 컨텐츠팀(2011), 삼매경, 삼성경제연구소.

뉴스 와이어(2015,3,19), 대학생 10명중 6명 "의지 약해 자기계발 발목 잡힌 적 있다"

동아일보(2016.6.21), 스트레스의 힘... 이겨낼 수 있다는 '믿음' 가져야

미주한국일보(2016.10.03.), 마더 테레사 효과.

아시아경제신문(2017.8.24.). 대세는 블라인드 채용. 실력으로 승부한다.

조선비즈(2014.7.19.) 우리의 직업은 컴퓨터화에 얼마나 민감한가?

문제해결능력

다카스기 히사타카, 현창혁 역(2009), 맥킨지 문제해결의 이론, 일빛.

문제해결력 트레이닝 (나라이 안 지음. 김영철 옮김2003)

위기철(1992), 논리야 놀자 ,사계절출판사.

유경철, 박종하(2016), 문제해결자, https://prezi.com/qrvxdhgiojuz/presentation/ 인용 및 참고.

이호철 지음(2009), 맥킨지식 문제해결 로직트리, 어드북스.

이효범(2011), 논리적사고,비판적사고,창의적사고, 도서출판 보성.

테루야 하나코·오카다 케이코(2002), 로지컬 씽킹, 도서출판 일빛.

한국 산업인력공단, 문제해결 능력: NCS 기초직업능력 프로그램 교수자용 매뉴얼.

황복주(2008), 전략적 문제해결, 두남.

허소현 외(2015), 창의적 사고와 문제 해결, 수정 참고.

Starkey, Lauren B, 신원재 역(2015), (하루 20분으로)비판적 사고력 키우기, 유원북스.

경제광장(2017.3.9), 온기운 숭실대 경제학과 교수, 脫원전 대안은 있는가, http://news.
heraldcorp.com/view.php?ud=20170309000361

네이버 지식백과(2014.4), 휴리스틱 [Heuristics], 심리학용어사전, 한국심리학회.

네이버 지식백과, 휴리스틱 [Heuristics], 상식으로 보는 세상의 법칙 : 경제편, (주)북이십일 21세
기북스.

김상수 교수 강좌, http://ibiz.hanyang.ac.kr

마케터 배씨-휴리스틱, 쉽게 이해하는 휴리스틱 사례, http://blog.naver.com/sako71/ 2203578
69609

위키백과, "집단의사결정 기법" 인용 및 참고

의사결정과 문제해결 기법, Tistory. cfile2.uf.tistory.com/attach/18765E254A28E9544C8B D4 참고

자기개발능력 & 문제해결능력

초판 1쇄 인쇄　2020년 8월 25일
초판 1쇄 발행　2020년 8월 30일

저　자　권 인 아 · 이 상 욱 · 조 형 훈
펴낸이　임 순 재
펴낸곳　(주)한올출판사
등　록　제11-403호
주　소　서울시 마포구 모래내로 83(성산동 한올빌딩 3층)
전　화　(02) 376-4298(대표)
팩　스　(02) 302-8073
홈페이지　www.hanol.co.kr
e-메 일　hanol@hanol.co.kr
ISBN　**979-11-5685-981-9**

자기
계발
능력

문제
해결
능력

SELF-DEVELOPMENT COMPETENCY &
PROBLEM SOLVING COMPETENCY

PREFACE

'성공하는 사람들의 7가지 습관'의 저자 스티븐 코비는 삶에서 가장 중요한 습관을 "자신의 삶을 주도하는 것"이라고 말했다. 자신의 삶에서 주도성을 가진 사람만이 자신을 위한 인생의 목표와 비전을 가질 수 있으며, 이를 바탕으로 노력하고 대인관계에서도 상호협력적인 관계를 유지하여 효과적인 삶의 기틀을 마련할 수 있기 때문이다.

자신의 삶을 주도하는 것은 자기를 개발하는 것과 다름없다. 두 행동의 출발점은 항상 일치한다. 자신의 삶을 주도하는 것도, 자기를 개발하는 것도 모두 자신이 자신의 삶에 주인이라는 것을 인지하는 지점에서부터 출발한다. 이것은 자기개발이 모든 개인은 자신의 삶의 주인이라는 가장 기본적인 명제로부터 출발해야 한다는 것을 의미한다.

그렇다면 자신의 주인으로 산다는 것은 무엇일까?

첫째, 자신의 주인으로 산다는 것은 자기답게 사는 것을 의미한다. 자기다움의 실천이 우리 인생의 단 하나의 과제이며, 이는 다른 사람의 삶을 모방하는 것이 아닌 자신의 삶을 사는 것을 말한다. 자기를 안다는 것이 꼭 개인의 사명과 목적의 발견이라는 크고 거창한 일이 아니어도 된다. 내가 원하는 것, 되고 싶은 것, 이루고 싶은 것, 좋아 하는 것을 아는 것 그리고 그것을 내가 하는 일과 연결시킬 수 있는 것을 뜻한다.

둘째, 끊임없이 삶을 탐험하고 실험하는 것을 뜻한다.

자신의 삶에서 탐험가와 실험가가 되는 것이다. 탐험은 위험을 감수하고 어떤 곳을 찾아가서 살펴보고 조사하는 것이고 실험은 실제로 그런지 해보는 것이다. 탐험은 무모해 보이고 실험은 어렵고 답답해 보인다. 하지만 누구에게나 시도는 낯설고 두렵다. 탐험하지 않으면 새로운 곳으로 갈수 없고 실험하지 않으면 사실 여부를 확인할 수 없다. 탐험과 실험의 대상을 나부터 시작해보자. 그것이 자기개발의 시작이다.

셋째, 자신의 주인으로 산다는 것은 삶을 통해 배우고 성장해 가는 것을 말한다.

우리는 모든 순간 배울 수 있다. 우연한 만남에서도, 뜻밖의 장소에서도 배움은 존재한다. 배움은 강의장과 책에만 있는 것이다. 중요한 것은 배움이 곧 실천과 이어져야 한다는 점이다. 실천은 실제로 그러한가 해 보는 것이다. 해보기전까지 그것은 내가 아는 것이 아니다. 책 속이나 연구실에 머물러 있는 지식일 뿐이다.

진정한 배움은 거기에 있다. 생각과 실천이 만나는 지점에서 배움의 싹이 트고 새로운 성장이 생기는 것이다. 앎이 삶이 되고, 삶이 내가 되는 것이 자기다움이다. 하여 자기다움을 갖기 위해서는 우리는 끊임없이 배우고 실천하면서 앎을 쫓아야 한다. 그리고 앎이 모여 삶이 되면 그것이 곧 가장